오늘
역사가
말하다

전우용의 역사이야기 300

오늘 역사가 말하다

전우용 지음

책머리에

1

트위터라는 단어를 처음 접한 것은 2009년 겨울쯤 신문을 통해서였다. 당시에는 무료 메일링 서비스의 일종인 듯해서 관심을 갖지 않았다. 그 몇 달 뒤, 이외수 선생을 트위터 대통령으로 묘사한 기사가 눈에 띄었다. 갑자기 궁금증이 일어 트위터에 가입하고 '이외수'를 검색해서 팔로우했다. 가끔 트위터에 접속해 보면 하루 몇 개씩 새 글이 올라오는데 이외수 선생 글뿐이다. 어느 날, 팔로워가 생겼다. 신상품 홍보 계정이다. 그대로 놓아두었더니 며칠 후 스스로 떠나 버렸다.

휴대전화기를 스마트폰으로 바꾼 뒤 트위터 앱을 다운받았다. 가끔 접속했는데, 언제나 이외수 선생 글만 보인다. 트위터를 메모장으로 쓰기로 했다. 내가 트위터에 처음 쓴 글은 '교활한 놈과 사악한 놈 사이에서 멀쩡한 놈이 고생하는 일이 너무 많다.'였다. 당시 심경을 담은 혼잣말이었다. 그 뒤로도 한두 차례 혼잣말을 더 했는데, 그러다 문득 트위터로 개인 정보가 유출되는 것은 아닐까 하는 생각이 들었다. 이외수 선생을 언팔했다. 팔로우 0, 팔로워 0.

2010년 가을 어느 날 밤, '트위터 계정은 만들어 놓고 즐기지는 않으시나 봐요.'라는 멘션이 도착했다. 그날 오후에 어느 시민 단체에서 강의를 했는데, 그 자리에 있던 분이었다. '어떻게 하는 건지 잘 몰라서요.'라고 답했더니 다시 '저는 트위터는 구독이라고 생각해요.'라는 '가르침'이 돌아왔다. '오늘 강의 때 궁금했던 거 트위터로 물어봐도 되죠?'라는 질문과 함께. 서로 전화번호를 몰라도 이렇게 소통할 수 있구나 하는 생각이 들었다. 인터넷에 접속해서 '트위터 사용법'을 검색해 봤다. 하루에 두 개 이상은 써라, 가급적 존댓말을 써라, 맞팔은 예의다, 하루 두 시간 이상은 하지 마라 등의 '지침'들이 있었다. 그대로 따르기로 했다.

처음 멘션 보낸 분을 팔로우했다. 그분이 RT하는 계정도 다 팔로우했다. 트위터 메인 화면에 팔로우 추천으로 올라오는 계정도 다 팔로우했다. 모르는 사람들이 세상에 대해 꾸밈없이 던지는 말들이 무척 흥미로웠다. 나도 세상일에 대한 느낌을 생각나는 대로 적었다. 팔로잉이 느는 데 비례해서 팔로워도 늘었다. 그 무렵 두 일간지에 정기적으로 칼럼을 쓰고 있었는데, 독자들이 어떻게 생각하는지 궁금했으나 알 수 없었다. 그러나 트위터에 쓰는 짧은 글들에는 바로 반응이 나타났다. 동의하는 멘션을 보면 힘이 났고 비판하는 멘션을 보면 반성했다. 다짜고짜 욕설을 퍼붓는 계정도 있었는데, 다행히 트위터에는 블록이라는 아주 좋은 기능이 있었다.

어느 날 모 일간지에 내 트윗 글이 실렸다. 사전에 동의를 구하지 않은 '무단 인용'이었다. 트위터가 사적인 공간인지 공적인 공간인지 혼란스러워졌다. 서로 관계 맺은 사람들끼리만 소통하는 사적인 공간이라고 생각했는데, 그게 아니었다. 트위터는 공사公私의 경계가 끊임없이 흔들리고 재설정되는 '현대의 혼돈'을 대표하는 소통 공간이었다. 트윗에서 '사私'를 줄이고 '공公'을 늘리는 수밖에 없었다. 내가 쓰는 글의 '성향'만 달라진 것이 아니었다. 갑자기 팔로워가 늘었다. 일일이 맞팔을 했더니 팔로잉이 1,000명에 육박했다. 사람의 시선으로는 타임라인이 흘러가는 속도를 도저히 따라잡을 수 없었다. 매일 100명 정도의 새 팔로워가 생겼는데, 그들을 다 팔로우하기도 벅찼다. '맞팔은 예의'라는 나름의 규칙을 스스로 폐기했다.

트위터로 모르는 사람들과 소통하기 시작한 지 1년쯤 되었을 때, 그동안 트위터에 쓴 글들을 묶어 출판하면 어떻겠느냐는 제의가 들어왔다. '사私'를 줄이고 '공公'을 늘리기는 했지만 그래도 '사사로움'이 곳곳에 묻어 있는 글들을 바로 책으로 묶을 수는 없었다. 그 사사로움들을 지울 시간적, 정신적 여유도 없었다. 일단은 사양했지만, 나중에 여유가 생기면 그냥 버리기 아까운 것들을 골라 출판해도 나쁘지는 않겠다고 생각했다.

지난 초여름, 출판 일을 하는 후배가 출판 계획서를 들고 찾아왔다. 골자만 남기고 글은 전부 다시 쓰라는 주문이었지만, 남의 잡스런 글을 세심히 읽어준 성의가 고마워서 그러마고 했다. 그리고 한 달 남짓, 오래전 트위터에 '뱉어 놓았던' 글들을 다시 마주했다. 자기가 과거에 쓴 글을 다시 보는 것은 빛바랜 옛 사진을 보는 것과는 느낌이 전혀 다르다. 트위터 팔로워들에게는 '정보'나 '이야기'였겠지만, 나에게는 '부끄러움 덩어리'였다. 실시간 소통 수단인 트위터는 사고의 표현에도 '실시간'을 요구했고, 그에 적응하다 보니 모두가 '설익은' 글이었다. 대충 분칠하는 것으로는 어림도 없었다. 대부분의 글을 새로 쓰다시피 하며 설익은 것들을 억지로 익혀보려 했지만, 그런 글의 맛이 '참맛'이 아님은 누구보다 생산자가 잘 안다. 계약서도 안 썼는데 그만둘까 하는 생각이 불쑥불쑥 솟아올랐으나 책으로 엮어 달라는 몇몇 '트친'들의 격려에 다시 용기를 냈다. 이 어설픈 책은 이렇게 '창피'를 무릅쓰고 세상에 나가게 되었다.

2

언젠가 트친 한 분이 '우리 역사상 가장 중요했던 순간은 언제라고 생각하느냐?'고 물어왔다. 나는 조금도 주저하지 않고 '바로 지금'이라고 대답했다. '역사는 과거와 현재 사이의 끊임없는 대화'라는 E.H.Carr의 정의를 뒤집을 수 있는 말은 아직 나오지 않았다. 그런데 이 '대화'는 심심풀이 수다나 잡담이 아니라 더 나은 미래로 가는 길을 찾기 위한 진지한 대화여야 한다. 그것이 내가 아는 '역사학'의 본령本領이다.

역사학자는 현재와 과거 사이의 대화를 매개하는 메신저일 뿐이다. 그가 현재를 놓치는 순간, 그의 손에 들린 과거의 메시지는 갈 곳을 잃고 만다. 그런 상태에서 그가 할 수 있는 일은 과거와 한담閑談을 나누는 것밖에 없다. '역사가 현실에 바로 개입하는 것은 위험하다'는 오래된 경고도 있으나, 그 위험성보다는 현실에서 눈을 떼는 데에서 오는 위험성이 더 크다고 판단했기에, '바로 지금' 어떤 일들이 벌어지고 있으며 어떤 이야기들이 오가는지를 계속 살폈다. 그리고 내 역량이 허락하는 범위 안에서 현실에 과거의 메시지를 전달하려 했다.

물론 나 스스로 배달부 구실을 성실히 수행했다고는 감히 생각하지 않는다. 트위터 역시 '가상공간' 위의 네트워크일 뿐이기에 내가 트위터를 통해 접한 '현실' 역시 '가상현실'일 수도 있다. 나는 현실을 반영하나 현실 자체는 아닌 그 '가상현실의 일부'와, 그와 어울린다고 내가 판단한 '과거의 일부'를 짝지어 주었을 뿐이다. 그러다 보니 체계적이지도 종합적이지도 않으면서 정보는 단편적이고 메시지는 지나친 글들을 쓰게 되었다. 이것이 이 책의 근본적인 한계다.

더구나 '140자 이내'라는 트위터의 기술적 제약은, 장문의 편지를 단문의 전보로 바꿔야 하는 곤혹스러움을 수시로 안겨 주었다. 이 문제는 책 출간을 위해 글을 다시 쓰면서 상당 부분 해소했으나, 이번에는 '전보'를 '편지'로 바꾸는 '역의 과정'을 밟아야 했다. 지나치게 단순화했거나 과거 사건들 사이의 맥락에서 떨어져 나와 돌출된 내용들을 가능한 대로 손을 보았으나, 스스로 보기에도 졸렬拙劣을 면치 못했다. 그저 과거의 메시지를 현실의 누군가에게 전달해야 한다는 의무감을 지닌 한 우편배달부의 성의를 너그럽게 헤아려 주기를 바랄 따름이다.

3

수만 명에게 감사 인사를 해야 할 책을 쓰게 되리라고는 상상도 못했다. SNS의 부작용에 대한 여러 지적에도 불구하고 오류를 발견하고 시정하는 속도는 SNS가 기성 언론보다 훨씬 빠르다. 그 점 하나만으로도, SNS가 집단 지성의 발현 공간으로 더 발전하리라는 기대를 접을 수 없다. 그동안 생각할 거리를 던져 주고, 공감해 주고, 잘못된 점을 바로잡아 주고, 비판해 준 모든 분이 이 책의 구상자이고 초고 독자이자 교열자다. 이 지면을 빌어 그분들께 감사한다. 아울러 멘션에 일일이 답변하지 않은 무성의에 대해 용서를 구한다. 많은 분의 도움을 입었지만, SNS의 세계에 첫발을 딛게 해 준 박종옥씨에게 느끼는 고마움은 각별하다.

이 책의 편집자인 신미희씨는 기획과 구성까지 도맡았다. 역사학자가 하는 일이 시간이 버린 쓰레기 더미에서 쓸 만한 것들을 골라내는 것이지만, 그는 그 역사학자조차 버린 쓰레기 더미를 다시 뒤지는 작업을 마다하지 않았다. 나는 그저 그가 편집자의 감각으로 골라낸 화두에 살을 붙이는 작업을 했을 뿐이다. 그가 독립 출판인으로 내는 첫 책이 이 책이라는 점이, 고맙고 미안하다.

지난 20여 년 세월 동안 함께 살면서 즐거운 일보다는 괴로운 일을 더 많이 겪었지만, 그래도 한결같은 마음으로 내 곁을 지켜준 친구이자 애인이며 멘토이기도 한 아내 인애에게 감사하는 마음은 글로 표현할 수 없다. 대학 입시를 앞두고 극심한 압박감을 느낄 텐데도 오히려 부모를 배려할 줄 아는 아들들로 자라 준 광형, 광서에게도 고마운 마음을 전한다.

2012. 9. 28. 전우용

목차

3

화폐 인물 중
세종대왕만 서울내기입니다

4
이름 석 자는
가문, 항렬, 개인을 나타냅니다

5
과거는
과묵합니다

망나니는 출세해도
망나니짓을 합니다

고종의 인척 민영주

고종의 인척 중에 민영주閔泳柱라는 자가 있었습니다. 하는 일이라고는 장안의 왈짜들과 어울려 다니며 무전취식無錢取食하고 행패 부리는 일이 전부여서 별명이 '망나니'였습니다. 그의 친척이자 민씨 일족을 대표하는 세력가이던 민영휘가 어느 날 고종에게 부탁합니다. "저 망나니를 사람 만들려면 벼슬 한자리 주는 수밖에 없겠습니다."

왕의 인척이 백성들에게 망나니 소리나 듣는 것은 왕실의 체면에도 누가 될 것이라 생각한 고종은 그럴 듯하게 여겨 그에게 벼슬을 주었습니다. 벼슬을 얻은 민영주는 무전취식하며 행패 부리는 짓은 그만두었으나 그 대신 수많은 백성의 고혈을 짜내어 잠깐 사이에 큰 부자가 되었습니다. 그가 무전취식할 때에는 몇몇 장탕반醬湯飯(장국밥) 집만 피해를 입었지만, 그가 벼슬을 할 때에는 수많은 사람이 피눈물을 흘렸습니다.

'자리가 사람을 만든다'고는 하지만 사람 나름입니다. 동네에서 노는 망나니는 재수 없게 걸린 몇 사람만 괴롭히지만, 높은 벼슬자리에 오른 개망나니는 나라 전체를 병들게 합니다.

황희 아들 황수신

성황 심역황
성도 누렇고 마음도 누렇구나

세종 대의 명재상 황희는 공평무사한데다가 정무 능력도 뛰어났지만, 무엇보다도 '청백리'로 역사에 길이 이름을 남겼습니다. 그가 죽자 사관은 실록에 이렇게 적었습니다. "황희는 관대하고 후덕하며 침착하고 신중하여 재상의 식견과 도량이 있었다. 후덕한 자질이 크고 훌륭하며 총명이 남보다 뛰어났다. 집을 다스림에는 검소하고, 기쁨과 노여움을 얼굴에 드러내지 않았다……재상이 된 지 24년 동안에 중앙과 지방에서 우러러 바라보면서 모두 말하기를, '어진 재상'이라 하였다."

황희의 아들 황수신도 아버지의 뒤를 이어 영의정까지 올랐습니다. 부자가 모두 영의정이 된 것은 대단한 일이었지만, 아버지와 달리 뇌물을 밝혔고 남에게 베풀 줄을 몰랐습니다. 사관은 실록에 그의 일생을 단 다섯 자로 정리했습니다. "성황 심역황姓黃心亦黃", 성도 누렇고 마음도 누렇다는 뜻입니다. 그는 이후 '노랭이'의 대명사가 됐습니다. 조선왕조실록은 유네스코 지정 세계기록유산입니다. 이 기록유산에 실린 황수신에 대한 인물 평가는 앞으로도 영원히 남을 것입니다. 이런 걸 유취만년遺臭萬年이라 합니다. 더러운 냄새를 만년 동안 풍긴다는 뜻이지요. 사람은 죽어 이름을 남깁니다. 처신을 잘못하면 더러운 이름이 길이 남습니다.

망원정의 월산대군

글 읽고 시 쓰며 거문고나 뜯으면서
살아야 했습니다

경운궁(덕수궁)은 본래 성종의 형 월산대군의 집이었습니다. 그는 정당한 왕위 계승권자였으나 당대의 세도가 한명회를 장인으로 둔 동생에게 왕위를 양보해야 했던 사람입니다. 동생을 왕으로 둔 덕에 큰집을 얻기는 했으나, 그 대신 평생 글이나 읽고 시나 쓰며 거문고나 뜯으면서 세월을 보내야 했습니다.

망원동이라는 이름은 망원정望遠亭이라는 정자 이름에서 딴 것입니다. 망원정의 원 이름은 비가 와서 기쁘다는 뜻의 '희우정喜雨亭'이었습니다. 효령대군의 별서別墅(별장)였던 이 건물에 희우정이라는 이름을 내려 준 이는 세종이었습니다. 성종은 이 정자를 월산대군에게 넘겨주었는데, 월산대군은 '감히' 세종이 붙인 이름을 버리고 멀리 내다본다는 뜻의 '망원정'으로 바꿨습니다. 내세를 기약하자라는 뜻이었는지도 모릅니다.

왕의 형 노릇하기란 참 어려웠습니다. 세종의 둘째 형 효령대군은 아예 머리 깎고 중이 됐고, 큰형 양녕대군은 자기가 '살아서는 왕의 형, 죽어서는 부처의 형'이라며 자위自慰하며 살아야 했습니다. 조선시대 왕의 형은 '허깨비'로 살아야 했습니다. 동생을 위해서가 아니라 자기 자신을 위해서였습니다. 권력에 뜻을 둔 것처럼 보였다가는 천수를 누리기 어려웠습니다. 그들은 재산과 시간은 넉넉했지만, '실세失勢'한 사람이었습니다. 그런데 그 '실세失勢'가 요즘에는 '실세實勢'로 바뀐 듯합니다. 최고 권력자의 친인척은 왕조시대 왕의 형들보다 더 근신할 줄 모르는 듯합니다.

유자광과 홍경주

간신 말에 넘어가는 군주가
더 멍청합니다

"남아이십미평국男兒二十未平國이면 후세수칭대장부後世誰稱大丈夫리요." 교과서에도
실려 있는 남이 장군의 유명한 시입니다. "남자가 나이 스물이 되어도 나라를
평안케 하지 못하면, 훗날 누가 그를 대장부라 부르겠느뇨."라는 뜻이지요. 그
런데 유자광은 이 시의 '미평국未平國'이 본래 '미득국未得國'(나라를 얻지 못하면)이었다
고 왕에게 모함하여 남이를 죽게 만들었습니다.

"주초위왕走肖爲王", 중종 때 홍경주가 후궁인 자기 딸을 시켜 꿀로 나뭇잎에 썼
던 글자입니다. 벌레가 갉아먹어 글자가 드러나자 그는 이 나뭇잎을 왕에게 보
여주고 "주走와 초肖를 합하면 조趙이니 바로 조광조가 역모를 꾀할 조짐을 하늘
이 미리 알려 준 것"이라고 허튼소리를 꾸며내어 조광조를 죽게 만들었습니다.

사실을 왜곡하거나 없는 일을 꾸며내어 모함하는 것은 언제나 간신들의 주
특기였습니다. 그 간신들의 말을 믿고 뛰어난 신하를 죽이는 것도 멍청한 군주
들의 공통점이었습니다.

영조와 금암기적비

소는 주인에게 돌려주고
소도둑은 풀어주었습니다

영조가 왕이 되기 전, 아직 연잉군일 때 일입니다. 아버지 숙종의 능을 참배하고 오는 길에 금암참^{黔岩站}이라는 곳에서 잠시 쉬다가 한 농부가 급히 뛰어가면서 저 앞에 가는 소도둑 좀 잡아달라고 외치는 장면을 봤습니다. 그는 곁에 있던 참장^{參將}에게 "흉년이라 굶주린 사람이 많다 보니 도둑이 많을 수밖에 없겠구나. 그대가 알아서 처리하라."고 말했습니다. 눈치 빠른 참장은 말뜻을 바로 알아차렸습니다. 소도둑을 잡은 참장은 소는 주인에게 돌려주고 도둑은 그냥 풀어주었습니다. 다시 참장과 함께 길을 재촉하여 서울에 온 연잉군은 도성 문에 들어서자마자 세제^{世弟}로 책봉되었다는 교지를 받았습니다.

60여 년 뒤, 정조는 할아버지 영조의 어진 마음에 하늘이 감동하여 그 같은 기적을 내렸다고 생각하고 금암참에 그때의 일을 기록한 비석을 세웁니다. 이 비석이 '금암기적비'로 지금 은평구 진관동에 있습니다. 하지만 영조는 높은 사람들에게는 가혹했습니다. 금주령을 내렸음에도 술 냄새 나는 병을 가지고 있었다는 이유로 남병사^{南兵使} 윤구연의 목을 베기도 했습니다. 금주령 위반보다 소도둑이 훨씬 큰 죄였지만, 영조의 법 집행은 약자에겐 관대하고 강자에겐 가혹했습니다.

'일벌백계^{一罰百戒}'는 벌 받는 자의 지위가 높을수록 효과가 큽니다. '무명소졸'을 가혹하게 처벌해 봤자 사람들이 잘 알지도 못합니다. 강자에게 약하고 약자에게 강한 법은, 세상을 바로잡는 데에는 별 도움이 안 됩니다.

정조와 객래불기   손님이 와도 일어서지 말라

"정조는 즉위하자마자 궐내에 규장각을 설치했습니다. 규장각은 역대 국왕의 시문과 필적筆跡 등을 보관하고 국내외에서 간행된 도서를 수집, 보관하는 왕실 도서관이었습니다. 정조는 이 도서관에 특히 똑똑한 신하들을 배속시켜 공부하게 했습니다. 그들을 나라의 기둥으로 키우려는 뜻이었습니다.

규장각에 소장되어 있던 도서와 기물器物들은 지금 서울대학교 규장각 한국학연구원에 소장되어 있습니다. 그중에 정조가 직접 써 준 '객래불기客來不起'라는 주련柱聯(기둥이나 벽 등에 장식으로 써서 붙이는 글)이 있습니다. '손님이 와도 일어서지 않는다'는 뜻입니다. 왕의 지시가 이러했으니 각신閣臣들은 아무리 높은 사람이 찾아와도 신경 쓰지 않고 공부만 할 수 있었습니다. 정조는 오로지 공부에만 전념할 수 있게 해 주는 것이 진정 인재를 아끼는 일이라고 믿었습니다. 왕의 이런 생각은 당대의 문예 부흥으로 결실을 맺었습니다.

대학 등록금을 마련하기 위해 아르바이트 하느라 정작 공부할 시간이 없다는 학생들이 너무 많습니다. 대학들이 인재를 키우는 데에는 무관심하고 건물을 늘리는 데에만 관심을 기울이는 한, 세계 수준의 대학 건물은 만들 수 있어도 세계 수준의 대학은 만들 수 없습니다.

김 '홍' 집, 김 '굉' 집

청 건륭제 홍력의 이름자와 겹쳐
바꿔야만 했습니다

고려의 장군 이성계는 조선의 임금이 된 뒤에 이름을 단旦으로 바꿨습니다. 백성들은 글을 쓸 때 아버지 이름이나 임금의 이름자를 되도록 피해서 쓰는 게 도리였습니다. 이를 '기휘忌諱'라 합니다. 아버지 이름이야 어쩔 수 없다 해도 임금의 이름에 흔히 쓰는 글자를 넣으면 백성들이 글을 쓸 때 불편을 겪게 되니 임금의 이름은 일상생활에서 잘 안 쓰는 글자로, 그것도 외자(한 글자)로 썼습니다. 무슨 이유에서인지 태종 이방원은 이름을 바꾸지 않았으나 그 뒤의 임금들은 전부 외자이자 벽자(거의 안 쓰는 글자) 이름을 썼습니다.

임오군란 이후 '김홍집金弘集'은 한때 본의 아니게 이름을 '김굉집金宏集'으로 바꿔야 했습니다. 임오군란 뒤 청의 군대가 조선에 주둔할 때인데, 청 건륭제 홍력弘曆의 이름자와 겹친다는 이유에서였습니다. 경복궁 홍례문弘禮門도 이때 흥례문興禮門으로 바뀌었습니다. 나라의 주권이 제약된 탓에 우리나라 임금뿐 아니라 중국 황제 이름까지 신경 써야 했던 시절이었습니다.

그런데 어느덧 대통령을 기휘하기는커녕 추한 동물에 빗대 부르는 것이 이상하지 않은 시대가 됐습니다. 이런 세태가 바람직하다고는 할 수 없으나, 긍정적으로 보자면 왜곡된 형태로나마 국민 주권의식을 표현하는 것이라고도 할 수 있습니다. 대통령 욕한다고 잡아넣으면 군주제 시대의 유습입니다. "대통령을 욕해서 국민들의 스트레스가 풀릴 수 있다면 저는 얼마든지 욕을 먹겠습니다."라고 하는 것이, 민주주의 시대 대통령이 취해야 할 바른 자세입니다.

전환국장 최석조

부정축재로 거부가 되었지만
생활고로 자살합니다

대한제국 시기에는 탐관오리가 한둘이 아니었지만, 그중에서도 대표격으로 지목된 사람이 둘 있었습니다. 한 명은 평안감사 시절에 엄청난 재산을 긁어모은 민영휘이고, 또 한 명은 최석조입니다. 민영휘는 워낙 유명하지만, 최석조는 어지간한 역사 인명사전에도 나오지 않는 '무명 인사'입니다.

대한제국 시기 고종의 최측근으로 내장원경內藏院卿이라는 자리에 있으면서 황실 재산 전체를 관리했던 사람이 이용익입니다. 당시 황실은 전국의 광산, 인삼, 소금 등을 독점했기 때문에 이용익이 관리하는 재산 규모가 엄청났습니다.

그러나 그에게는 탐관오리라고 손가락질하는 사람이 거의 없었습니다. 문제는 이용익의 부하들이 일으켰습니다. 이용익은 평소 알고 지내던 최석조를 고종에게 추천하여 지금의 조폐국장에 해당하는 전환국장 자리에 앉혔습니다. 그는 동전의 금속 함량을 속여 본래 악화惡貨였던 백동화의 가치를 더 떨어뜨렸습니다. 그 대신 자기는 짧은 기간 동안에 거부가 되었습니다.

그러나 일본이 한국을 강점한 지 얼마 안 되어 그는 생활고를 견디지 못하고 자살합니다. 일본인들과 친일파들을 상대로 '구명운동'을 하느라 전 재산을 쏟아부은 탓이었을 것입니다. 그러나 그의 죽음을 애도하는 사람은 아무도 없었습니다. '권력형 부정축재자'는 안전하지도 않고, 죽어도 동정받지 못합니다.

오치서와 에비슨

할 수 없는 일은 할 수 없다고
하는 것이 옳습니다

1896년 3월, 평안도 서흥에 사는 오치서라는 사람이 중병에 걸렸습니다. 가난해서 의원을 찾아가지도 못하고 그저 낙망해 있던 그에게 누군가 서울에 서양인 의사가 운영하는 제중원이라는 병원이 있는데 거기에 가면 공짜로 치료해 준다고 알려 주었습니다. 그는 병든 몸을 끌고 몇 날 며칠을 걸어 서울에 왔습니다. 물어물어 제중원을 찾아간 그는 감히 제중원 안에 들어가지는 못하고 문 앞에서 서양인 의사를 기다렸습니다.

그러나 그를 만난 에비슨^{Oliver R. Avison}은 자세히 살펴보지도 않고 고칠 수 없는 병이라며 더 이상 본 체 않고 들어가 버렸습니다. 이미 탈진한데다가 고칠 수 없다는 소리까지 들은 오치서는 더 버티지 못하고 그대로 쓰러져 죽었습니다. 다음날 아침, 제중원 앞에 쓰러져 있는 시체를 본 에비슨은 근처의 순검에게 즉시 치우라고 지시했습니다. 순검은 한성부에 제중원 앞에 시체가 있으니 즉시 치우라는 내용의 공문을 보냈습니다. 자기 담당 사무가 아니라며 다른 기관에 책임을 떠넘기는 것은 그때도 지금과 같았습니다. 한성부도 귀찮은 일을 바로 처리하지 않았습니다. 그래서 시체는 그날 밤에도 그 자리에 있었습니다. 퇴근길에 아직 시체가 그대로 있는 것을 발견한 에비슨은 밤중에 병원 직원들을 데리고 '교번소'(지금의 파출소)에 달려가 당번 순검을 마구 때리고 제중원 앞까지 끌고 와서는 시체 위에 패대기쳤습니다. 이 일은 외교 문제로까지 번졌으나 환자를 내쫓은 일은 아무도 문제 삼지 않았습니다.

자기가 치료할 수 없는 병을 치료하지 않은 것은 잘못이 아닙니다. 오히려 치료하지 못할 줄 알면서도 치료하겠다고 나서는 의사가 돌팔이입니다. 나라의 병이나 사회의 병에 대해서도 같습니다. 의사에게 신통력을 기대하는 어리석은 환자가 돌팔이를 만듭니다.

김좌근의 기생첩 나합

　　근자에 '기생정치'라는 말이 회자된 적이 있습니다. 처음 이 말을 쓴 사람은 예전 한나라당 대변인 나경원씨였습니다. 한명숙 전 총리가 김대중 전 대통령을 방문했을 때 그는 "민생정치가 아닌 기생정치로는 결코 국민 마음을 얻지 못한다는 사실을 깊이 깨닫기 바란다."고 비난했습니다. 아마 그는 기생妓生으로 해석하든 기생寄生으로 해석하든 듣는 사람 마음대로여도 좋다고 생각했던 듯합니다.

　　그런데 정작 그 자신은 서울시장 선거에 출마할 때 김영삼, 김종필 두 원로 정치인을 먼저 찾았습니다. 이번에는 민주당이 반격했습니다. "한나라당 서울시장 후보 추천장을 받은 다음 날 상도동을 찾은 나경원 후보는 자신이 했던 과거의 말과 현재의 행동에 대해 해명을 해야 하지 않을까 싶다."

　　이 기생을 기생妓生으로 해석한다면, 우리 역사상 가장 유명한 기생 정치인은 철종 대 영의정 김좌근의 기생 출신 첩이었던 '나합羅閤'입니다. 나합은 '나주 출신 합부인闔夫人'이라는 뜻이며, 합부인은 영부인과 같은 뜻입니다. 당시 나합에 관해서는 수령 자리를 사려는 외간 남자들과 대놓고 내통했으며, 상대가 젊은 미남자면 '대가 없이' 벼슬을 주기도 한다는 등 불미스런 소문이 많았습니다. 그러나 자기 고향 나주에 흉년이 들었을 때에는 큰 선심을 쓰기도 했습니다. 하루는 김좌근이 그에게 "사람들이 자네를 왜 나합이라 부르는가?"라고 물었답 니다. 나합은 '세상 사람들이 여자를 합蛤(조개)이라 희롱하는 탓'이라고 둘러댔 습니다. 나합의 첫째가는 재주는 바로 '둘러대는' 재주였습니다.

여성이나 남성이나 성性적 매력을 정치적 자산으로 활용하는 것은 어느 나 라에서나, 어느 시대에나 보편적입니다. 그런 것을 나무랄 수는 없습니다. 굳이 '기생정치'라는 말을 쓰려면, 제 편한 대로 말을 바꾸는 '지조 없는' 정치인에게 나 써야 합니다.

이용익의 무식　　엄귀비를 양귀비에 비유합니다

　　무식無識과 무지無知는 다릅니다. 남에게 배워 아는 것을 '식識'이라 하고, 사람이면 배우지 않아도 스스로 깨우쳐 알 수 있는 것을 '지知'라 합니다. '돌로 사람을 때리면 안 된다' 같은 것을 학교에서 거듭 가르치지는 않습니다. 그래도 누구나 압니다. 그런 것을 모르는 사람더러 '무지막지'하다고는 해도 '무식'하다고는 하지 않습니다. 사람이 무지막지한 것은 죄이나 가난해서 또는 다른 이유로 배우지 못해 무식한 것은 죄가 아닙니다. 하지만 무식이 죄가 되는 경우도 있습니다.

　　1903년 고종은 순빈 엄씨를 황귀비로 책봉합니다. 황후의 자리는 채우지 않으면서도 제국의 위상에 맞게 내명부를 정리하려는 의도였다고 할 수 있습니다. 그런데 매우 무식했던 고종의 측근 이용익은 엄씨를 치켜세운답시고 '양귀비'에 비유합니다. '황귀비'라는 말에서 바로 '양귀비'를 떠올렸던 것이지요. 무식한 주제에 황제의 신임을 한 몸에 받고 있던 이용익을 평소 아니꼽게 여기던 유식한 관리들이 옳다구나 하고 시위를 벌였습니다. 시위대의 주장은 '엄씨를 양귀비에 비유한 것은 황제를 나라 망친 당나라 현종에 비유한 것과 같으니 이 역적을 당장 죽여야 한다'는 것이었습니다. 고종은 이용익이 무식해 그런 것이니 중벌을 내릴 일은 아니라고 비호했지만, 여론은 쉽게 가라앉지 않았습니다. 공직에 있는 사람이 무식하면 정부를 우습게 만들 뿐 아니라, 종종 나라를 망칩니다. 공직자가 끊임없이 절차탁마切磋琢磨해야 하는 까닭입니다.

쁘레상 형제

커피 대중화, 명품 수입, 가짜 명품 생산
3부문의 원조입니다

1900년의 파리 만국박람회를 계기로 대한제국이 프랑스에 조금 알려졌던 1901년, 프랑스 사람 폴 쁘레상Paul Plaisant과 안톤 쁘레상Anton Plaisant 형제가 서울에 들어왔습니다. 돈 되는 사업 아이템을 찾던 그들은 당시 서울에서 가장 많이 거래되는 물품이 땔감이라는 사실을 알아내곤 바로 땔감 장사를 시작했습니다. 그들은 육조거리, 지금의 세종로 한 구석에 커피를 담은 큰 보온병을 들고 서 있다가 무악재를 넘어 성안으로 들어오는 나무장수들에게 다가가서는 "고양高陽 부씨입니다." 하며 커피 한 잔씩을 따라주고 흥정을 붙였습니다. 나무장수들은 처음에는 약인 줄 알고 마시다가 나중엔 인이 박여 쁘레상 형제들과만 거래했답니다.

그 덕에 1910년대에는 서울 땔감의 반 정도를 이들 형제가 독점합니다. 1920년대 말부터 쁘레상은 프랑스에서 화장품을 직수입해 팔았습니다. 장안의 귀부인, 기생, 학생첩들이 주고객이었지요. 중일전쟁 이후 유럽산 제품 수입이 금지되자 그들은 비밀 공장을 차리고 직접 화장품을 만들어 '쎄봉'이라는 상표를 붙인 뒤 프랑스 명품이라 속여 팔았습니다. 자고 나면 늘어나는 게 커피 전문점이고, 불경기를 모르는 것이 수입 명품과 그 짝퉁이랍니다. 커피 대중화, 유럽 명품 수입, 가짜 명품 생산의 3부문 원조는 쁘레상입니다. 그들을 위해 기념비라도 만들어 줘야 할 것 같습니다.

의사 분쉬와
음악인 에케르트

역사에 대한 관심은
자기에 대한 관심입니다

19세기 말부터 20세기 초 사이에 우리나라에 독일인 몇 사람이 들어옵니다. 외아문(통리교섭통상사무아문) 협판으로 개항 직후 조선 외교에 중요한 역할을 했던 묄렌도르프, 조선 정부가 수출 산업으로 육성하려 했던 생사生絲 제조 기술을 가르친 잠상공사蠶桑公司 기사 매뎬스, 고종의 어의로 초빙되어 궁내부 의사로 일한 분쉬, 그리고 대한제국 군악대장 프란츠 에케르트 등입니다. 이들 중 에케르트는 한국 서양음악의 아버지라 할 만한 사람이었습니다.

프로이센 군악대장이었던 프란츠 에케르트는 대한제국 정부의 초청으로 40인조 오케스트라용 악기를 가져와 군악대를 편성하고 연주법을 가르쳤습니다. 대한제국 국가를 작곡하기도 했지요.

대한제국 군악대 건물은 지금의 탑골공원 서쪽 구석에 있었는데 에케르트는 군악대원들의 연습을 겸해서 매주 목요일 오전 10시, 탑골공원에서 무료 연주회를 열었습니다. 당시의 군악대원들이 한국 서양음악 연주자 1세대이고 탑골공원에서 그들의 연주를 들은 사람들이 서양음악 청중 1세대입니다.

에케르트는 한국 군대가 해산될 때 해고됐지만, 독일로 돌아가지 않고 남아 계속 제자들을 가르쳤습니다. 제1차 세계대전 중에는 적국민이라는 이유로 (제1차 세계대전 때 일본은 영국, 프랑스와 같은 협상국 쪽이었음) 헌병 감시 아래 살다가 1916년에 서울에서 사망하여 양화진 외국인 묘역에 묻혔습니다. 유족들의 회고에 따르면 그가 한국에 남았던 것은 그만큼 한국을 사랑했기 때문이었답니다. 궁내부 의사 분쉬는 하는 일도 없이 월급만 챙겨 떠났는데, 지금 우리나라에는 '분쉬의학상'이 있습니다. 그를 서양의학 발전의 주요 공로자로 인정한 것이지요. 그러나 에케르트를 기억하는 음악인은 별로 없습니다. 서양음악을 하는 사람들이 자기 역사에 그만큼 무심하다는 뜻일 것입니다. 물론 꼭 고마워할 것까지는 없겠지만, 그래도 자기 직업의 역사에 대해서는 한번쯤 관심을 가져도 좋지 않을까요?

청상과부 백씨

우리나라 최초의
여성 동상 인물입니다

　1908년, 백씨 성을 가진 과부가 자기 환갑 기념으로 동네 개천 위에 돌다리를 놓았습니다. 16세에 청상과부가 된 뒤 어떤 궂은일도 마다 않고 악착같이 벌어 큰 부자가 된 여성이었습니다. 여성에게는 이름을 지어주지 않거나 있어도 부르지 않던 시절이었으니 그의 이름이 무엇인지 아는 사람은 없었습니다. 그때부터 사람들은 그를 '백과부'라 부르는 대신에 '백선행'이라고 부르기 시작했습니다.

　백선행은 그 뒤로도 여러 차례 여러 학교와 단체에 큰돈을 기부했습니다. 그러면서도 자기 이름을 딴 재단을 만들거나 자기 이름을 딴 건물을 짓게 하지 않았으며, 자기 친척에게 그 일을 맡기지도 않았습니다. 그는 죽은 지 7년 만에, 그에게 진심으로 감사하는 사람들에 의해 한국인 최초의 여성 동상銅像으로 거듭났습니다.

　재산을 사회에 환원한다는 명분을 내걸고 공익재단이니 장학재단이니 하는 것을 만들어서는 자기 이름이나 호를 내건 뒤 자기 친척이나 부하에게 맡기는 일, 진정한 선행이라고 할 수 있을지 모르겠습니다. 참된 선행은 자기를 드러내지 않습니다. 자기를 드러내놓고 자랑삼아 하는 일은 선행보다는 과시에 가깝습니다.

일진회 회장 이용구

행적이 기록되는 자는
역사를 두려워해야 합니다

안중근 의사가 이토 히로부미를 척살하자, 한국 정부 고위 관리들은 '진사 사절단陳謝使節團'을 꾸려서는 일본에 사죄하러 갔습니다. 일본인들에게 잘 보이려 애쓰던 한국인들 중에는 이토 히로부미 동상건립운동을 벌이는 자도 있었습니다. 우리 역사상 첫 번째 동상건립운동이었지요. 당시 안중근 의거를 통쾌하게 생각한 사람이 많았는지 그 뒤의 사태를 걱정한 사람이 많았는지는 알 수 없습니다. 미시적으로 보자면, 안중근의 의거는 일본 내에서 즉각적인 한국 병합을 요구하는 여론을 자극했습니다. 일진회원들은 그에 영합해서 '합방청원운동'에 나섰습니다. 그래서 안중근의 의거가 결과적으로 일본의 한국 강점을 앞당겼다는 주장도 있었습니다. 1980년대 일본 총리이자 현재 일본 우익의 영수 격인 나카소네 야스히로中曾根康弘는 자기가 가장 존경하는 인물로 '합방청원운동'을 벌인 일진회 회장 이용구를 꼽았습니다. '아시아연대'라는 대의를 위해 자기 민족을 '배반'한 행위야말로 모든 아시아인의 존경을 받을 만하다는 이유였습니다. 먼 훗날, 안중근과 이용구에 대한 평가가 어떻게 달라질지는 모릅니다. 그러나 안중근 의거와 일본의 한국 병합 '시점' 사이에는 별 관계가 없다는 점, 이용구의 '배반' 뒤에 일본군의 사주가 있었다는 점은 비밀 해제된 자료들을 통해 분명해졌습니다. 옛날 일들을 들여다보면서 느끼는 재미 중 하나는, 당대에는 비밀에 부쳐졌거나 사실 관계가 불명확하다고 생각했던 일들 대부분이 언젠가는 밝혀진다는 점입니다. 그래서 자기 행적이 기록되는 사람이라면 누구나 역사를 두려워해야 합니다. 지금은 거의 모든 사람의 행적이 '기록되는' 시대입니다.

신채호의 영어 읽기

I는 am a boy요,
You는 are a girl이니라

"불교가 조선에 들어오면 조선의 부처가 아니라 부처의 조선이 되고, 유교가 조선에 들어오면 조선의 공자가 아니라 공자의 조선이 되며, 기독교가 조선에 들어오면 조선의 예수가 아니라 예수의 조선이 된다." 단재 신채호의 한탄입니다. 그는 자기 민족의 고유문화를 바탕으로 외래문화를 흡수해야지, 자기 것을 버리고 외래문화를 따라서는 안 된다고 설파했습니다. 그의 이런 생각은 적어도 말로는, 최근까지 '외래문화를 받아들이는 올바른 태도'로 받아들여졌습니다. 그런 점에서 그는 한국 근현대 민족주의의 비조鼻祖라 할 만합니다.

신채호는 영어도 잘했는데 꼭 한문 책 읽듯 토를 달아 읽었답니다. "I는 am a boy요, You는 are a girl이니라." 하면서. 주변에서 누가 영어는 그렇게 읽는 게 아니라고 지적하면 "남의 글을 우리 식으로 읽어야지 우리말을 남의 식에 맞추어서야 되겠느냐."고 되레 나무랐답니다.

그런데 요즘에는 우리글의 기초적인 맞춤법조차 모르는 사람이라도 영어만 조금 하면 '실력 있는 지식인' 소리를 듣습니다. 어쩌면 우리말과 글을 무시하고들 살기에, '영혼 없는 지식'이 늘어나는 것인지도 모릅니다.

신채호의 영웅

광개토왕, 태종왕, 김방경, 정지, 이순신
이 다섯에 불과하다

"아, 섬나라 다른 종족이 대체로 한국의 깊은 원수가 되어 지척의 거리에 독한 눈초리로 보고 오랫동안 반드시 갚아야 할 뼈에 사무친 원한을 깊이 새겼다. 한국 4천 년 역사에 외국의 침범을 두루 세면 왜구倭寇라는 두 글자가 거의 십중팔구를 차지한다. 이제 옛날에 일본과 대항할 때 족히 우리 민족의 명예를 대표할 만한 위인을 찾아본다. 퍽 오랜 옛날에 두 위인이니 고구려 광개토왕, 신라 태종왕이고 근세에 세 위인이니 김방경, 정지, 이순신이라. 대개 다섯 사람에 불과하다."

을사늑약 이후 망국의 위기 앞에서 나라를 구할 민족 영웅의 출현을 갈망한 단재 신채호는 여러 편의 위인전을 썼습니다. 그는 대일對日 항쟁의 위인으로 평가한 위의 다섯 사람 외에도 을지문덕, 묘청, 최영 등을 '준準영웅'으로 평가했습니다. 그는 한국에는 당시까지 진정한 '영웅'이 출현하지 않았다고 보았습니다. 영웅을 뜻하는 영어 Hero는 이형접합자(heterozygote) 혹은 이형배우자(heterogamete)를 뜻하는 Hetero와 어원이 같습니다. 그리스 로마 신화의 영웅들은 모두 신과 인간의 혼혈입니다. 기독교의 예수 그리스도도 신과 인간의 혼혈이며, 우리 민족의 시조로 추앙받는 단군도 천신의 아들과 곰 사이의 혼혈입니다. 영웅은 '신에 가까운 인간', '인간의 한계를 넘어선 인간'입니다. 그런데 요즘은 '영웅'이 아주 흔해져 웬만하면 영웅이라 칭합니다.

'시일야방성대곡' 장지연

부끄러움을 아는 사람은
그래도 낫습니다

오늘날 한국인 대다수는 을사늑약 하면 반사적으로 '을사오적'과 더불어 '시일야방성대곡是日也放聲大哭'을 떠올립니다. 국사 교과서에 을사늑약에 대한 민족적 저항을 다루면서 언론 저항운동의 백미로 이 논설을 꼽았기 때문입니다. 그런데 역시 한국인 대다수는, 이 글의 제목만 알지 내용은 모릅니다.

이 글은 대한제국 정부의 대신大臣들만 개돼지 같다고 욕했을 뿐, 일본 정부와 이토 히로부미伊藤博文를 비난하지도, 황제의 무능을 한탄하지도 않았습니다. 동포의 분기奮起를 촉구하기는 했으나, 그조차 우회적이었습니다.

이 글을 쓴 장지연은 일제강점기 조선인 언론이 전면적으로 탄압받았던 무단통치 시기에 경남일보 주필이 되었고 총독부 기관지였던 매일신보에도 친일 기사를 여럿 썼습니다. 얼마 전 그를 친일인명사전에 등재할 것이냐를 두고 논란이 일었습니다. 그의 등재를 반대하는 주장 중에는 '시일야방성대곡'의 상징성을 고려해야 한다는 것도 있었습니다.

말년의 장지연은 매일 술에 취해 살았고, 결국 술병으로 죽었습니다. 어쩌면 스스로에게 부끄러워 맨 정신으로는 하늘을 우러러볼 수 없었는지도 모릅니다. 그의 이름은 지금 친일인명사전에 수록되어 있으나, 그래도 부끄러운 줄 모르고 부귀영화를 누리는 데에 탐닉한 자들보다는 그가 훨씬 나은 듯합니다.

이완용의 처세

스펙과 인맥이
당대 최고였습니다

"나는 평생 시세를 따라 잘 처신한 덕에 가문을 이만큼 일으켜 세웠다. 앞으로 미국이 승勝할 테니 너는 영어를 배워 두어라." 이완용이 자기 조카에게 남긴 말이랍니다. 이완용은 일관된 '친일파'라기보다 제 몸과 제 가문만을 중시한 '처세의 달인'이었습니다. 그는 시류의 변화를 읽는 안목이 있었고, 그 시류에 영합하는 데 능했습니다. 그는 우리나라 최초의 신식 교육기관인 육영공원을 졸업했고, 주미 조선공사관 참사관을 지냈습니다. 전통 학문인 유학에도 조예가 있었고 글씨를 잘 써 당대의 명필 소리를 들었습니다. 흥선대원군과는 사돈지간이었고, 개화파든 수구파든 크게 가리지 않고 두루 관계를 맺었습니다. 이완용의 '스펙'과 인맥은 당대 최고 수준이었습니다.

지금 서점에는 수많은 '자기계발서'들이 나와 있습니다. '처세의 달인, 이완용의 자기계발', 이런 책 나오면 잘 팔리지 않을까요? 제목이 그렇지 않을 뿐 그 책들이 전달하는 메시지는 거의가 '이완용처럼 되라'는 것들입니다. 이완용이 출세지상주의자였다는 사실을 외면하고 그에게 '친일파'라는 딱지를 붙여 놓으면 마음이 편해지는 면도 있습니다. 그러나 주변 사람 돌아볼 줄 모르고 스펙 쌓기와 인맥 다지기에만 열중하다 보면, 자신도 모르게 이완용처럼 될 수 있습니다.

노인단 단원 강우규 의거 당시 61세였습니다

2011년 9월 2일, 서울역 앞에서 강우규 의사 동상 제막식이 거행되었습니다. 강우규 의사는 1919년 9월 2일, 신임 총독으로 부임하기 위해 경성역에 도착한 사이토 마코토에게 폭탄을 던졌으나 척살하는 데에 실패하고 체포되어 14개월 뒤에 순국한 분입니다. 의거 당시 나이는 61세, 환갑이었습니다. 요즈음으로 치자면 노인 축에도 못 들지만, 그 시절에는 인생 다 산 노인이었습니다.

강우규 의사는 체포된 후 스스로 '노인단' 단원이라고 밝혔습니다. 이 단체는 3·1운동 직후 러시아 블라디보스토크 신한촌에서 창립되었으며, 단원은 46세 이상 70세까지의 '노인' 50여 명이었습니다. 창립 취지서는 "독립을 회복하지 못하면 각고의 노력 끝에 집과 땅, 돈을 마련해 자손에게 남겨 주거나 학문을 전수하더라도 근본적으로 다른 민족의 노예 상태에서 벗어나지 못할 것"이라고 하여 자손들을 노예 상태에서 벗어나게 해 주는 것을 조직의 목표로 삼았습니다.

강우규 의사를 체포한 자는 한국인 경찰 김태석이었습니다. 그는 수많은 독립운동가를 고문하여 고문왕이라는 별명이 붙었고, 그 '공로'로 한국인 최고의 명예직이었던 조선총독부 중추원 참의까지 지낸 자였습니다. 정부 수립 뒤 반민특위에 검거되어 무기징역과 재산 몰수형을 선고받았으나 이승만의 특별 지시로 풀려났습니다.

강우규 의사는 자손에게 집과 땅, 돈을 물려주지 못했습니다. 그의 동상도 이제야 세웠습니다. 사람들에게 부당함과 불의를 느끼게 만드는 역사는, 애국심도 손상합니다.

전주 이씨 이승만

자유민주주의자가 아니라
전제주의자였습니다

　동생 충녕의 자질이 뛰어난 것을 일찍 알아본 양녕대군이 왕위를 양보하기
위해 일부러 미친 짓을 했다는 '설'은 양녕대군이 세자 자리에서 쫓겨난 지 한
참 뒤에 생겼던 것으로 추정됩니다. 이 설을 가장 먼저 기록한 것은 17세기 사
람 김시양이 쓴 〈자해필담紫海筆談〉입니다. 1921년에는 김형식金瀅植이 동아일보에
〈이조인물약전李朝人物略傳〉을 연재하면서 이 설에 따릅니다. 그러나 정사正史의 기
록과 너무 상반되어서 널리 퍼지지는 않았습니다.

　양녕대군 미화론이 대중적으로 유포된 것은 자유당 정권 때입니다. 그런데
이는 이승만이 양녕대군 다섯째 서자의 후손이라는 사실과 관계가 있는 듯합니
다. 이승만은 미국에 있을 때 대한제국 'Prince' 행세를 했습니다. 해방 후 이승
만은 고종의 종증손 이청李淸을 양자로 들여 대한제국 황실과 '혈연관계'를 맺으
려 했습니다. 그러나 이청의 어머니는 아들을 상놈의 양자로 들일 수 없다며 반
대했고, 이후 이승만은 옛 황족을 냉대합니다. 영친왕도 끝내 귀국시키지 않았
습니다.

　그 무렵 신성모 국방장관은 공식석상에서도 이승만에게 큰절을 올렸고, "황
공스럽다."를 연발하며 눈물을 뚝뚝 흘렸습니다. 그의 별명은 '낙루장관'이었죠.
"황공무지로소이다." 같은 궁중 용어는 당시 경무대의 일상 용어였습니다. 이승
만에게 친아들이 있었거나 이청을 양자로 맞는 데 성공했다면, 이기붕의 아들
을 양자로 삼고 이기붕에게 권력을 물려주려고 하지는 않았을 것입니다. 이승
만은 자유민주주의자가 아니라 전제주의자였습니다. 그를 한국 민주주의의 초
석을 놓은 인물로 기억할 수 없는 이유입니다.

양자 김성수

큰아버지 김기중의 양자로 들어갑니다

종로구 계동에는 '인촌선생 고거故居'라는 현판이 붙은 김성수의 옛집이 있습니다. 대문을 열고 들어서면 마당에 김기중, 김경중 두 사람의 흉상이 나란히 서 있습니다. 김기중은 김성수의 큰아버지이자 양아버지, 김경중은 생부이자 호적상 작은 아버지입니다. 김성수는 김경중의 넷째 아들인데 그의 형 셋은 모두 일찍 죽었습니다. 김경중은 김기중이 늦도록 아들을 얻지 못하자 당시 하나밖에 없는 아들이었던 김성수를 형에게 양자로 보냅니다. 김성수가 동아일보와 보성학교를 인수한 자금은 이 '아버지들'에게서 나왔습니다. 김경중은 김성수를 형에게 양자로 보낸 뒤 김연수를 얻었습니다. 김성수와 김연수는 친형제였으나, 호적상으로는 사촌 관계였습니다. 일제강점기까지는 이런 '이상한' 친척 관계가 드문 일이 아니었습니다.

2011년의 서울시장 선거 때 한 유력 후보가 병역을 기피할 목적으로 열세 살때 양자로 갔다는 의혹이 돌아다녔습니다. 그런 논리라면 김성수에게는 '큰아버지 재산을 가로챌 목적으로 어려서 양자로 위장 침투했다'고 해도 될 것입니다. 양자제도는 가족관계를 복잡하게 만들었고, 가족 구성원들에게 자주 상처를 입혔습니다. 김성수 형제처럼 서로에게 좋은 결과가 된 경우는 오히려 드물었습니다. 옛 관행이 개인에게 남긴 상처를 정치적으로 이용하는 것은 옳은 일이라 할 수 없습니다. 그보다 지금은 '자녀에게 미국 국적을 줄 목적으로' 원정출산하는 행태가 더 큰 문제인 듯합니다. 자녀를 '미국인'으로 태어나게 해 놓고 그 아이들이 이 나라의 '지도자'로 자라기를 바라는 것은 부모들의 이율배반입니다.

독립군 김원봉과 경찰청장 장택상

장택상의 부하 노덕술은
김원봉의 뺨을 때렸습니다

1917년, 대한광복회 단원들이 한강 이남의 제일 갑부로 꼽히던 장승원을 찾아가 군자금을 요구합니다. 장승원은 지금은 집에 돈이 없으니 내일 다시 오면 주겠다고 해서 돌려보내고는 일본 경찰에 신고했습니다. 다음날 찾아간 단원들이 일본 경찰에 체포되었습니다. 며칠 뒤, 다른 단원들이 장승원을 처단했습니다.

30년 뒤인 1947년, 의열단 단장과 대한민국임시정부 군무부장, 광복군 부사령을 지낸 김원봉이 '악질 친일경찰'의 대표로 지목되던 노덕술에게 체포되어 종로경찰서에 끌려갑니다. 노덕술은 김원봉의 뺨을 때리기까지 했습니다. 일제 경찰이 거액의 현상금을 내걸고 잡으려 들었음에도 체포되지 않았던 김원봉은, 해방된 조국에 와서 일제의 주구走狗에게 참을 수 없는 모욕을 당했습니다.

김원봉을 체포하라고 지시한 사람은 수도경찰청장 장택상이었습니다. 장택상은 장승원의 아들이었고 김원봉의 고모부는 대한광복회의 창립 멤버였습니다. 장택상은 평소 김원봉을 '아버지의 원수'라 생각했습니다.

김원봉이 노덕술에게 체포됐다는 소식이 알려지자 세상이 발칵 뒤집혔습니다. 장택상은 '정중하지 못했다'며 짐짓 노덕술을 야단치고는 김원봉을 풀어줬습니다. 그때 김원봉은 뺨 때린 노덕술보다 정중한 장택상이 더 미웠을 것입니다. 이 일을 겪은 뒤 김원봉은 바로 월북했습니다. 장택상은 일부나마 자기 아버지의 원수를 갚았다고 생각했겠지만, 그것은 '불의不義'였습니다.

이완용의 묘

이제부터 겪을 일이
진실로 기막히지 아니하랴

이완용은 경기도 광주에서 태어났는데 그의 묘는 전라북도 익산에 있었습니다. 선산이 익산에 있었던 것도 아닙니다. 전라도 관찰사로 있을 때, 용하다는 지관이 '전국 최고의 명당'이라고 지목한 곳을 미리 자기 묏자리로 잡아두었다가 그 자리에 묻혔습니다. 이완용 묘지는 명당일 뿐 아니라 주변 풍광이 아주 좋아 해방 뒤에는 초등학교 소풍 장소로 자주 이용됐답니다. 남의 무덤에 올라가 노는 것은 본래 금기였지만, 이완용 무덤 위에서 노는 것은 '권장사항'이었답니다. 아이들은 너도나도 무덤 위에 올라가 '만고역적 이완용'이라 외치며 짓밟았습니다. 후손들이 여러 차례 무너진 무덤을 손보았지만, 결국 견디지 못하고 1970년대 말에 파묘破墓해 버립니다. '전국 최고의 명당에 쓴 무덤'은 이렇게 사라졌습니다.

이완용이 죽었을 때, 동아일보는 "살아서 누린 것이 얼마나 대단했는지. 이제부터 겪을 일이 진실로 기막히지 아니하랴."라고 썼습니다. 사람의 생물학적 생명은 죽음으로 끝나지만, 역사적 생명에는 끝이 없습니다. 권력자가 역사를 두려워하지 않으면, 죽어서 진실로 기막힌 꼴을 당하기 쉽습니다.

송진우의 '광차대'

젊은이에게는 세밀한 논리보다
호연지기가 더 중요합니다.

일제강점기 중앙학교 교장과 동아일보 사장을 지내고 해방 이후 한국민주당 초대 당수가 되었던 송진우는 어려서부터 대인大人의 풍모를 지닌 영재로 알려졌습니다. 17세 때 호남 갑부의 아들 김성수와 단짝이 되었는데, 한일 강제병합 직전인 1910년에는 그의 도움으로 함께 일본 유학길에 올라 와세다대학교 입학 시험을 치렀습니다.

당시 시험 문제는 '논만주論滿洲'였답니다. 만주에 대해 아는 것 모르는 것 모두 섞어 어렵게 답안지를 채우고 나온 김성수가 송진우에게 어떤 답을 썼느냐고 물어보았답니다. 송진우는 태연하게 "문제가 세 글자인데 답을 더 쓸 이유가 어디 있나? 그저 '광차대廣且大'(넓고 크다) 석 자만 쓰고 나왔네." 하더랍니다. 아마 김성수는 '비싼 돈 내고 일본까지 와서 그런 터무니없는 답을 썼다는 말인가?'라는 말이 튀어나오는 걸 억지로 참았을 것입니다. 그러나 결과는 둘 다 합격이었습니다. 그가 '광차대' 석 자만 쓰고 나온 게 사실이라면, 그를 합격시킨 교수의 배포도 어지간합니다.

요즘 학생들, 단어 배열 순서까지 외가며 논술 시험에 대비합니다. 젊은이에게는 '세밀한' 논리보다 '넓고 큰' 호연지기가 더 중요합니다. 젊은이를 '협차소狹且小'(좁고 작다)하게 키우는 사회가 '광차대'한 꿈을 가질 수는 없겠지요.

신성모와 최인규

낙루장관과 지당장관으로
불렸습니다

제2대 국방장관 신성모는 상해 임시정부 군사위원회 요원으로 활동하다가 일제 경찰에 체포되어 옥살이를 했던 독립운동가 출신입니다. 임시정부에서 활동할 때 이승만이 미국에 '위임통치'를 요청한 데 분개하여 그를 규탄하는 성토문도 발송했습니다. 일제 감옥에서 풀려난 뒤에는 영국으로 유학하여 런던 해양대학을 졸업하고 1등 항해사 자격을 얻었습니다. 이후 죽 뱃사람으로 살다가 대한민국 정부가 수립된 뒤에야 귀국했습니다.

그런데 이승만은 그가 과거에 자기를 탄핵했던 일을 따지지 않고 그를 내무장관, 국방장관 등의 요직에 앉혔습니다. 이 일에 감격해서인지 그는 공개석상에서도 이승만에게 큰절을 올렸고, 그와 대화할 때에는 말끝마다 눈물을 뚝뚝 흘렸답니다. 그래서 그에게는 '낙루落淚장관'이라는 별명이 붙었습니다. 그러나 그는 대통령 앞에서 눈물 흘리는 능력 말고 장관으로서의 능력은 없었다는 평가를 받습니다. 그가 국방장관으로 있을 때 6·25전쟁이 일어났고, 결국 국민방위군 사건으로 해임되었습니다.

내무부 장관으로 3·15부정선거를 총지휘했고, 그 때문에 결국 사형당한 최인규의 별명은 '지당장관'이었습니다. 그는 이승만이 무슨 말을 하든지 '지당하십니다'만 연발했습니다. 이런 맹목적인 충성심이, 그를 대한민국 역사상 유일의 '사형당한 국무위원'으로 만들었는지도 모릅니다. 역사상의 아첨꾼에게는 대개 아첨하는 능력 말고 두 가지 능력이 더 있습니다. 하나는 자기 재산 불리는 능력이고 또 하나는 자기 주군과 나라를 망치는 능력입니다.

서로 싫어한 이승만과 박헌영

미운 마음을 드러내면
대화가 어렵습니다

이승만이 귀국한 지 얼마 되지 않았을 때, 어떤 사람이 박헌영을 만나 보라고 권했습니다. 해방되자마자 극심한 이념 대립의 소용돌이에 빠진 정국을 안정시키기 위해서는 좌우 영수회담이 필요하다고 생각했던 것이지요. 이런 생각은 당시의 일반적인 여론이기도 했습니다. 또 그 무렵에는 공산당도 이승만을 대통령으로 추대하는 데에 긍정적이었습니다. 그러나 이승만은 단호하게 "똥 먹은 놈 만날 일 없다."며 거절했답니다.

박헌영은 조선공산당 사건으로 일제 경찰에 체포됐을 때 감옥에서 자기 똥을 먹었습니다. 일시적으로 미쳐서 그랬는지, 풀려나기 위해 미친 척을 한 것인지는 알 수 없지만, 이 일은 세상에 널리 알려졌습니다. 이승만의 이 말도 공산당과는 절대로 대화하지 않겠다는 의지를 표명한 것인지, 정말 박헌영을 '더러운 놈'이라고 생각해서 그랬는지 단정하기 어렵습니다. 그렇지만 이 말은 박헌영의 귀에도 들어갔고, 둘은 영영 화해할 수 없는 관계가 되었습니다.

연평도 포격 사건 이후 우리 군이 사격장 표적지에 김정일의 사진을 걸어놓고 총을 쏘기 시작했습니다. 북한에서도 곧바로 똑같은 방식으로 대응했지요. 그러는 와중에도 정부는 북한에 대화를 제의했습니다. 죽이고 싶도록 미운 마음을 노골적으로 드러내 놓고서 하는 대화에 무슨 의미가 있을까요? 미운 마음은 말로 확인하지 않아도 서로 압니다.

김구 암살범 안두희　　숨어 살다 맞아 죽었습니다

　　백범 김구를 암살한 안두희는 범행 후 체포되어 종신형을 선고받았으나 이례적인 감형과 잔형 집행정지 처분을 거쳐 1953년 2월에 완전 복권되었습니다. 그는 강원도에서 군납 공장을 경영하다가 4·19 뒤 김구 선생 살해 진상규명위원회가 발족하자 신변에 위협을 느껴 정체를 감추고 숨어 살았습니다.

　　김구 암살의 배후를 밝혀달라고 여러 차례 정부에 탄원했으나 성과를 거두지 못한 권중희는 1982년부터 직접 안두희를 추적하기 시작했습니다. 안두희의 행방을 찾아낸 권중희는 1987년에 마포구청 앞에서 그를 몽둥이로 구타한 이래 여러 차례 '불법적인' 폭행을 가했습니다. 나중에는 안두희에게서 이승만 대통령에게 직접 지시를 받았다는 자백도 받아냈습니다. 안두희는 뒤에 폭력에 견디지 못해 거짓 자백했다고 말을 바꿨습니다.

　　안두희는 끝내 배후를 밝히지 않고 1996년에 박기서에게 맞아 죽었습니다. 박기서는 살인범이 되었으나 당시 '백범 살해범을 곱게 죽도록 내버려 두지 않은 것은 잘한 일이라고 하는 사람들이 많았습니다. 재판부도 여론을 참작하여 상대적으로 가벼운 형을 선고했습니다. 국가가 백범 암살의 배후를 밝히는 데에 성실했다면, 안두희도 그렇게 고통스럽게 살다 가지 않았을 것이고, 박기서도 살인범이 되지는 않았을 것입니다. 국가의 책임 회피가 여러 사람을 불행하게 만든 셈입니다

월북한 천재 도상록

모함은 자칫 적을 이롭게 합니다

북한이 처음 핵 실험을 했을 때, 국내 언론들은 1990년에 죽은 도상록을 북한 핵 개발의 대부로 지목했습니다. 그는 김일성대학교 교수를 거쳐 북한 과학원 원사를 지낸 사람이었습니다. 그런데 이 사람, 해방 직후에는 서울대학교 교수였습니다. 도상록은 일제 강점 말기에 이미 저명한 국제 학술지에 여러 편의 논문을 실을 정도로 두각을 나타내 '조선의 아인슈타인'이라는 별명을 얻었습니다.

해방 당시에는 개성의 송도고등보통학교 교사로 있다가 서울대학교 교수가 됐습니다. 이념적으로는 좌익도 우익도 아닌 그냥 과학자였습니다. 도상록은 1946년 소위 '국대안(국립서울종합대학안)' 파동이 있기 직전, 공금유용 혐의로 파면당합니다. 교수회의 공금을 신탁통치 '반대운동'에 썼다는 이유였습니다. '신탁통치 반대'는 처음엔 좌익과 우익 모두 내세웠던 구호였습니다. 나중에 좌익은 '모스크바 삼상회의 결정 절대 지지'로 돌아섰지요. 그런데 도상록은 경찰에 잡혀가서는 좌익 혐의로 조사를 받았습니다. 누군가 그를 '좌익 사상 보유자'라고 모함했기 때문입니다. 신변의 위협을 느낀 그는 풀려나자마자 월북했습니다. 도상록이 북한 핵 개발의 대부라면, 시기심에서든 다른 이유에서든 그를 모함하여 월북하도록 몰아간 사람들이 결과적으로 북한의 핵 개발을 도운 셈입니다.

서울시장 김상돈

민나 도로보데쓰 みんな どろ-ぼうです
(몽땅 도둑놈이다)

4·19혁명으로 이승만의 1인 종신집권 체제가 무너지자, 학생들이 흘린 피 값을 생각해서라도 제대로 된 민주주의를 실천해야 한다는 여론이 높아졌습니다. 학생들과 양심적 지식인들 덕에 권력을 얻은 민주당 정부는 형식적으로라도 민주주의의 원칙을 지키려 노력하는 모습을 보여주어야 했습니다. 지방자치제가 전면 실시된 것도 그런 노력의 일환이었습니다.

1960년 12월, 서울특별시장 선거가 실시되어 민주당 후보 김상돈이 초대 민선시장에 당선되었습니다. 그는 일제강점기에 기자로 활동하다가 제헌의회에 무소속으로 당선된 뒤, 6·25전쟁 중에는 이름뿐이던 반민특위 부위원장을 지냈습니다. 김상돈은 반민특위 부위원장 시절, 이승만 정부가 민족반역자 처벌에 뜻이 없다는 사실을 새삼 확인하고는 이후 야당 의원으로 활동했습니다.

김상돈이 서울특별시장에 취임하던 날, 한바탕 소란이 일었습니다. 그는 취임사에서 '서울시는 복마전^{伏魔殿}'이라 규정하고는 일본 말로 "민나 도로보데쓰 みんな どろ-ぼうです(몽땅 도둑놈이다)."라고 덧붙였습니다. 서울시 공무원들은 자기들을 도둑놈 취급하는 시장에게 사실상의 태업으로 대응했습니다. 그 시절 공무원의 부패는 일종의 문화였습니다. 그렇지만 사람의 마음을 먼저 얻지 못하고서는 아무것도 바꿀 수 없습니다.

백윤수, 백낙승과 백남준

백남준의 아버지는
일제 부호 백낙승입니다

    북한산 둘레길을 걷다 '백윤수 소유'라는 글자가 새겨진 작은 돌비석이 눈에 띄었습니다. 한참 걷다가 같은 돌비석을 발견했습니다. 돌비석으로 표시한 권역을 어림잡아 보니 아주 넓었습니다. 백윤수는 조선 말의 백목전 상인 출신으로 일제강점기 대창무역주식회사를 설립한 부호였습니다. 백윤수의 아들 백낙승은 회사 이름을 태창으로 바꿨는데, 일제 말에는 침략전쟁에 적극 협력하여 비행기를 헌납하기도 했습니다. 그는 정부 수립 후 반민특위에 체포되었으나 풀려난 뒤 자유당 정부와 유착하여 '태창'을 우리나라 최초의 재벌로 만들었습니다.

    백낙승의 아들이 세계적으로 유명한 비디오 아티스트 백남준입니다. 얼마 전 미술사 전공자에게 백남준의 예술관에 대해 귀동냥을 할 기회가 있었습니다. 백남준은 '한민족'의 경계를 뛰어넘어 '황인종의 정신'에 주목했다더군요. 그의 이야기를 들으며, 백남준의 집안 내력으로 보아 그럴 수밖에 없었을 것이라는 생각이 들었습니다. 그에게 '민족'이라는 단어는 자책과 고통의 단어였을 것입니다. 그의 생애와 사상에 대해 알고 나서야, 비로소 그의 예술 세계를 이해할 수 있었습니다. 그에게 TV는 범汎 아시아의 샤먼(무당)이었습니다. TV 화면에 나타나는 영상들은 샤먼의 몸에 깃들었다 빠져나갔다 하는 '타인의 영혼들'이었던 셈이고. 이렇게 역사는, 모든 것과 관계 맺습니다.

열혈청춘 김상진

유신철폐를 외치며 할복을 했습니다

1972년 10월에 제정, 공포된 '유신헌법'은 대통령에게 헌정 사상 최악의 '반反 헌법적' 권한인 긴급조치 발동권을 주었습니다. 대통령이 '긴급한 상황'이라고 판단하면, '헌법상 국민의 자유와 권리를 잠정적으로 정지'시킬 수 있었지요.

1974년 1월 8일에 발포된 긴급조치 제1호는 "① 유신헌법을 부정, 반대, 왜곡, 비방하는 일체의 행위를 금한다. ⑤ 이 조치에 위반한 자와 이 조치를 비방한 자는 법관의 영장 없이 체포, 구속, 압수, 수색하며 15년 이하의 징역에 처한다. 이 경우에는 15년 이하의 자격정지를 병과倂科할 수 있다." 등이었습니다. 이 조치 대로라면 "이 더러운 세상……"이라고 했다가 걸려도 15년 징역을 살 수 있었습니다. 문명적 법치국가에서는 상상도 할 수 없는 일들이 태연히 벌어졌습니다.

1975년 4월 8일, 서울 농대생 김상진이 유신철폐를 외치며 칼로 자기 배를 갈랐습니다. 그날 정부는 긴급조치 7호를 발포했습니다. 나흘 뒤 그가 사망하자 정부는 가족들을 협박하여 장례식도 치르지 못하게 하고 화장시켰습니다. 5월 15일에는 유신체제에 대한 모든 '언급'을 일체 금지하는 긴급조치 9호를 선포했습니다. 말만 잘못해도 무조건 징역이었습니다. 5월 22일, 서울대학교 학생들이 긴급조치 철폐를 요구하며 김상진 장례식을 치렀습니다. 경찰은 이 장례식에 참석한 학생들을 전원 체포했고, 체포된 학생들은 모두 징역을 살았습니다. 젊은이들은 언제나 정의감이 강했습니다. 젊은이들이 불의에 항거하여 싸우지 않았다면, '청춘의 끓는 피'라는 말은 나오지 않았을 것입니다. 이런 일로 '전과자'가 된 사람들을 비난하는 요즘의 일부 젊은이를 보면, '피가 식은' 젊은이라는 생각이 듭니다.

전쟁을 결정하는 권력자는
전쟁터에서 죽지 않습니다
2

전쟁

전쟁을 결정하는 권력자는 전쟁터에서 죽지 않습니다

　'노인이 전쟁을 결정하고, 젊은이가 전쟁터에서 죽는다'는 말이 있습니다. 부조리하지만 이것이 역사고 현실입니다. 전쟁을 결정한 권력자들 중에 전쟁터에서 싸우다 죽은 사람은 거의 없습니다. 전쟁 중에 그들은 가장 안전한 곳에 있었습니다. 전쟁에 져서 자살하거나 전범으로 처형된 경우가 더러 있었지만, 제1차 세계대전을 도발한 독일의 빌헬름 2세는 천수를 누렸고 아시아태평양전쟁의 최고 전범인 일본의 히로히토는 패전 뒤에도 제자리를 지켰습니다.

　전쟁을 결정하는 권력자들은 언제나 '국익'을 내세웠습니다. 그러나 그들이 말한 '국익'은 그 자신에게는 현실적이고 구체적이었으나, 전쟁터에서 목숨을 바쳐야 하는 젊은이들에게는 추상적이었습니다. 인류가 권력자들을 직접 전투에 참여시키는 시스템을 만들었다면, 아마 대부분의 전쟁은 아예 일어나지도 않았을 것입니다.

　인터넷과 SNS는 인류 역사상 처음으로 젊은이들이 주눅 들지 않고 자기 생각을 당당하게 밝힐 수 있는 공간을 만들었습니다. 사이버 세계의 시민인 네티즌은 나이, 성별, 학력, 재산에 관계없이 평등한 권리를 향유합니다. 오프라인에도 그런 곳이 하나 있습니다. 투표소입니다.

왕정과 공화정

대통령 되려 싸우지도 않고
더 드라마틱해질 것 같다고 했습니다

근래에 우리나라를 왕국으로 설정한 TV 드라마가 몇 편 방송된 적이 있습니다. 그중에는 우리나라 이름을 지금 그대로 '대한민국'이라 한 것도 있었습니다. '민국民國'이란 왕국王國이나 제국帝國의 반대말인데, 작가도 PD도 그런 기초적인 사실조차 몰랐던 모양입니다. 우리나라를 '왕국'으로 설정한 드라마가 만들어지고 인기를 끈다는 것은, 그만큼 우리 사회에서 '복고주의'의 지반이 넓어졌다는 반증일 수도 있습니다. 또는 브랜드 가치에서 역사와 전통이 차지하는 비중이 나날이 커 가는 귀족적 상업주의의 변형일 수도 있을 것 같습니다.

그런데 허구의 세계가 아니라 현실의 세계에서 '왕정'이 복구되기를 진심으로 바라는 사람을 만난 적이 있습니다. 그는 우리나라가 옛날처럼 왕국이 되면, 대통령이 되려고 서로 싸우는 일도 없을 것이고 정치도 더 드라마틱해질 것 같다고 했습니다. 민주정보다 왕정이 국민에게 감동을 더 줄 수 있을 것이라면서.

배우에게 드라마는 온몸을 던지는 생활이지만, 관객에게는 그저 구경거리일 뿐입니다. 구경꾼 자리에 만족하는 사람에게는 왕정이든 공화정이든 그저 구경거리일 뿐입니다. 정치를 구경거리로 여기는 사람은, 주권자 자격이 없습니다.

자식보다 소중한 권력

언젠가는 시간이
걷어차 버립니다

고대 로마에서는 '가장'만 '가산家産'을 가질 수 있었습니다. 산 사람의 '아들'은 아무리 나이가 들어도 완전한 '자유 시민'이 될 수 없었습니다. 그래서 많은 로마인들이 '아들' 손에 죽었을 가능성이 높다는 설이 있습니다. 아버지가 살아 있다는 이유 때문에 친구들에게 '어린애' 취급받았을 것을 생각하면, 아주 터무니없는 상상은 아닐 듯합니다.

돈 때문에 부모 죽이는 자식은 있지만, 종교적 이유 외에 다른 '무엇' 때문에 자식 해치는 부모는 없습니다. 부모에게 자식이 하루하루 건강하게 자라는 모습만큼 행복감을 주는 일도 드뭅니다. 물론 예외는 언제나 있습니다. 홍선대원군은 자기 자식이 자라는 것을 싫어했습니다. 고종이 성인이 되면 권좌에서 물러나야 했으니까요. 심지어 영조는 권력 기반을 강화하기 위해 자기 자식을 죽이기까지 했습니다. '최고 권력자'들에게 권력은 자식도 돌보지 않을 만큼 소중했습니다.

진시황이 동남동녀童男童女 3천 명을 뽑아 '불로초'를 구해 오게 시켰다는 전설은 권력이 마지막까지 싸우는 대상이 '시간'임을 암시합니다. 그러나 아무리 초월적인 권력이라도 시간에 맞서 이긴 사례는 없습니다. 그 누구도 시간은 정면 돌파할 수 없습니다. 현명한 권력자는, 언젠가는 시간이 자기를 걷어차 버린다는 사실을 압니다.

내곡동 풍수

내곡동은 옛적 '안골', '능안말' 등을 합쳐서 이루어진 동네입니다. 헌인릉 안쪽 골짜기에 있는 마을이라는 뜻입니다. 왕릉 주변의 땅은 다 왕실 소유였습니다. 옛날의 이곳 주민들은 대개 왕실 땅을 부치면서 왕릉을 관리했습니다. 제일 높은 사람은 아마 종9품 '능참봉'이었을 것입니다.

이 대통령이 내곡동에 퇴임 후 사저를 정하는 과정에서 여러 가지 비리 의혹이 제기되었습니다. 그중에는 영부인이 유명한 풍수가에게 물어 이 땅을 택했다는 말도 있었습니다. 남양주시 조안면 능내리에는 다산 정약용 선생의 생가와 묘소가 있습니다. 예전 어느 저명한 풍수가는 이 자리를 조선 제일의 명당이라 했습니다. 그러나 다산 당대에 그와 형제들은 사형이나 유배를 당해 사실상 멸문의 화를 입었습니다.

내곡동 헌인릉은 태종과 순조의 능입니다. 태종이 묻힌 후 그의 손자(세조)가 증손자(단종)를 죽였고, 순조는 처음 파주의 장릉 옆에 묻혔다가 이곳으로 이장된 뒤 고종을 '양손자'로 들입니다. 그의 증손자(순종) 대에서 나라가 완전히 망한 셈입니다. 조선시대 풍수학은 지금보다 수준이 높았을 것이나, 그래도 믿을 게 못됐습니다. 민심을 저버리는 통치자에게는 땅귀신도 도움이 되지 않습니다.

사극 즐기기

정치적 담화는 대개 뒤끝이 있습니다

근래 방송과 영화에서 사극 열풍이 대단합니다. 현실과 관련해서 사극 보는 팁을 몇 가지 소개합니다. 물론 웃자고 하는 얘기입니다.

왕이 "과인이 부덕한 소치로다."라 하는 건 '내 주위엔 어째 너희 같은 놈들만 있냐?'라는 뜻입니다. 신하들이 입을 모아 "황공무지로소이다."라 대답하는 건 '네가 뽑아 놓고 그걸 왜 우리에게 묻냐, 놀랍네.'라는 뜻입니다. 왕이 "그럼 경만 믿겠소."라 하는 건 '나한테 원성이 돌아오지 않게 네가 알아서 잘 처리해라.'라는 뜻입니다. 신하가 "성은이 망극하옵니다."라 대답하는 건 '네가 아무리 면피하려 해도 세상 사람은 네가 시킨 짓인 줄 다 알 거다. 나는 책임 없다.'란 뜻입니다.

신하들이 "통촉하여 주시옵소서."라 하는 건 '네 말만 하지 말고 남 말 좀 들어라. 도대체 소통이 안 되네.'입니다. 왕이 "경의 충정은 잘 알았으니 이만 나가 보시오."라 하는 건 '괘씸한 놈, 두고 보자.'입니다.

신하들이 "전하의 위엄이 날로 높아가고 있사옵니다."라 하는 건 '너 그렇게 힘으로만 밀어붙이다간 큰일 당한다.'라는 뜻입니다. 왕이 "모두가 경들 덕분이요."라고 대꾸하는 건 '나 혼자 했냐? 너희들도 공범이야.'라는 뜻입니다.

신하들이 "전하의 홍복이옵니다."라 하는 건 '너 혼자 먹지 말고 좀 알아서 나눠줘 봐라.'라는 뜻입니다. 왕이 "과인에게 무슨 복이 있겠소. 모두 열성조께서 보살피신 덕이오."라 대꾸하는 건 '헛꿈 꾸지 마라. 너희들에겐 국물도 없다.'는 뜻입니다. 왕이 "과인의 살날이 얼마 남지 않은 것 같소."라 하는 건 '방심하지 마라, 네놈들이 어쩌나 지켜볼 거다.' 라는 뜻입니다. "부디 옥체 보존하시옵소서."는 '이제 우리 일에는 신경 끄고 너 살 궁리나 해라.'라는 뜻입니다.

신하가 "소신의 마지막 충정을 받아주시옵소서."라 하는 건 '이제 할 만큼 했으니 나만이라도 좀 살자.'라는 뜻입니다. 왕이 아무 대답도 안 하는 건, '비겁한 놈, 그런다고 너만 무사할 것 같냐?'라는 뜻입니다.

청계고가도로의 비밀

그분의 편의를 위해 도심을
관통했다고 합니다

지금은 헐리고 없는 '청계고가도로' 건설 공사 중에 서울시 공무원들 사이에는 당대 최고 권력자와 관련한 불미스런 소문이 돌았답니다. 청계천 복개로 넓은 도로가 새로 생기자마자, 그 위에 또 고가도로를 놓는 것은 상식으로 이해가 되지 않는 일이었습니다. 차도 많지 않던 시절이었으니까요. 자동차 전용 도로인 청계고가도로는 광교에서 시작하여 마장동까지 이어졌습니다. 거기에서부터 천호대로를 따라 똑바로 가면 당시 국내 최고의 호텔이었던 워커힐에 닿았습니다. 워커힐에는 일반 객실 외에 비밀스런 빌라형 객실도 있었습니다. 청계고가도로와 관련한 불미스런 소문이 돈 것은 당시 워커힐이 권력 핵심과 유명 여배우의 밀회 장소로 쓰였기 때문이랍니다. '그분'의 편의를 위해 도심을 '논스톱'으로 관통하는 도로를 만들었다는 것이지요. 이상은 청계고가도로 건설 당시 서울시 고위 공무원이었던 분에게 직접 들은 이야기입니다.

권력자들이 공공의 이익을 도모한다는 명분 아래 자기 사익私益을 챙기는 일은 아주 흔했습니다. 하지만 아무리 '공익'으로 포장해도, 사심을 완전히 감출 수는 없습니다.

유언비어

유언비어와 싸워 이긴 권력은 없습니다

1927년, 함흥에서 일본인 의사가 폐디스토마를 치료한다며 에메친이라는 약을 함부로 주사해 6명이 죽는 사건이 일어났습니다. 그러자 일본인이 조선 사람 다 죽이려 한다는 '괴담'이 돌았습니다. 조선 사람들이 일본인들의 '선의善意'를 믿었다면 그런 괴담은 돌지 않았을 것입니다. 일본 경찰은 '악의적인 괴담'을 퍼뜨리는 사람들을 전부 잡아들이겠다고 엄포를 놓았지만, 일본인들의 행위에 대해 이런저런 '괴담'이 퍼진 것은 바로 걸핏하면 잡아들이고 때리고 감옥에 보냈던 일본 경찰의 이런 태도 때문이었습니다.

권력은 수천 년 동안 수시로 '유언비어'와 싸웠지만 단 한 번도 이겨 본 적이 없습니다. 홍수, 한발, 전염병 같은 재해 뒤에는 거의 언제나 유언비어가 떠돌았습니다. 대부분의 유언비어는 사실 재해를 빙자하여 민심을 표현한 것이었습니다. 저절로 잦아들기를 기다려야 하는 것은 폭우나 유언비어나 같습니다. 권력은 자신에 대한 유언비어를 탓하기 전에, 유언비어가 확산될 환경을 만든 자기 자신을 먼저 탓해야 합니다. 권력이 언론을 장악해서 언론이 제 구실을 못하는 시대에는 유언비어가 언론의 역할을 대신하기 마련입니다.

흥청망청   연산군은 흥청과 놀아나다 망했습니다

비판 세력을 모두 물리치고 경연마저 폐지한 연산군은 아무 거리낌 없이 향락 생활에 빠져들었습니다. 그는 전국에 채홍사採紅使니 채청사採靑使니 하는 관리들을 파견하여 미모의 젊은 여성들을 뽑아 올리게 했습니다. 기생도 운평運平이라 바꿔 부르게 했습니다. 그들의 가무歌舞로 나라의 운세가 평안해지기를 바랐던가 봅니다. 또 지금의 탑골공원 자리에 있던 사찰인 원각사를 폐지한 뒤 그곳에 운평들을 모아놓고 연방원聯芳院이라 했습니다. 아름다운 꽃이 연달아 피어 있다는 뜻이지요. 연방원에서 기예를 더 익힌 운평들은 대궐로 불러들였는데, 그렇게 대궐에 들어온 여성들은 따로 흥청興淸이라고 했습니다. 왕이 그들 덕에 흥겨우면 나라도 흥할 거라는 뜻이었겠지요.

흥청망청이라는 말은 연산군이 흥청과 놀아나다 망했다고 해서 생겨났습니다. 그런데 연산군의 방탕한 향락 생활보다 더 큰 문제는 그 주변 사람들에게 있었습니다. 흥청의 아비나 오라비들은 그 알량한 권세를 믿고 힘없는 백성들에게 행패를 부리고 재물을 빼앗는 등 못하는 짓이 없었습니다. 백성들의 원망은 흥청을 믿고 행패를 부리는 자들을 넘어 '권력 핵심'인 연산군에게 직접 향할 수밖에 없었습니다. 권력자가 방종하면, 그 권력의 그늘에서 언제나 독버섯들이 자랍니다. 권력자를 망친 것은 바로 그 독버섯들이었습니다.

가까이 더 가까이
순장

제 안에 든 것이 없으면
권력을 맹종하기도 합니다

옛날 부여에는 '순장旬葬'이라는 제도가 있었습니다. 왕이나 귀족이 죽으면 그의 종들을 죽여 함께 매장하는 '원시적' 제도입니다. 죽음은 삶의 끝이 아니라 또 다른 시작이라고 생각했기에 종들을 죽은 뒤의 세상까지 데리고 가려 했던 것이지요. 주인이 죽으면 어찌하는 수 없이 따라 죽어야 했던 사람들의 공포와 분노를 생각하면, 아득히 먼 옛날의 일이지만 마음이 아픕니다.

그런데 일부 고대사 연구자들은 현대인의 이런 동정 어린 상념과는 다른 각도에서 순장을 해석합니다. 그들은 순장당하는 사람들이 기꺼이 죽음을 맞았을 것이라고 추정합니다. 삶이 너무 불안정하던 시절이어서, '권력자의 측근들은 죽은 뒤에도 그의 곁에 있고 싶어 했을 가능성이 높았다는 것이지요.

권력자를 추종하다 못해 영혼까지 바치는 사람들이 꼭 '떡고물'이나 '권력의 부스러기'라도 얻고 싶어 그러는 것은 아닐지도 모릅니다. 제 안에 든 것이 없고 허하면, 권력자 가까이 있다는 것만으로도 힘이 날 수도 있을 겁니다.

장돌뱅이 파장 무렵 떨이에도 신용은 있어야 합니다

상점이 즐비하게 늘어선 곳을 '시市'라 하고 행상이 모여들었다 흩어졌다 하는 곳을 '장場'이라 합니다. 도시에서는 '시장'이라 해서 시를 앞세우고, 농촌에서는 장시라 해서 장을 앞세우는 것도 그런 이유 때문입니다. 시의 주인은 상점주, 즉 앉은장사고, 장의 주인은 행상, 즉 장돌뱅이입니다. 장돌뱅이란 이 장 저 장 떠돌아다닌다고 해서 붙은 이름입니다. 이효석의 〈메밀꽃 필 무렵〉의 주인공들이 바로 장돌뱅이들이지요.

장돌뱅이도 여러 종류가 있었습니다. 물건을 지게에 지고 다니는 사람은 등짐장수, 부상負商이고 보따리에 싸서 등에 메거나 들고 다니는 사람은 봇짐장수, 보상褓商이며 배에 싣고 다니는 사람들은 뱃장수, 선상船商이었습니다.

해가 저물 무렵 장이 파하는 것을 파장이라 하는데, 그때 장돌뱅이들은 조금이라도 짐을 가볍게 하기 위해 남은 물건을 싸게 처분합니다. 이를 '떨이'라고 합니다. 장돌뱅이는 닷새마다 한 번씩 한 장에 나타났습니다. 그래서 비록 떠돌이 장사꾼이었으나 엉터리 물건을 함부로 팔아치우지 못했습니다. 5년 임기의 정권이 임기 말에 이것저것 마구 '민영화'하려 드는 것이 마치 장돌뱅이들이 파장 무렵에 '떨이요 떨이' 하고 외치는 소리처럼 들립니다. 다시 올 일 없다고 너무 막 하는 것 아닌지 모르겠습니다. 파장 무렵 떨이에도 신용은 있어야 합니다.

창씨개명과 신불출

자기 이름으로 권력을 조롱했습니다

일제강점기 신흥식이라는 만담가가 있었습니다. 신불출이라는 예명으로 더 잘 알려져 있지요. '불출^{不出}'은 바보라는 뜻입니다. 일제가 황국신민화 정책에 따라 조선인들에게 창씨개명을 강요할 때, 그는 공연 중 자기 이름을 '구로다 규이치^{玄田牛一}'로 바꾸려 한다고 말했습니다. 관객들이 별 시답지 않은 만담도 다 있다고 의아해 할 때, 그는 이름의 뜻풀이를 덧붙였습니다. 구로다의 현^玄과 전^田을 합하면 '축^畜'이고 규이치의 우^牛와 일^一을 합하면 '생^生'이니 '축생^{畜生}'이 된다고요.

일본인들은 조선인들을 욕할 때 흔히 "칙쇼!"라 했습니다. 축생의 일본어 발음이지요. 신불출은 '창씨개명의 본의'를 모독했다는 이유로 경찰서에 끌려가 초주검이 된 뒤 나왔습니다. 그의 공식 창씨명은 '강원야원^{江原野原}'이었습니다.

'강원야원'의 일본어 발음은 '에하라 노하라'입니다. 세상 꼴 같지 않으니 놀기나 하자는 뜻의 '에헤라 놀아라'지요. 역시 세태를 조롱하는 뜻을 담았지만, 일본인들은 그 의미까지는 간파하지 못했습니다. 전병하^{全秉夏}라는 사람은 성 다음에 야^野를 붙여 전야병하^{全野秉夏}라 지었답니다. 일본 발음으로는 덴노 헤이카, 즉 '천황 폐하'였습니다. 그 역시 무사하지 못했습니다.

트위터 아이디로 대통령을 조롱한 사람의 계정이 '유해 정보'에 해당한다는 이유로 접속 차단 조치를 당한 적이 있습니다. 자기 이름으로 권력을 조롱한 역사가 새삼스럽지는 않습니다.

높은 분, 모진 놈

모진 놈 옆보다 모진 놈 밑이 더 위험합니다

공룡의 멸종 원인에 대해서는 기후 변화설, 화산 폭발설, 포유류 번식설 등 여러 설이 있지만, 현재 가장 설득력 있는 '설'은 운석 충돌설입니다. 초대형 운석이 지구에 떨어져 먼지가 하늘 높이 올라갔고, 그 먼지가 햇빛을 차단하여 한동안 생명체가 살기 어렵게 만들었다는 것이지요. 그런데 백악기에 운석이 떨어졌다면, 다른 시대라고 운석이 떨어지지 않았으리란 법도 없습니다.

청동기시대에도 작은 운석들이 지구에 떨어졌다는 '설'이 있습니다. 이른바 '청동기시대 외계 충격설'이지요. 하늘에 신이 있다는 '천신天神 사상'이 보편화한 것도 청동기시대 이후입니다. 하늘에 신이 있다는 보편적 믿음은 하늘에 가까운 곳, 즉 '높은 곳'을 신성시하는 태도를 낳았습니다. 그래서 존경을 표해야 하는 상대를 '높은 분'이라고 합니다.

그런데 높은 곳에 올라가면 사람이 개미만 하게 보입니다. 남에게 '높은 분'으로 떠받들어지는 사람들은 다른 사람을 개미 취급하기 쉽습니다. 사람이 자신을 낮추면 지체 낮은 사람들이 보여 저절로 어질어지고, 자신을 높이면 지체 낮은 사람이 사람으로 안 보여 스스로 '모질어'지게 마련입니다. '모진 놈 옆에 있다 벼락 맞는다'지만, 모진 놈 밑에서 사는 것이 훨씬 더 위험합니다.

여귀 달래는 여제

권력이 두려워해야 할 것은
불복종이 아니라 원한입니다

옛날 사람들은 생기는 대로 아이를 낳았지만 인구 증가율은 매우 낮았습니다. 인류가 지상에 출현한 이래 가장 많은 인명을 앗아간 것은 눈에 보이지도 않는 미생물들이었습니다. 두창, 홍역, 이질 등의 전염병들이 번갈아 사람의 생명을 위협했습니다. 전염성과 치사율이 높은 전염병에 걸린 환자는 가족들조차 외면했기에, '염병할'은 가장 심한 저주였습니다.

옛날에는 인구수가 곧 국력이었습니다. 그래서 왕조시대에는 가물 때 기우제를 지내듯 전염병이 돌 때에는 '여제厲祭'를 지냈습니다. 여제는 여귀厲鬼들을 달래는 제사였는데, 이 여귀는 전염병을 퍼뜨리는 귀신이자 원한을 품고 죽어 이승을 떠도는 귀신이었습니다. 같은 맥락에서, 옛 사람들은 역병을 막는 가장 좋은 방법은 백성을 억울하게 만들지 않는 것이라고 생각했습니다.

사랑은 원망으로도 바뀌고 증오로도 바뀌지만, 원한은 다른 것으로 바뀌는 일이 거의 없습니다. 좋은 권위는 은혜로 기억되고 평범한 권위는 그냥 잊히며 나쁜 권위는 원한으로 기억됩니다. 원한의 대상으로 기억되느니 잊히는 편이 낫습니다. 권력은 흔히 '위력'을 과시하여 '복종'을 이끌어내려 하지만, 권력이 가장 두려워해야 할 것은 '불복종'이 아니라 '원한'입니다.

코끼리와 상아

일본에서 상납받은 코끼리가
사육사를 죽여 살인죄로 유배되었습니다

조선 태종 때, 일본에서 코끼리를 상납했습니다. 이 코끼리를 지금 종로구청 자리에 있던 사복시에서 길렀는데 1년쯤 뒤 사육사를 밟아 죽이는 '사고'를 냈습니다. 사관은 "그 꼴이 추하다고 비웃고 침을 뱉는 데 노해서 밟아 죽였다." 고 기록했습니다. 조정에서는 코끼리에게 살인죄를 적용하되 일본 '출신'이라는 정상을 참작하여 낙도에 유배했습니다. 다시 1년쯤 뒤, 유배 중인 코끼리가 제대로 먹지 못해 수척해졌다는 보고를 들은 태종은 유배지를 육지인 순천으로 바꿔 주었습니다. 코끼리는 다시 건강해졌지만, 하루에 콩 반 가마니를 먹어 치웠습니다. 코끼리 한 마리 먹여 살리느라 순천 사람들이 애를 먹었지요.

2011년, 전前 코트디부아르 대사가 상아를 밀수했다가 발각되었습니다. 코트디부아르 교민이 국내의 한 시민단체에 제보한 이메일에 따르면, 상아를 가져가도 괜찮겠느냐는 질문에 그 대사는 "청와대에 줄을 서기 위해 준비해 가는 것이니 괜찮다."고 답했답니다.

조선시대 상아는 명의 황제가 하사하는 보물이었습니다. 사사로이 상아를 구해 왕에게 바치는 사람은 큰 상을 받았습니다. '살인 코끼리'가 죽은 뒤 어떻게 됐는지는 알 수 없지만, 그 상아는 아마 왕실에 상납되었을 것입니다. 전 코트디부아르 대사, 지금이 조선시대인 줄 안 모양입니다. 아니면 상아를 탐한 누군가가 그렇게 착각하게 만들었겠지요.

총독부 관리

지도층의 자질 문제는
식민지 역사에서 기인한 바가 큽니다

일제강점기에 일본 관리가 되기에는 자질이 부족한 일본인들이 조선총독부 관리가 됐습니다. 그런 사람들 밑에서 일본 덴노에 대한 충성심을 시험받으며 일을 배운 한국인 관리들이 해방 후 승진해서 그들의 자리를 채웠습니다. 관리들뿐 아니라 사회 각 분야 지도층이 대부분 그런 식으로 자리를 얻었습니다. 해방 이후 사회 각 분야에서 자질과 능력보다 충성심을 중시하는 인사人事 문화가 뿌리내린 것도, 한국인들이 공무원과 사회 지도층의 '자질'에 대해 덜 엄격한 것도, 한국 공무원과 사회 지도층이 자기 '자질'에 대해 별 고민을 하지 않는 것도 일제강점기 이래의 관행이라 할 수 있습니다. '식민지성'은 아직도 사회 전체를 포위하고 있습니다.

현재의 우리나라가 이른바 '선진국'들인 '구제국주의 블록'에 가까운가, '구식민지'들로 이루어진 제3세계에 가까운가를 단정하기는 어렵습니다. 분야에 따라 앞쪽에 가까운 것도 있고 뒤쪽에 가까운 것도 있습니다. 그런데 경제적으로는 G20 국가니 OECD 회원국이니 해서 '선진국' 그룹에 올라섰다고 자평하면서도, 우리나라를 '선진국'이라고 생각하는 사람은 적습니다. 수천 년, 수백 년 전에는 어느 나라나 다 '후진적'이었습니다. 그러니 우리나라의 정치문화나 사회의식에서 나타나는 '후진성'과 '천민성'을 수천 년 전부터 지속된 '전통' 탓으로만 돌릴 수는 없습니다. 그보다는 '식민지 근대'가 지속시킨 후진성을 아직 청산하지 못한 탓이라고 보는 편이 옳을 것입니다.

향기로운 봄과 변 사또

제일 나쁜 것과 비교하면
무엇이든 좋은 것이 됩니다

우리 고전문학 작품 중 처음 외국어로 번역된 작품이 춘향전입니다. 1890년 프랑스에 법률을 공부하러 갔던 홍종우가 기메 박물관 촉탁으로 있으면서 번역에 참가했습니다. 책은 1892년 파리에서 《Printemps Parfume(향기로운 봄)》이라는 제목으로 출간됐습니다. 손바닥만 한 양장본으로 군데군데 삽화가 들어 있고 종이 단면에는 금박을 입힌 아주 고급스럽고 예쁜 책입니다.

언젠가 경기도의 김문수 도지사가 공무원들 상대로 특강을 하면서 춘향전에 대한 '색다른' 해석을 내놓아 화제가 됐습니다. "청백리 따지지 마라. 대한민국 지금 공무원이 얼마나 청백리냐……역사를 보라. 춘향전이 뭐냐? 변 사또가 춘향이 따먹으려고 하는 거 아니냐?" 홍종우와 당시 프랑스인들이 이분처럼 춘향전을 해석했더라면, 그 책 제목은 아마 《변 사또의 욕정》이 됐을 것입니다.

저는 우리 고전문학의 정수를 비하했다는 점보다도 그분이 오늘의 한국 공직자들을 삼정문란으로 나라가 망해가던 시대의 공직자들과 직접 비교했다는 사실에 더 아연했습니다. 제일 나쁜 것과 비교하면 무엇이든 좋은 것이 됩니다. 누가 그분에게 '변 사또보다 나은 도지사'라고 했다면, 그분은 그 말을 욕으로 받아들였을까요 칭찬으로 받아들였을까요?

국가 기밀

외국 정부에 투명한 관리는 위험합니다

대한제국 정부는 백성에게는 베일에 싸인 정부였지만, 외국 공사들, 특히 일본 공사에겐 '투명한' 정부였습니다. 국가 기밀을 외국 공사에게 '직접' 넘겨주는 것을 무슨 특권이라도 되는 양 생각하는 정부 대신大臣들이 많았기 때문입니다. 사실 그럴 만도 했습니다. 제중원 의사였다가 나중에 주한 미국 공사가 된 알렌의 마당쇠였던 이하영은 일약 외부대신까지 되었으니까요.

외국의 지원이 절실했던 고종은 외국 공사들의 부탁을 잘 들어주었습니다. 그렇다 보니 외국 공사들이 인사에 개입하는 일이 종종 있었고, 대신들은 다투어 외국 공사들에게 잘 보이려 애를 썼습니다. 갑신정변과 갑오년(1894) 일본군의 경복궁 점령, 을미사변을 겪으면서 여러 차례 생명의 위협을 느꼈던 고종은 대신들의 이런 행태에 심한 불안감을 느꼈습니다. 그래서 대신들을 한 자리에 오래 두지 않았습니다. 길어야 1년, 대개는 반 년 이내에 갈아 치우곤 했지요. 업무를 파악할 시간을 주지 않으려 했던 것입니다. 그러니 자연 국정 시스템은 엉망이 되었습니다. 대한제국은 이렇게 안에서부터 망해 갔습니다.

고발 전문 사이트 위키릭스를 통해 미국 외교문서가 공개되었습니다. 우리나라 고위 관리들이 주권자인 국민에게는 알리지도 않고 미국 외교관에게 넘긴 정보들이 무척 많더군요. 미국은 혈맹이니 옛날 일본과 다르다고 생각할 수도 있겠지요. 하지만 그러려면 그 나라 녹을 먹는 게 옳지 우리나라 주권자들의 세금을 축내서야 되겠습니까?

탐관오리

최고 권력자가 깨끗하면
탐관오리도 눈치를 봅니다

조선시대에 부정축재하다 들킨 탐관오리는 '장오죄臟汚罪'로 다스렸습니다. 재물을 훔치고 직책을 더럽힌 죄라는 뜻이지요. 이 죄를 범한 자들을 상징적인 팽형烹刑에 처했다는 기록도 있으나 실제로는 이마에 문신을 새기고 곤장을 때렸으며 심할 경우 사형까지 시켰습니다. 그뿐 아니라 자손의 벼슬길도 영영 막았습니다. 법으로는 그토록 호되게 다루었지만, 탐관오리가 사라지지는 않았습니다. 오히려 어느 왕조든 왕조 후반기로 갈수록 탐관오리는 늘어났습니다. 자기 직책과 권한만 믿고 백성의 고혈을 짜낸 탐관오리를 처벌하기는 쉬웠습니다. 그러나 뇌물의 사슬로, 또는 혈연관계로 최고 권력자와 연결된 탐관오리는 처벌할 수 없었습니다. 시간이 흐를수록 탐관오리가 늘어난 것은, 왕족과 세도 가문이 늘어난데다가 부패했기 때문입니다.

공직자의 부정부패를 아주 없애기는 어려울 것입니다. 그러나 최고 권력자가 깨끗하면 탐관오리도 눈치를 봅니다. 최고 권력자가 스스로 부패하면 탐관오리는 세상의 모든 힘없는 사람들을 자기 밥으로 삼습니다.

장례까지 치른 팽형

착복한 백성의 기름과 피를
삶아서 빼낸다는 의미입니다

조선시대 서울 경복궁 앞길은 '육조거리'라는 이름으로 불렸습니다. 광화문 앞에서 지금의 이순신 장군 동상 부근까지 큰길 양쪽에 '이호예병형공'의 '육조' 관청이 있었기 때문이지요. 이 거리가 일제강점기에는 '광화문통'이라는 이름으로 바뀌었고, 해방 후에는 다시 한국 정치의 중심지인 만큼 정치를 가장 잘 한 임금의 묘호廟號를 따자 해서 '세종로'가 됐습니다. 종로는 시전市廛 상가였고, 그때는 시전 상인들을 시민市民이라 했습니다.

육조거리와 시전 거리가 만나는 지점, 지금의 교보빌딩 뒤편에 다리가 하나 있었는데, 이름이 혜정교惠政橋였습니다. 은혜로운 정사政事의 다리라는 뜻이지요. 탐관오리를 '팽형烹刑'에 처하는 일도 은혜로운 정사의 일환이었습니다. 산 사람을 진짜로 삶아 죽이지는 않았고 삶아 죽이는 시늉만 했습니다. 그렇지만 팽형 당한 사람의 가족은 실제로 장례를 치러야 했고, 당사자는 남은 생을 투명인간으로 살아야 했습니다. 사회적 생명을 박탈하는 것이지요.

조선시대에도 오늘날의 '사면복권'에 해당하는 '신원伸寃'이라는 절차가 있었습니다. 대역죄인도 신원 대상이 됐지만 팽형당한 자는 예외였습니다. 영조의 말에 따르면 '탐관오리'는 백성들이 '그 삶은 고기를 보고 싶어 하는 자'였기 때문입니다. 탐관오리를 팽형에 처한 이유는, 그가 착복한 백성의 '기름과 피'는 삶아야 회수할 수 있다고 생각한 때문인 듯합니다. 공직자의 부정부패는 그토록 큰 죄였습니다. 그들이 빼돌리는 돈이 국민의 고혈膏血(기름과 피)이라는 점에서는 지금도 다를 바 없습니다. 국민이 부정부패한 공직자에게 관대하면 부정부패가 사라지기 어렵습니다.

황궁 앞 시위

대안문 앞에 솥을 걸고
밥을 지어 먹으며 버티기도 했습니다

　　지금 시청 앞 광장의 원형은 1897년경에 만들어졌습니다. 고종이 대한제국을 선포하고 경운궁(덕수궁)을 정궁正宮으로 삼았을 때였지요. 고종이 침전寢殿으로 사용한 함녕전은 대안문(지금의 대한문)에서 아주 가깝습니다. 대안문 밖에서 큰소리로 떠들면 들릴 만한 자리에 있지요.

　　대한제국 시기 대안문 앞에서는 여러 차례 시위가 벌어졌습니다. 만민공동회 때는 아예 시위대가 대안문 앞에 솥을 걸어 놓고 밥을 지어 먹어가며 며칠씩 버티기도 했습니다. 만민공동회는 사실상의 반체제운동이었지만 열 달 가량이나 계속되었습니다. 만민공동회 말고도 외국인에게 이권을 넘기지 말라는 시위나 고종의 최측근이던 이용익의 처벌을 요구하는 시위, '깨인' 여성들의 축첩 반대 시위 등도 있었습니다. 대한제국은 전제국가였지만 황궁 앞에서 시위를 벌여도 어지간해서는 원천 봉쇄하거나 강제 해산하지 않았습니다.

　　고종은 시위대의 요구를 다 들어주지는 않았지만 대안문 밖에서 시위대가 외치는 소리는 다 들었습니다. 사람들이 한데 모이지 못하게 막는 것을 능사로 안다면 백성과 소통하지 못하는 권력입니다. '소통 방식'에 대해서는 전제국가의 통치자에게도 배울 점이 있습니다.

나리와 짭새

나리 나리 개나리 입에 따다 물고요

"나리 나리 개나리 입에 따다 물고요, 병아리 떼 쫑쫑쫑 봄나들이 갑니다."
어릴 때 자주 부르던 노래인데, 곰곰 생각해 보면 참 황당한 가사입니다. 닭도
아니고 병아리가 무슨 수로 개나리꽃을 딸까요. 어쩌면 이 노래의 작사자인 윤
석중이 중의법重意法을 쓴 것인지도 모릅니다. 일제강점기 '개나리'는 경찰을 부르
는 별명이었습니다. 경찰이 보는 데서는 '나리'라 부르며 굽신거리던 사람들이,
안 보이는 데에서는 '개'라고 욕했거든요.

'나리'는 영어 Sir에 상응하는 순우리말입니다. 일제강점기까지 일반적 존칭
으로 썼는데, 어느 사이엔가 사장님으로 바뀌었습니다. 역시 '나리'에서 경찰을
연상한 때문이었는지도 모릅니다. 물론 요즘에 경찰을 '나리'라 부르는 사람은
없습니다. 대신에 더 좋지 않은 별명이 붙어 있지요. 얼마 전 제주도 경찰 17명
이 경찰을 '짭새'라 부른 시민들을 상대로 집단 손해배상을 청구했습니다.

짭새는 본래 범죄자들이 경찰을 지칭하던 은어였는데, 언제부터인가 일반인
들도 심상히 부르는 별명이 되었습니다. 일반인이 범죄자에게 심리적으로 동조
해서 그런 것이 아니라, 경찰이 죄 없는 사람들을 범죄자 취급하는 일이 너무
잦았기 때문일 것입니다. 국민은 주로 경찰을 통해 국가권력의 속성을 봅니다.
경찰이 존중받는 나라가 좋은 나라입니다. 그러려면 경찰이 먼저 국민을 존중
해야 합니다.

똠방각하   '여론이 비등하여'를 '흥론이 불등하여'라고 읽었습니다

사사오입 개헌 때 자유당의 한 문맹文盲 의원이 어디에 찍어야 찬성인지 몰라 동료 의원에게 물었답니다. "네모 있는 칸에 찍어라."는 말을 듣고 보니 '가可'에도, '부否'에도 네모가 있었습니다. 잠시 망설이던 그는 두 군데 다 찍고 나왔습니다. 국민의 반 이상이 아라비아 숫자도 모르는 문맹이어서 선거 벽보에 작대기로 후보자의 번호를 표시하던 시절의 일입니다.

제5공화국 시절에는 국회 본회의석상에서 '강경強硬 세력'을 '강편 세력'이라 읽어 의석을 비웃음 바다로 만든 의원도 있었지요. 그 무렵 인기 드라마였던 〈똠방각하〉에서는 이런 국회의원들을 풍자하는 장면을 삽입하여 시청자들을 웃기기도 했습니다. 드라마에서 주인공은 역시 다른 사람이 써 준 원고를 읽으면서 '호시탐탐虎視耽耽'을 '호시침침'으로, '여론輿論이 비등沸騰하여'를 '흥론이 불등하여'라고 읽었습니다.

무식한 국회의원은 언제나 있었습니다. 그저 국민의 지식 수준이 높아지는 만큼만, 그들의 지식 수준도 상대적으로 높아졌을 따름입니다. 그런데 진짜 문제는 무식이 아니라 양심과 도덕입니다. 2012년 국회의원 선거에서도 남의 논문 표절하여 박사학위 받은 사람, 심지어 죽은 동생의 아내를 성폭행하려 한 사람까지 당선되었습니다. 국회의원은 국민의 지적 수준만이 아니라 윤리적, 도덕적 수준도 대표합니다.

돌팔이

가짜 의사는 사라졌지만
돌팔이 정치인은 아직 많습니다

해방 직후에는 돌팔이 의사가 무척 많았습니다. 일제강점기의 의사 관리 체계가 무너진데다 해외에서 귀국한 의사들도 많았기 때문입니다. 일제강점기에는 의과대학과 정부 지정 의학전문학교를 졸업한 사람, 비지정 의학전문학교를 졸업하고 의사 시험에 합격한 사람만이 정규의사였습니다. 정규의사 외에 한지의사限地醫師라는 특수 의사가 있었는데, 이들은 군 단위의 제한된 지역 안에서만 개업할 수 있었습니다. 한지의사는 독학으로, 또는 어깨 너머로 의술을 배운 뒤 간단한 의학 시험에 합격한 사람들이었습니다. 당연히 정규의사 면허증과 한지의사 면허증은 달랐지요. 여기에 만주국 의사, 미국과 유럽에서 온 의사가 합류했고 사회 전체가 혼란했으니 의사 면허증을 위조하는 일이 흔했습니다.

1948년 7월, 위조 면허로 의사 행세를 하던 돌팔이가 서울시립병원 소아과 과장으로 있다가 발각되었습니다. 뇌물이 자리를 만드는 고질적인 부패도 문제였지만 환자가 어리고 부모가 어리석었기에 그런 일이 가능했겠지요.

이제 가짜 의사는 사라졌지만 돌팔이 정치인은 아직 많습니다. 환자들은 자격 기준이 엄격한 의사들에 대해서는 이 사람 저 사람에게 물어가며 굳이 '용한 의사'를 찾으려 애씁니다. 그러는 사람들이 정치인은 '그놈이 그놈'이라느니 '이미지가 좋아서'라느니 하며 함부로 고릅니다. 나라의 병을 못 고치는 것, 돌팔이 정치인들 때문만은 아닙니다.

부월   왕이 신하에게
일종의 면책특권을 준 것입니다

옛날 제왕은 군사를 거느리고 출정하는 장수나 지방 통치를 위임받아 떠나는 대신에게 부월斧鉞을 내려 주었습니다. 큰 도끼가 부斧, 작은 도끼가 월鉞입니다. 군율이나 법령을 어긴 자들의 목을 이 도끼로 치라는 뜻이었습니다. 부월을 가진 사람은 제왕에게 따로 보고하지 않고 즉결 처분권을 행사할 수 있었습니다. 그래서 신하에게 부월을 주는 것은 죄인에게 어떤 처분을 해도 책임을 묻지 않겠다는 '면책특권'을 주는 것이기도 했습니다.

그런데 실제로 부월은 의장용일 뿐이었습니다. 장수나 대신이 직접 도끼를 들고 죄인의 목을 치는 일은 상상할 수 없는 일입니다. 또 제왕에게 받은 권리는 신성했기에 그 권리를 함부로 남용하는 것은 제왕을 욕보이는 일이었습니다. 매사를 제왕보다 더 신중하게 처리해야, 원망이 제왕에게 향하는 일을 막을 수 있었습니다.

주권자인 국민이 국회의원에게 부여한 면책특권도 제왕이 장수와 대신들에게 준 부월과 같습니다. 그런데 요즈음 국회의원들 중에는 주권자를 위해서가 아니라 자기 자신의 이익을 위해서 면책특권을 남용하는 사람이 간혹 보입니다. 상상조차 할 수 없는 일이기는 하지만, 만약 옛날에 부월을 받은 장수가 그 도끼를 장작 패는 데 썼다면 제왕을 능멸한 죄로 참혹한 벌을 받았을 것입니다. 국회의원이 신성한 면책특권을 자기 이익을 위해 남용하는 것도 주권자를 능멸하는 짓입니다.

정치인의 역사의식

자기 시대의 역사적 과제를 알아야
최상급 정치인입니다

조기축구회 회원에게 들은 이야기입니다. 축구를 잘 못하는 사람은 공만 쫓아다니고, 조금 하는 사람은 상대 선수를 잡으며, 잘 하는 사람은 공간을 볼 줄 알고, 아주 잘 하는 사람은 경기의 흐름을 본답니다. 사업가의 경륜도 이와 비슷하다고 합니다. 돈만 쫓아다니는 사람, 사람을 챙길 줄 아는 사람, 시장을 보는 사람, 경기景氣의 흐름을 읽는 사람.

세상 이치는 다 비슷합니다. 정치인이라고 다를 바 없겠지요. 저급한 정치인은 자기 보스 꽁무니나 쫓아다니고, 중급 정치인은 지지자들의 눈치만 살피며, 상급 정치인은 국민의 마음을 볼 줄 압니다. 자기 시대의 역사적 과제를 알아야 최상급 정치인이라고 할 수 있습니다.

그런데 역사의식 있는 국민이라야 최상급 정치인을 부릴 수 있습니다. 저급한 정치인에게 역사의식 없는 국민은 다루기 쉽습니다. 국민의 역사의식을 제 편한 대로 바꾸려 드는 정치인은 스스로 저급한 정치인임을 폭로하는 셈입니다. 그런 정치인들에게 당하지 않으려면 스스로 역사 공부를 해야 합니다. 공부는 성공하기 위해서만 필요한 것이 아닙니다. 속지 않고 살기 위해서도 필요합니다.

동춘서커스

어린 서커스 단원들의 몸은 마구 휘어졌습니다.

어려서 동네 빈터에 큰 천막을 치는 모습이 보이면 가슴이 콩닥콩닥 뛰곤 했습니다. 곧 서커스단이 오리라는 것을 알았기 때문이지요. 공사는 며칠씩 계속되었는데, 그 사이에 길가 벽에는 공연 포스터가 나붙었습니다. 한복판에 '목이 긴 미녀'나 공중 곡예하는 그림이 있고 그 주위에 유명 연예인의 사진과 이름이 들어 있는 포스터였습니다.

집에 돌아와서는 당연히 그 포스터를 보셨을 어머니에게 은근히 '눈치'를 주었습니다. 어머니께서 부러 모른 체 하시면, 심통을 부리곤 했지요. 결국은 언제나 제가 이겼습니다. 그래 봤자 몇 번 되지 않았지만.

"어린애들을 납치해서 식초를 계속 먹이면 뼈가 흐물흐물해져서 저런 묘기를 부릴 수 있게 되는 거야." 서커스를 보고 나올 때면, 어디에선가는 어김없이 이런 말이 들리곤 했습니다. 도대체 사람의 몸이 어떻게 저리 유연할 수 있을까 싶게, 당시 어린 서커스 단원들의 몸은 마구 휘어졌습니다. 어머니도 나름 교육적 효과를 얻으셨지요. "부모 없는 아이들이 얼마나 불쌍한지 아니? 걔들 다 부모 없어서 서커스단에 잡혀가 식초밖에 못 먹고 그렇게 고생하는 거란다." 물론 식초를 많이 먹어 몸이 유연해진다는 말은 해괴한 헛소문이었습니다. 그런데 정치인 중에도 무엇을 먹었는지 모르나 일반인이 상상할 수 없을 정도로 '유연한' 사람들이 더러 있습니다. 정치인이 서커스 단원처럼 굴면, 정치가 서커스처럼 됩니다.

판사와 역사학자

법은 산 사람을 심판하고
역사는 죽은 사람을 심판합니다

법은 산 사람을 심판하고 역사는 죽은 사람을 심판합니다. 이런저런 변명을 늘어놓을 수 있는 산 사람을 심판하는 일보다 아무 말 못하는 죽은 사람을 심판하는 편이 훨씬 쉬울 것 같지만 꼭 그렇지만도 않습니다. 판사가 권력자를 심판하는 일은 아주 드물지만 역사학자는 주로 권력자들을 심판합니다. 판사도 역사학자도 '살아 있는 권력'은 심판하지 못합니다. 현실의 법정에는 일사부재리 원칙과 삼심제가 있어 판결에 끝이 있습니다. '죽은 권력자'가 살아나는 일도 없지만 역사의 법정에는 죽은 권력이 되살아나 재심을 요구하는 경우가 종종 있습니다.

1960년 4월 26일, 라디오 방송에서 이승만의 중대 성명이 흘러나왔습니다. "첫째, 국민이 원한다면 대통령직을 사임하겠다. 둘째, 3·15 정부통령 선거에 많은 부정이 있었다 하니 선거를 다시 하도록 지시하였다. ……" 이승만은 이 '하야 성명'에서도 죽은 이들에게 사과 한 마디 않고 한 달쯤 뒤, 몰래 서울을 빠져나가 하와이로 도망쳤습니다. 시인 김수영은 〈우선 그놈의 사진을 떼어서 밑 씻개로 하자〉는 시를 발표했습니다. "그 지긋지긋한 놈의 사진을 떼어서 조용히 개굴창에 넣고 썩어진 어제와 결별하자. 그놈의 동상이 선 곳에는 민주주의 첫 기둥을 세우고 쓰러진 성스러운 학생들의 웅장한 기념탑을 세우자. 아 아, 어서 어서 썩어빠진 어제와 결별하자."

이 정신은 헌법 전문에 담겼고, 아직 유지되고 있습니다. 역사의 법정에서 이승만을 사면 복권하려면, 김수영 같은 이들과 우리 헌법을 '무고죄'로 먼저 처벌해야 할 것입니다.

강상의 죄 명의 대명률 대신 조선의 관습을 따랐습니다

조선 태종 때, 사위가 장인을 때린 사건이 발생했습니다. 당시는 조선 법전이 채 정비되지 않아 명나라의 법전인 〈대명률〉에 따라 판결하던 때였습니다. 중국에서는 '출가외인'이 법으로 정해져 장인은 그냥 '남'이었습니다. 그러나 조선의 문화와 관습은 그와 전혀 달랐습니다. 삼국시대부터, 또는 그 이전부터 시작된 데릴사위제의 유풍遺風이 남아 있었습니다. 결혼식을 올린 신부가 바로 신랑 집으로 가는 것이 아니라 신랑이 신부 집에서 몇 년씩 살았습니다. 신랑의 부모가 죽을 때까지 신부 집에서 사는 일도 드물지 않았습니다. 중국에서는 결혼과 동시에 신부가 남편 집 성姓으로 바꿔야 했지만, 조선의 신부들은 결혼한 뒤에도 자기 성을 지켰습니다. 지금도 신혼여행 뒤 신부 집에 먼저 가는 것이 관례인데, 이는 옛날 데릴사위제의 유습이라 할 수 있습니다.

조선 조정에서는 법률을 따를 것이냐 문화와 관습을 따를 것이냐를 두고 격론을 벌인 끝에, 죄인을 강상綱常(유교의 기본 덕목인 삼강三綱과 오상五常으로 사람이 지켜야 할 도리)을 무너뜨린 죄로 처벌하기로 했습니다. '우리 풍속은 중국과 달라 장인을 아비로 대우하는 것이 옳다'는 취지였지요. 요즘으로 치면 단순 폭행죄가 국가보안법 위반이나 내란죄 정도로 격상된 셈입니다.

법무부가 존속살해죄를 폐지하기로 결정했습니다. '출생에 따른 차별'이 될 수 있다는 점에서 헌법의 평등권 조항에 위배되기 때문이랍니다. 폐지에 반대하는 의견도 많았습니다. 그러나 문화와 관습은 이미 부모를 남처럼 대하는 쪽으로 바뀌고 있습니다. 문화가 바뀌면 법이 따라가는 것이지 그 반대가 아닙니다.

강력범죄   역사상 최악의 강간범은 전쟁입니다

세종 8년, 8살 여아를 성폭행한 자를 사형에 처했습니다. 이듬해 11살 여아를 성폭행한 자를 또 사형에 처했습니다. 5년 뒤 10살 여아를 성폭행한 자도 사형에 처했습니다. 그래도 아동 성폭행은 사라지지 않았습니다. 그때는 '야동'도 없었습니다.

피해자에게 가장 좋은 법은 아마 '함무라비법'일 것입니다. 4대강이나 저축은행, 파이시티에서 뇌물 받은 사람들, 최저임금으로 환산해서 받은 액수만큼 '삽질형'에 처했으면 좋겠다는 생각이 들 때도 있습니다. 하지만 그게 능사는 아니겠죠.

역사상 최악의 강간범은 '전쟁'이라는 '괴물'이었습니다. 한꺼번에 수만 명을 성폭행한 놈은 이 '괴물'밖에 없습니다. 역사상 최악의 살인마는 '국가권력'이었습니다. 사람을 산 채로 찢어 죽이고, 수백만 명을 연쇄 살인한 놈은 이 '놈'밖에 없습니다.

국가권력의 폭력성이 줄어든 만큼 사회의 폭력성도 줄어들었다는 역사학적 견해가 있습니다. 국가 폭력을 강화하는 쪽보다 폭력 자체를 혐오하는 문화를 만드는 쪽이 강력 범죄를 줄이는 데에 더 나은 길인지도 모릅니다.

예조는 춘관

외교·의례·교육은 봄의 온화함을
본령으로 합니다

　'입춘대길立春大吉'의 대구對句는 '건양다경建陽多慶'인데, 이 둘은 사실 같은 말입니다. 입춘은 24절기의 하나이지만 '봄을 세운다'는 뜻이기도 합니다. 건양도 '양기'를 세운다는 뜻입니다. 1896년에 조선이 처음 정한 독자적인 연호가 건양이었는데, 이는 '건양다경'의 건양이기도 했지만 '양력陽曆을 세운다'는 뜻이기도 했습니다. 크게 길하다는 '대길'과 경사스런 일이 많다는 '다경'도 같은 뜻이지요.

　태양은 생명력의 원천이자 생명력 자체입니다. 봄은 겨우내 움츠렸던 양기가 태양의 힘을 받아 소생하는 계절입니다. 어둠이 줄어들고 빛이 늘어나는 계절이지요. 고려시대에는 예부禮部를, 조선시대에는 예조禮曹을 춘관春官이라고 했습니다. 외교와 의례, 교육 행정을 담당하는 관서였습니다. 이들 행정의 공통점은 봄의 '온화함'을 본령으로 한다는 것이었습니다.

　힘으로 밀어붙이는 외교, 강제적인 국가 의례, 억압적인 학교 교육은 '춘관'에 걸맞지 않습니다. 특히 새싹은 뽑는다고 빨리 자라지 않습니다. 학교가 대길하고 다경한 공간이 되어야 미래에도 다경하고 대길한 일이 많아질 것입니다.

형조는 추관

법을 다루는 기관은 가을 같아야 합니다.

　옛날 사람들은 군주가 하늘을 대신하여 하늘의 이치를 땅에 구현하는 것이 정치라고 믿었습니다. 그래서 천지天地와 춘하추동春夏秋冬을 각각 이호예병형공吏戶禮兵刑工의 6조에 대응시켰습니다. 군주의 뜻을 살펴 관리를 임면하는 일을 맡은 이조는 천관天官, 땅에서 나는 온갖 것을 저장하고 관리하는 호조는 지관地官, 국가의 의례와 평화 외교 사무를 맡은 예조는 춘관春官, 전쟁과 군사를 다루는 병조는 하관夏官, 토목 공사를 맡은 공조는 동관冬官이었습니다. 예조는 온화해야 했고, 병조는 맹렬해야 했으며, 공조는 농사철에는 토목공사를 벌이지 말아야 했습니다.

　법을 다루는 형조는 '추관秋官'이었습니다. '추상秋霜'(가을 서리) 같다는 말도 법을 묘사할 때 씁니다. 가을 서리는 내릴 때는 매서우나 금세 사라집니다. 뒤끝이 없지요. 가을바람은 빈둥거리는 자에게는 쌀쌀하나 일하는 이에게는 쾌적합니다. 가을 날씨는 청명하여 가리거나 숨기는 것이 없습니다. 법을 다루는 기관이 가을 같아야 한다고 본 까닭입니다.

　그런데 요즘 검찰은 권력층을 대할 때는 따스한 봄바람 같고, 권력 비판 세력을 대할 때는 매서운 겨울 눈보라 같으며, 힘없는 서민을 대할 때는 한여름 열화熱火 같습니다. 검찰이 추관의 본분을 까맣게 잊어버리고 다른 계절들을 닮아버리니 자연의 가을도 짧아지나 봅니다.

경을 치는 자자형

죄인의 얼굴에 상처를 내고
먹물로 글자를 새기는 형벌입니다

고려시대부터 조선시대까지 우리나라의 형벌은 태笞, 장杖, 도徒, 유流, 사死의 오형五刑을 기본으로 했습니다. 작은 몽둥이로 때리는 것이 태형, 큰 몽둥이로 때리는 것이 장형, 노역을 시키는 것이 도형, 변방이나 도서 지역으로 추방하는 것이 유형, 죽이는 것이 사형이었지요. 여기에 죄질에 따라 일부 '부가형'을 병과하기도 했습니다.

부가형 중 하나로 자자형刺字刑이라는 것이 있었습니다. 경면형面刑, 삽면형鈒面刑, 묵형墨刑이라고도 합니다. 죄인의 얼굴에 상처를 내고 먹물로 글자를 새기는 형벌입니다. 얼굴에 글자를 새기는 것을 경이라 하는데, 여기에서 '경을 칠'이라는 욕설이 나왔습니다.

조선시대의 기본 법전인 〈경국대전〉은 강도범에게 '강도' 두 글자를 얼굴에 새기고 그 자리를 봉하여 날인한 뒤 3일을 기다렸다가 풀어주도록 했습니다. 3일간 붙잡아 놓은 것은 먹물이 피부 깊숙이 스며드는 데에 시간이 필요했기 때문입니다.

이 형벌은 법전에 규정된 '공식 형벌'이었으나 실제로 자주 시행되지는 않았고, 조선 후기에는 사실상 사문화했습니다. 1740년 영조는 사람의 얼굴에 평생 지울 수 없는 죄의 흔적을 남기는 것은 왕정이 차마 할 수 없는 일이라며 이미 사문화했더라도 법전에 규정이 남아 있는 이상 부활할 수도 있으니 다시는 시행하지 말라고 공식 지시했습니다.

최근 성 범죄자에 대한 처벌을 강화하고 누구나 성범죄자인 줄 알아 볼 수 있게 신상 정보 공개를 확대해야 한다는 여론이 높습니다. 자자형의 현대식 부활 주장이라 할 수 있습니다. 이 주장에 반대하는 사람도 있으나, 타인의 영혼에 평생 지울 수 없는 흔적을 남긴 죄인에 대해서는 상응한 형벌이 필요할 듯합니다.

막걸리 보안법

말 한번 잘못에
반공법이나 국가보안법에 걸렸습니다

1960~70년대에는 '막걸리보안법'이라는 말이 있었습니다. 막걸리 한 사발 들이켜고 술김에 말 한번 잘못했다가 반공법이나 국가보안법에 걸리는 사례를 풍자한 말이었습니다. 1970년, 어떤 사람이 자기 집을 부수는 철거반원과 다투다가 분을 참지 못하고 "이 김일성보다 더한 놈아!"라고 욕했습니다. 그는 아마 '개만도 못한 놈'보다 더 심한 욕을 찾다가 김일성을 떠올렸을 것입니다. 그런데 경찰은 이 사람을 체포했고, 검찰은 구속영장을 청구했으며, 법원은 구속을 승인했습니다.

당시 검찰은 이 사람을 기소하면서 '북괴의 학정을 겪지 못한 자들에 대하여 북괴에서는 대한민국보다 나은 행정을 하고 있다는 것을 암시하게 될 것이고 그곳에 가서 살아보겠다는 의사도 내포한 것이라 할 것이어서 반국가단체를 이롭게 하는 행위에 해당한다'고 기소 이유를 밝혔습니다. 이런 발언을 했다고 체포한 경찰이야 무식해서, 또는 철거반원과 친분이 있어서 그랬을 수 있다고 쳐도, '김일성보다 더한 놈'이라는 말에서 북괴를 찬양하려는 '의사'를 찾아낸 이 검사의 지성과 감성이 놀라울 따름입니다.

수십 년이 흐른 뒤 트위터로 북한 김정일을 조롱한 박정근이라는 청년이 국가보안법 위반으로 체포된 뒤, CNN을 비롯한 외국 언론에서 거듭 한국 언론과 정치를 조롱하고 있습니다. 그를 구속한 검찰과 법원이 농담과 진담을 구분 못하진 않았을 겁니다. 어쩌면 국가보안법의 '실효성'을 지키려는 의도였는지도 모릅니다. 보통사람이 생각 못하는 것을 생각해 내는 사람들은 참 똑똑합니다. 그러나 지적 능력은 양심과 함께 있을 때만 '현명'이 됩니다.

매우틀과 제왕무치

왕은 무소불위의 권력을 휘둘렀으나
그 권력은 투명했습니다

조선시대 왕은 '매우틀' 또는 '매화틀'이라고 하는 이동식 변기를 썼습니다. 왕이 똥을 눌 동안 상궁이 수건을 들고 옆에 서 있다가 다 누면 깨끗이 닦아 줬습니다. 그 사이에 다른 상궁은 왕의 분뇨가 담긴 매우틀을 들고 나가 의관에게 보여주었습니다. 의관은 똥의 색깔을 살피고 색깔이 이상하면 맛을 보기까지 하면서 왕의 건강 상태를 점검했습니다. 똥 누는 것조차 남의 감시 아래서 해야 했고, 자기 똥조차 남의 감시를 받아야 했으니 다른 일들은 말할 나위도 없었습니다.

'제왕무치帝王無恥'라는 말이 있습니다. '왕은 부끄러울 일이 없다'는 뜻입니다. 보통은 왕은 아무 일이나 거리낌 없이 다 해도 된다는 뜻으로 해석합니다. 그러나 그 대신에 왕은 어떤 일을 하든지 남의 눈에서 벗어나서는 안 되었습니다. 왕에게는 근본적으로 '사생활'이 없었습니다. 그래서 '제왕무치'는 '왕은 가리는 것 없이 투명해야 한다'는 뜻이기도 합니다. 왕조시대의 왕은 무소불위無所不爲의 권력을 휘둘렀으나 그 권력은 언제나 투명했습니다.

최고 권력자들이 비밀리에 사사로운 이익을 챙기는 일들을 자주 봅니다. 심지어 국가에 손해를 끼치고 자기 자식 재산 불려주는 일까지도 합니다. 최고 권력자는 왕조시대의 왕처럼 부끄러운 짓을 해도 된다고 생각하는 모양입니다. 그러나 그렇게 비밀리에 하는 짓은 '무치無恥'가 아니라 '파렴치破廉恥'입니다.

왕의 반성 《일성록》

범인의 결정은 자신의 하루에
통치자의 결정은 세상에 영향을 줍니다

유네스코 세계기록유산 국제자문위원회(IAC)가 2011년 5월 23일 《일성록》을 세계기록유산으로 등재했습니다. 《일성록日省錄》은 영조 23년(1752)부터 쓰기 시작해서 대한제국이 망할 때까지 왕과 황제의 동정과 국정 상황을 기록한 일기日記로 '왕이 매일 반성한 기록'이라는 뜻입니다.

"증자께서 말씀하셨다. 나는 하루에 나 자신을 세 번 돌아본다. 남을 위해 일을 하며 불충실하지는 않았는가? 벗을 사귀면서 불신하지는 않았는가? 배운 것을 다시 익혔는가? (曾子日吾日三省吾身 爲人謀而不忠乎 與朋友交而不信乎 傳不 習乎)" 《논어》 학이편에 나오는 내용입니다. 여기에서 '일일삼성一日三省'이라는 말이 나왔습니다. 본래는 하루에 세 가지를 반성한다는 뜻이나, 하루에 세 번 반성한다는 뜻으로도 씁니다.

평범한 사람이 내리는 결정은 대개 그 자신의 하루 일과에만 영향을 미칩니다. 큰맘 먹고 내리는 결정만이 그 자신의 운명에 영향을 미치지요. 때로는 그의 가족과 이웃에게 영향을 미치기도 하지만 세상 전체에 영향을 미치는 일은 거의 없습니다. 그러나 통치자의 결정은 세상 전체에 영향을 미치고 역사를 바꾸기도 합니다. 그래서 통치자는 매일 자기 결정과 선택에 대해 반성하는 자세를 가져야 합니다.

일본이 한국을 강점한 뒤로 통치자가 스스로 반성하는 기록을 남기는 전통도 사라졌습니다. 이제라도 그 전통을 되살리는 것이 나라를 위해서나 통치자 개인을 위해서나 좋은 일일 듯합니다.

애국가

절박함과 두려움을 담은
시대 인식이 반영되었습니다

1902년, 고종의 50세 생일과 즉위 40년을 기념하는 '칭경기념축전'을 앞두고 대한제국 공식 국가가 제정되었습니다. 작사는 민영환이 했고, 곡은 당시 대한 제국 군악대장이던 독일인 프란츠 에케르트가 붙였습니다. "상제는 우리 황제 를 도우소서. 성수무강聖壽無疆하사 해옥주海屋籌를 산같이 쌓으소서. 위권威權이 환 영寰瀛에 떨치사 어천만세於千萬歲에 복록이 무궁케 하소서. 상제는 우리 황제를 도우소서." 보다시피 대한제국의 공식 국가에는 '나라'라는 단어가 아예 없습니 다. 그저 황제가 오래 살고 위엄이 천하에 떨치며 복록이 무궁하기만을 기원했 을 뿐입니다. 나라는 '공식적'으로 '황제의 소유물'이어서 애국이라는 말도 단독 으로는 잘 쓰이지 않았습니다. 앞에 충군을 붙여 '충군애국'이라고들 했지요.

지금의 애국가는 1899년 윤치호가 배재학당 방학 예식가로 지은 '무궁화가' 를 일부 수정한 것입니다. "성자신손聖子神孫 오백 년은 우리 황실이요, 산고수려山 高水麗 동반도東半島는 우리 본국일세. 무궁화 삼천리 화려강산 조선사람 조선으로 길이 보전하세."

1952년, 미국에서 발행된 〈국민보〉는 일제 강점 이후 안창호가 황실 축원 1 절 가사를 현재의 애국가 1절 가사로 수정했다고 보도했습니다. 애국가 가사에 는 '하느님의 보우'를 빌어야 하는 절박함과 '화려강산'을 '대한'이라는 이름으로 길이 보전할 수 없을 것 같다는 두려움이 담겨 있습니다. '작사가들'의 시대 인 식이 반영된 것이지요. 가사가 시대 상황에 맞지 않고 너무 비탄적이라는 지적 은 여러 차례 있었지만 이미 100년 넘게 불러 온 '우리의 노래'입니다. '우리의 노 래'로 계속 남을지는 또 다른 '시대상황'이 결정할 것입니다.

국기에 대한 경례

다른 나라 민간인들은
국기에 대해 경례를 하지 않습니다

　지난 2012년 런던 올림픽 개폐회식이나 시상식 장면을 TV로 보다가 왠지 낯선 느낌을 받은 분들이 있을 것입니다. 대다수 나라의 민간인들은 국기에 대해 경례를 하지 않습니다. 군인과 공무원만 경례를 하지요. 공화국에서 국기는 국민과 동격이기 때문입니다. 옛날 영국의 사자왕 리처드는 결혼식에 참석하지 않고 칼을 대신 보냈는데 그때의 칼도 왕과 동격이었습니다. 신부는 그 칼이 왕이려니 생각하고 칼과 결혼하는 수모를 견뎌야 했습니다.

　태극기는 조선시대에 왕과 동격으로 만들어져 대한제국 시기에 황제와 동격으로 승격되었습니다. 하지만 백성들은 경사가 있을 때 집 앞에 국기를 걸어두었을 뿐, 국기에 대고 경례하지는 않았습니다. 일제강점기에는 일장기가 일본 왕과 동격으로 경배의 대상이 되었습니다. 그러나 그 시절에도 민간인은 똑바로 서서 국기를 쳐다보는 것이 경배 의식이었습니다. 일본은 아직 천황제 국가이나 일본인들도 한국인이 국기에 대해 경례하는 모습을 보곤 이상하게 여깁니다.

　해방 뒤 민주공화국을 수립하면서 국가 상징물들과 국민 사이의 관계에 대해 깊이 고민을 하지 못한 탓에 국기를 대하는 '군주주의적' 태도가 아직 남아 있습니다. 물론 미국인들도 국기를 대할 때 왼쪽 가슴에 오른손을 얹습니다. 그러나 미국 문화는 수평적이어서 국기에 대한 그들의 인사는 '경례'가 아니라 악수와 비슷한 '평례平禮'입니다. 나라의 주인은 국민이고 국기의 주인도 국민입니다. 주인이 자기 것에 대고 '경례'를 하는 것이 옳은 태도인지, 한번 생각해 볼 필요가 있지 않을까요?

국민? 인민?

국가가 함부로 침범할 수 없는
자유와 권리의 주체입니다

제헌헌법 초안을 작성할 때, 주권자를 '국민'으로 할 것이냐 '인민'으로 할 것이냐를 두고 논쟁이 벌어졌습니다. 처음의 안은 일제강점기에 쓰던 대로 '국민'이었는데 전문위원들의 심의로 넘어가면서 '인민'으로 바꾸자는 의견이 나왔습니다. 그러나 이 안은 상당한 논란 끝에 부결되었습니다. 당시 전문위원이었던 유진오는 회고록에 "국민은 국가의 구성원으로서의 인민을 의미하므로, 국가 우월의 냄새를 풍기어, 국가라 할지라도 함부로 침범할 수 없는 자유와 권리의 주체로서의 사람을 표현하기에는 반드시 적절하지 못하다. 결국 우리는 좋은 단어 하나를 공산주의자에게 빼앗긴 셈이다."라고 썼습니다. 그러나 다수 제헌의원들이 '인민'이라는 말에 반대합니다. 이승만의 측근이었던 윤치영은 "인민이라고 하는 것은 나는 절대로 반대합니다. 북조선인민위원회 운운만 하더라도 나는 지긋지긋하게 들립니다."라고 했습니다. 다른 전문위원 중에도 '국민'과 '인민'에 별 차이가 없는데 굳이 인민으로 쓸 필요는 없다고 생각한 사람이 많았습니다. 그래서 표결 결과 인민으로 바꾸자는 안이 부결되어 국민으로 고정되었습니다.

그런데 사실 '인민'은 공산당의 용어가 아니라 대한제국 때도 사용하던 옛날 용어입니다. 헌법 제정 당시에는 심각한 논쟁거리였지만, 지금에 와서 국민이니 인민이니 하는 단어의 의미를 따질 이유는 없을 듯합니다. 북한 '인민'보다는 남한 '국민'의 권리가 훨씬 많으니까요. 정말 중요한 건, 우리 국민 한사람 한사람이 스스로 '국가가 함부로 침범할 수 없는 자유와 권리의 주체인 인간'이라는 사실을 잊지 않는 것입니다.

애국의 실체

이승만의 생일 기념 국민축전을 반대하면
비애국자로 취급받기도 했습니다

대한제국 시대에 애국은 '충군忠君' 뒤에 따라 붙는 말이었습니다. 그때의 나라는 백성의 것이 아니라 임금의 것이기 때문에 애국이란 내 나라를 사랑하는 것이 아니라 임금의 나라를 아끼고 사랑하는 것이었습니다. 일제강점기에 애국금채회愛國金釵會, 애국부인회 등 앞에 '애국'자를 붙이고 공개적으로 활동한 단체들은 모두 '친일 관변단체'들이었습니다. 그 시절의 애국은 일본 덴노(일왕)의 나라를 사랑하는 것이었습니다.

1959년, 이승만 탄신 84주년 기념식은 거창한 '국민축전'으로 치러졌습니다. 유치원생을 포함한 각급 학교 학생과 공무원들이 총동원됐습니다. 이 행사에 반대하거나 협조하지 않는 사람들은 '비애국자'로 취급받았습니다. 그 이듬해에 4·19혁명이 일어나지 않았다면 이승만 탄신 85주년 기념식은 훨씬 더 거창했을 것입니다.

"국가가 당신을 위해 무엇을 할 수 있는가를 묻지 말고 당신이 국가를 위해 무엇을 할 수 있는지를 물어라." 이 말이 케네디의 입에서 나오지 않았다면 히틀러나 무솔리니 같은 파시스트에게 더 어울렸을 것입니다. 내 아내, 내 남편을 사랑하는 것은 당연하고도 아름다운 일입니다. 그러나 남의 아내, 남의 남편을 사랑하는 것은 불륜입니다. 나라를 사랑하는 것도 같습니다. 민주주의 시대에 주권 의식 없는 자의 애국심은, 남까지 괴롭히는 비윤리적 노예의식입니다.

투표권   평등한 선거권을 거저 얻은 나라는 없습니다

이 땅에서 정치적 의미를 갖는 투표가 처음 실시된 것은 3·1운동 이듬해인 1920년이었습니다. 조선총독부는 아무 실권도 없는 도道, 부府, 군郡, 면面 협의회라는 것을 만들어 놓고는 세금을 많이 낸 남자들에게만 투표권을 주었습니다. 그때는 부자만 투표할 수 있었습니다. 당연히 부자 중에는 일본인이 압도적으로 많았습니다. 형식상 직접선거와 비밀선거이기는 했으나 보통선거나 평등선거는 아니었습니다.

제헌헌법에서 남녀노소, 빈부귀천을 가리지 않고 모든 성인에게 '보통 평등선거권'을 부여한 것이 미국식 민주주의 덕만은 아닙니다. 그 근본에는 일제강점기 우리 독립운동의 지향과 성과가 있었습니다. 3·1운동 이후의 어느 독립운동 세력도 '주권재민主權在民'의 원칙에서 벗어나지 않았습니다. 고종과 순종의 후예에게 주권을 되돌려주려 했던 것이 아니라 우리 민족 구성원 한사람 한사람에게 주려 했던 것입니다.

'모든 국민이 평등한 투표권을 갖는 제도'를 거저 얻은 나라는 없습니다. 지금 우리가 행사하는 투표권에는 독립과 민주주의를 위해 싸웠던 선열들의 피가 묻어 있습니다. 투표권을 함부로 버리는 것은 '순국선열'의 희생을 모독하는 일이기도 합니다.

깜냥

천의 용도가 다르듯 사람 용도도 다릅니다

옛날에는 농촌 아낙네들이 베틀에서 직접 베를 짰습니다. 베틀에 실을 세로로 길게 늘이고 방추로 팽팽하게 눌러준 뒤에 북을 좌우로 움직이며 가로 실을 얽었습니다. 베의 용도에 따라 실의 밀도를 조절해서 촘촘하게도, 성기게도 짰는데, 그에 따라 삼승포, 사승포, 오승포 등의 이름이 붙었습니다. 승(升)은 우리말로 '새'라 하는데 실 40올이 1새였습니다. 그러니까 삼승포는 120개의 날실[經絲]을 사용한 베였습니다.

천의 용도는 밀도에 따라 나뉘었습니다. 삼승포는 주로 화폐 대용으로 썼고, 사승포 이상을 옷이나 의복 부속품을 만드는 데 썼습니다. 이렇게 용도에 따라 구분되는 천을 '감'이라 했습니다. 옷감, 댕깃감, 수건감, 버선감 등으로 썼지요. 장군감이니 신붓감이니 하는 말도 여기에서 생겼습니다. 어떤 일을 감당할 만한 자격이나 능력을 '깜냥'이라고 하는데, 이는 천의 질을 표시하는 '감' 과 금속의 무게를 표시하는 '양'을 합친 말입니다.

나쁜 원단과 좋은 원단은 눈으로만 보고도 쉽게 구별합니다. 그런데 사람 깜냥 구별하는 눈은 옛날보다 별로 나아진 것 같지 않습니다. 수건감으로 옷을 만들어 입으면 그저 우세스러울 뿐이지만 깜냥이 안 되는 사람에게 중책을 맡기면, 나라가 엉망이 됩니다.

만병통치 약장수

약의 종류가 늘고 효능을 과장하면서
만병통치의 기대와 신화가 자리 잡았습니다

19세기 말, 서양 근대의학이 들어오면서 서양 약藥도 따라 들어왔습니다. 가장 대중적 인기가 높았던 약은 '금계랍金鷄蠟'이라 불린 '키니네'였습니다. 말라리아 특효약으로 유럽인들의 해외 진출을 도운 일등공신이던 이 약에는 해열, 진통, 강장強壯의 효과가 있었습니다. 사람들은 일단 열이 나면 의사의 처방 없이 이 약을 사다 썼습니다.

서양 약의 효능을 접한 뒤, 전통 의서의 처방과 관계없이 서양식 제법製法에 따라 신약을 만드는 사례도 늘어났습니다. 일본의 인단仁丹과 용각산龍角散, 한국의 활명수活命水 같은 것들이 대표적이었습니다. 약의 종류가 늘어나고 저마다 효능을 과장하면서 '만병통치약'에 대한 기대와 신화가 자리 잡았습니다. 시골 장터를 돌아다니며 약을 파는 떠돌이 약장수들이 이 신화를 확산했습니다.

1920~30년대의 '장사꾼' 중에는 '약장수'가 가장 많았습니다. 전국적으로 2만 명 이상이 '약' 판매에 종사했지요. 이런 떠돌이 약장수들은 1970년대까지도 '공연'을 겸하며 전국을 돌아다녔습니다. 지금 노인들에게 역시 효능이 의심스러운 '건강식품'들을 파는 사람들이 그들의 후예입니다.

이제는 떠돌이 약장수의 허황된 약 광고에 넘어가는 사람 별로 없습니다. 그런데 나라의 모든 병을 고쳐주겠다는 정치인의 호언장담에는 잘도 속아 넘어갑니다. 세상에 만병통치약은 없습니다. 가짜 약 잘못 써서 돈 버리고 몸 버리듯, 불성실한 정치인의 감언이설에 속았다가는 돈 버리고 나라 망칠 수 있습니다.

거짓말

거짓말에 속는 것은 빈틈을 알아보지 못해서입니다

거짓과 가죽은 어원이 같습니다. 거짓의 옛말은 '거즛'이고 가죽의 옛말은 '거죽'입니다. 국어사전은 가죽과 거죽을 구별하지만, 가죽은 ①동물의 몸을 감싸고 있는 껍질, ②그 껍질을 가공해 만든 물건이고, 거죽은 ①물체의 겉 부분, 즉 표피表皮라고 설명합니다. 사실 같은 뜻이란 이야기지요.

거짓과 가죽 모두 '겉'에서 온 말입니다. 거짓은 속이 비었거나 겉과 속이 다른 것을 의미합니다. 그래서 거짓말을 허언虛言이라고 합니다. 달리 사언詐言, 즉 '속이는 말'이라고도 하는데, '속이다' 역시 '속'에서 나온 말로 추정합니다. '속'을 본래의 것과 다른 '겉'으로 꾸미는 행위이지요. 예컨대 개고기를 양가죽으로 싸놓고는 양고기라고 하는 등입니다.

'참'은 속이 꽉 '차서' 껍데기와 알맹이 사이에 '빈틈'이 없는 상태를 뜻합니다. 빈 가죽 주머니에도 무엇이든 채울 수는 있지만 빈틈까지 없애기는 어렵습니다. '참'과 '거짓'의 본래 의미에 따른다면, 이 둘을 가르는 기준은 '빈틈'이지 '믿음'이 아닙니다. 거짓말에 자꾸 속는 것은 '빈틈'을 알아보는 눈이 없기 때문입니다.

이승만과 학력

제자가 사정하면 스승이 들어주지 않을까
기대한 착각이 있었습니다

대한민국 제헌헌법 전문은 '기미 3·1운동으로 대한민국을 건립'했다고 선언했습니다. 헌법 정신에 따라 굳이 건국의 아버지를 정해야 한다면 '3·1운동에 참여한 모든 사람'이라 해야 옳습니다. 임시정부도 이승만이 주도해서 수립한 게 아닙니다. 해방 직후 이승만의 중요한 정치적 자산은, 탄핵당해 쫓겨나기는 했지만 대한민국 임시정부 초대 대통령이라는 점이었습니다. 그런데 1919년 임시정부 수립 이전의 이승만은 독립운동가들 사이에서 그리 두드러진 인물이 아니었습니다. 이승만이 일약 임시정부 대통령이 된 데에는 학력 덕이 컸습니다. 당시 민족자결주의를 제창하여 전 세계 피압박 민족을 들뜨게 했던 미국 대통령 윌슨은 프린스턴대학 총장 출신입니다. 이승만은 윌슨이 총장일 때, 그 대학에서 박사학위를 받았습니다.

임시정부가 국경에 가까운 만주가 아니라 상하이에 본부를 둔 것은 '외교 활동'을 통해 대한민국의 독립을 국제적으로 승인받아야 한다는 주장에 동조하는 사람들이 많았기 때문입니다. 더구나 그 시절에는 아직 '군사부일체' 관념에서 벗어나지 못한 사람들이 많았습니다. 그런 사람들에게, 미국 대통령 윌슨의 도움을 얻는 데에 이승만보다 더 나은 사람은 없었습니다. 제자가 사정하면 스승이 들어주지 않을까 기대했던 것입니다. 대중의 이런 주관적 착각이 한 사람의 일생을 바꾸고 역사를 바꾼 셈입니다. 역사에서는 이런 일이 아주 드물지 않습니다.

제왕학과 국민

민주주의 국가에서는
국민 개개인이 왕입니다

조선왕조의 세자들은 어려서부터 '제왕학'을 공부했고 왕이 된 뒤에도 공부를 멈추지 않았습니다. 왕은 수업 시간인 '경연經筵' 중에 중요한 정치적 결정을 내리는 경우가 많았습니다. 연산군은 공부하기 싫다고 경연을 폐지했는데, 그가 폭군이 되어 결국 쫓겨난 데에는 이 이유도 있었을 것입니다.

지금 국민은 옛날의 왕보다 훨씬 높고 신성한 존재, 즉 신과 같은 존재입니다. 선거 결과가 나오면 언론도 정당도 '국민의 위대한 선택'이라느니 '국민의 뜻을 무겁게 받아들이겠다'라거니 하면서 한결 같은 논평을 냅니다. 옛날에는 왕의 결정이라도 신하들이 비판할 수 있었습니다. 그런데 지금 국민의 결정은 누구도 비판할 수 없습니다.

그런 만큼 국민 스스로 자기 결정의 가치를 높이 평가할 필요가 있습니다. 세종대왕을 모델로 한 드라마가 방송됐을 때, 많은 이들이 세종 같은 지도자가 나왔으면 하고 바랐습니다. 그러나 민주주의 국가에서는 국민 각자가 왕입니다. 왕조시대에는 성군 밑에서 살 것인지 폭군 밑에서 살 것인지는 백성들이 결정할 수 없었지만, 민주주의 시대에는 세종 치세도 연산군 치세도 국민이 만들 수 있습니다.

세조의 의약론

옛사람은 치료와 치국을 같다 여겨
영의정을 의국이라 했습니다

왕좌를 빼앗고 지키려 동생과 조카를 죽인 세조는 남달리 병치레가 잦았습니다. 그는 스스로 업보라 생각했던지 대궐 안에 절을 지었고 '의약' 연구에도 매달렸습니다. 나중에는 자기 병에 약을 직접 처방할 정도의 높은 수준에 올라 〈의약론〉이라는 글까지 썼습니다. 세조는 이 글에서 의사를 8종류로 나눴습니다. 세조가 분류한 의사는, '①심의心醫 - 환자와 마음으로 소통하는 의사, ②식의食醫 - 음식으로 치료하는 의사, ③약의藥醫 - 처방할 줄은 아나 타이밍은 못 잡는 의사, ④혼의昏醫 - 환자가 위독해지면 당황해서 어쩔 줄 모르는 의사, ⑤광의狂醫 - 함부로 아무 약이나 쓰고 침을 놓는 의사, ⑥망의妄醫 - 환자를 살릴 수 있는지 없는지 판단을 못하는 의사, ⑦사의詐醫 - 가짜 의사, ⑧살의殺醫 - 의술에 대해 아는 바는 많으나 환자를 측은히 여기는 마음이 없는 의사'입니다.

세조는 '살의'를 따로 이렇게 정의했습니다. "남에게 이기려는 마음만 가득하여 남이 동쪽이라 하면 서쪽이라 우기고, 먼저 말을 내뱉은 다음에 그를 합리화할 논거를 찾는데 찾지 못하면 억지를 부린다. 이런 자는 자기를 위해 환자를 죽인다." 세조가 말한 '살의'의 특징을 요약하면, '첫째, 환자를 측은히 여기지 않는다, 둘째, 지식은 많으나 궤변에 능하다, 셋째, 환자를 살리는 것보다 자기 체면을 더 중시한다, 넷째, 자기가 틀린 줄 알면서도 끝까지 억지를 부린다'가 됩니다. 옛 사람들은 병을 고치는 일과 나라를 다스리는 일은 같다고 믿었습니다. 그래서 영의정을 '의국醫國'(나라를 고치는 의사)라고도 했습니다. 세조가 의사의 등급을 나누던 기준은, 지금 우리가 정치인을 고를 때도 참고가 될 것입니다.

조선신궁과 이승만 동상

세계에서 가장 큰
이승만의 동상을 세웁니다

지금 남산 안중근 의사 기념관 옆, 분수대 위쪽에는 일제강점기에 조선신궁 본당이 있었습니다. 자유당 정권 때에는 그 앞에 이승만 동상이 있었고, 1960년대 말부터는 남산 식물원이 있다가 몇 해 전부터 비어 있습니다.

조선시대에는 역적이 나오면 그 집을 허물고 집터에 연못을 파거나 가축우리를 만드는 게 관행이었습니다. 태종이 정도전의 집터를 마구간으로 만든 게 한 예지요. 일제가 창경궁에 연못을 파고 동물원과 식물원을 만든 건 조선의 그런 관습을 알고 한 짓이었습니다.

일제강점기에 일본인들이 가장 신성하게 취급한 곳은 남산의 '조선신궁'이었습니다. 1956년 광복절 날, 조선신궁이 있던 자리에 이승만 동상이 섭니다. 이승만을 독립운동의 유일 공로자로 추앙하는 의미였습니다. 이승만 동상의 제작비는 2억 환, 제작기간 300일, 참여 연인원 1만 3천 명, 동상 권역 3천 평, 좌대 넓이 270평, 동상 높이 7미터, 좌대 높이 18미터, 합 25미터, 동상 무게 11톤으로 당시 세계에서 가장 큰 동상이었습니다. 해방 직후 조선신궁이 헐렸듯, 4·19 직후 이승만 동상도 헐립니다. 독재체제에 대한 분노의 표시였지요. 1968년, 그 자리에 분수대와 동식물원이 생깁니다. 일제가 창경궁에 한 짓과 같은 맥락이었지요. 공교롭지만, 이승만도 역적 취급을 받은 셈입니다. 그런데 얼마 전 그 아래 남산 자유센터 안에 이승만 동상이 다시 섰습니다. 경찰이 경비도 합니다. 민족사의 역적으로 몰렸던 이승만을 복권시키려는 것이지요. 이것이 옳은 일일까요? 헌법 전문에 명시된 '4·19 민주 이념'은 어떻게 해야 할까요?

팔각정과 우남정

산 사람의 신격화는 모두에게 불행입니다.

동양의 전통적 우주관은 '천원지방天圓地方' 사상입니다. 하늘은 둥글고 땅은 네모라는 생각입니다. 지구가 자전하기 때문에, 땅에서는 하늘이 원 운동을 하는 것처럼 보입니다. 또 4각형의 자연물은 거의 없습니다. 생물이든 무생물이든, 유기물이든 무기물이든, 자연물은 모두 부정형이거나 유선형입니다. 4각형은 인간이 농사를 짓기 시작하면서 '발명'한 도형입니다. 그래서 하늘의 도형인 원은 '신의 도형', 땅의 도형인 4각형은 '사람의 도형'이라는 생각이 나왔습니다. 사람들이 원과 4각형의 중간, 즉 하늘과 땅의 중간 도형으로 생각해 낸 것이 8각형입니다. 옛날 돌다리 난간석을 보면 모두 8각형으로 되어 있습니다. 땅에서 떨어져 있으니 땅에 속한 것도 아니고, 그렇다고 하늘 높이 솟아 있는 것도 아니니 하늘에 속한 것도 아니지요. 8각형은 하늘에 버금가는 신성한 도형이었습니다.

조선시대 우리나라는 제후국이라 8각형을 함부로 쓰지 못했습니다. 중국 사신이 왕래하는 모화관 옆에만 팔각정八角亭이 있었습니다. 그러다 대한제국 선포 후에 원구단에 하나, 탑골공원에 또 하나의 팔각정을 만들었습니다. 원구단에 만든 팔각 황궁우皇穹宇는 천자국의 상징이었고, 탑골공원에 만든 팔각정은 백성이 하늘에 버금간다는 의미였습니다. 국가가 만든 세 번째 팔각정은 남산 꼭대기에 세운 정자입니다. 이 정자의 원래 이름은 이승만의 호를 딴 '우남정'이었습니다. 지금의 팔각정은 4·19 뒤 동상과 함께 헐렸던 것을 재건한 것입니다. 이승만을 신격화하지 않았다면 애초에 그런 이름을 짓지도 않았을 것이고, 헐었다 다시 짓는 번거로움도 없었을 것입니다. 산 사람을 신격화하는 것은, 당사자에게도 불행입니다.

인사청문회

책임 회피 경험을 많이 한 사람들이
출세하는 사회로 보입니다

"왜 안 된다고만 생각하나, 긍정적으로, 되는 방향으로 생각해 봐." 부하 직원들이 자기가 하려는 일에 문제를 제기할 때, 상사들이 흔히 하는 말입니다. 요행히 결과가 좋으면 그들은 "거 봐, (시키는 대로) 하니까 되잖아."라며 공을 독차지하려 듭니다. 불행히 결과가 나쁘면 그들은 "그때 왜 미리 이런 경우가 생길 수 있다고 얘기하지 않았나?"라며 역정을 냅니다.

고위층 인사청문회를 볼 때마다 한국 사회는 '책임지는 경험'이 아니라 '책임을 회피하는 경험'을 많이 한 사람들이 출세하는 사회라는 생각이 듭니다. '책임진다'는 것이 재기 불능의 심각한 패배를 의미하는 조직 문화가 이런 현상을 만든 듯합니다. 책임지고 물러나 본 사람들의 경험이 더 소중할 수도 있는데, 그런 경험은 쓰이지 않습니다. 그러다 보니 '책임 회피'가 보편적인 조직 문화가 되어 버렸습니다. 크든 작든 '책임 회피'에 능한 사람들이 이끄는 조직에서는 죄 없는 아랫사람들만 희생당하는 악순환이 계속됩니다.

헌병대 시각과 시계포 시각

눈치 보며 서로 맞춘 여론 정치는
역사의 시곗바늘을 엉뚱한 쪽으로 돌립니다

일제강점기 지금의 서울 남산 한옥마을에 있던 일본군 헌병대 사령부에서는 정오에 오포午砲를 쏘았습니다. 시계를 가진 사람들은 오포 소리에 맞춰 시곗바늘을 조정했습니다. 그 무렵 세브란스 의전 교수였던 심호섭은 자기 시계에 대한 자부심이 대단했답니다. 그는 오포 소리가 들리면 자기 시계를 보고 "오늘 저 오포는 몇 분이 틀렸군." 이라 말하곤 했답니다.

그런데 헌병대 사령부에서는 정확한 시각을 어떻게 알았을까요? 당시에도 시보時報가 있었습니다. 시각을 알리는 전보電報지요. 하지만 그 시절에는 이와 관련해 우스개 비슷한 소문이 돌았습니다. 오포를 담당한 헌병이 망원경으로 남산 아래 일본인 시계포의 시계를 보고 그중 하나에 맞춰 쏜다는 것이었습니다. 일본인 시계포 주인들은 그들대로 오포 소리에 맞춰 시계포 안의 시계들을 맞추었답니다. 정말 그랬다면, 헌병대 오포든 시계포 시계든 시각이 맞을 터이 없었겠지요. 이런 소문은 당시 조선총독부가 일본인 여론만 살피고, 일본인들은 또 그들대로 조선총독부 눈치만 살핀 것을 빗댄 것입니다. 잘못된 '여론 정치'는 특정 세력의 여론과 정치권력 사이의 유착을 강화하지만, 역사의 시곗바늘을 엉뚱한 곳으로 향하게 만듭니다.

시장 민심, 공시인 순막

영조는 상인들에게
곤경을 묻곤 했습니다

영조는 궁궐 밖으로 나설 때마다 광화문 혜정교 옆이나 지금의 탑골공원 어귀에서 어가를 멈추고는 상인들을 불러 곤란한 점은 없는지 묻곤 했습니다. 이 행사를 '공시인 순막貢市人詢'이라고 했습니다. 공시인이란 대동법 실시 이후 관청과 왕실에 필요한 지방 특산물을 구해 납품하던 공인貢人과 서울 시전市廛 상인들을 합쳐 부른 말입니다. 당시 서울은 빠르게 상업도시로 성장하던 중이어서 영조는 자주 '도성 안 백성의 절반은 공시인'이라고 말했습니다. 그는 도성 백성의 과반수를 점하는 상인들의 곤경을 해결해주면 도성 안의 민심도 저절로 평안해질 것이라고 보았습니다. 선왕先王이 만든 관행을 무너뜨리지 않는 것이 도리라고 믿었던 영조 이후의 왕들도 이 관행을 따랐습니다. 그러나 무슨 일이든 자주 반복하다 보면 형식적 행사가 되기 마련입니다. 또 공시인들이 솔직하게 자기 곤경을 얘기해도 그들의 요구를 다 들어줄 수는 없었습니다. 공시인들의 곤란조차 해결해주지 못하는 것은 왕의 체면에 관계된 일이었습니다. 그러니 공시인 순막은 곧 왕이 "무슨 애로는 없느냐?"고 물으면 상인들이 이구동성으로 "성은이 망극하옵니다. 전하의 보살핌 덕에 우리 모두 평안하옵니다."라고 대답하는 형식뿐인 의례가 되었습니다.

시장 상인들을 만나 나랏돈으로 선심을 쓰는 의례는 이승만이 되살렸습니다. 이승만 정권 때에는 선거가 있을 때마다 국유지에 만든 '도깨비시장'들을 '양성화'하는 조치가 반복됐습니다. 요즘도 대통령이나 유력 정치인들이 민생 탐방이라는 구실로 '재래시장'을 방문하곤 합니다. 그러나 이제 재래시장 민심은 서울 민심을 대표하지 못합니다.

공약과 광고 카피

다수의 욕망대로 움직이지만
다수의 욕망이 실현되지는 않습니다

옛날 집은 사람보다 훨씬 오래 살았지만 지금의 집 수명은 사람 수명의 반도 안 됩니다. 흙과 나무보다 철근 콘크리트가 더 약한 모양입니다. 더구나 요즘 사람들은 자기 집이 사람 살기 어려운 집이라는 판정을 받으면 "경축, 안전진단 통과"라는 현수막을 내겁니다.

조선왕조 500여 년간의 건축 폐기물보다 최근 40년 사이의 건축 폐기물이 더 많을 것입니다. 지금도 자고 나면 산 같은 아파트 단지가 불쑥불쑥 솟아오릅니다. 앞으로 30년 뒤에는, 4대강에서 퍼낸 흙보다 건축 폐기물이 더 많아질지도 모릅니다. 재개발, 재건축 이익에 대한 집착을 줄여야 이 강산을 덜 망쳐서 후대에 물려줄 수 있습니다.

그럼에도 개개인의 욕망과 이기심을 자극하는 공약은 언제나 효과가 있었습니다. 대중 소비시대의 카피라이터들은 옛날의 예언자들과 비슷한 구실을 합니다. 오늘의 한국을 예언한 두개의 광고 카피가 있었습니다. "내 아인 다르다!"와 "여러분, 부자 되세요!" 세상은 다수의 욕망대로 움직입니다. 다수의 욕망이 실현되지 않을 뿐.

궁민

더는 물러설 데가 남아 있지 않은 사람들입니다

　옛날 거지들에게 제일 좋은 거처는 '다리 밑'이었습니다. 여름에는 비바람을 막아주고 겨울에는 따뜻했지요. 예전 어른들은 아이들이 자기 '출생의 비밀'을 물을 때면 중의법을 써서 "다리 밑에서 주워왔다."고 대답하곤 했는데, 그중 한 가지 뜻이 '거지 아이 데려왔다'는 것이었습니다. 조선시대에도 거지들에 대해서는 여러 가지 정부 차원의 배려가 있었습니다. 거지들에게 뱀 잡아다 파는 독점권을 주기도 했고, 죽을 쑤어 나눠 주기도 했으며, 겨울에는 관청의 폐지廢紙를 나눠 주어 당장의 추위를 면하게 해 주었습니다. 우리나라에 오래된 관청 고문서가 많이 남지 않은 것은 이와 관련이 있습니다.

　거지나 노숙인을 '궁민窮民'이라고도 불렀습니다. 궁지에 몰린 백성이란 뜻이지요. 더는 물러설 데가 남지 않은 곳을 궁지窮地라 합니다. 고양이가 쥐를 쫓을 때에도 도망갈 구멍은 남겨 놓는다고 합니다. 사흘 굶어 도둑질 안 하는 사람 없다는 말대로, 궁지에 몰린 사람들은 보통 때라면 상상할 수도 없는 일을 저지르기까지 합니다.

　몇 해 전부터 공원 벤치 한가운데에 '팔걸이' 같지 않은 '팔걸이'들이 생겼습니다. 팔걸이를 핑계 삼아 노숙인들이 누워 자지 못하게 하려는 조치였지요. 한밤중, 또는 새벽에 공원 벤치에 누워 있는 노숙인을 보고 불안하게 여기는 사람들도 많기는 합니다. 하지만 제 한 몸 누일 곳 없이 궁지에 몰린 사람의 '불우함'을 잘 돌보아야 '불안함'도 줄어들지 않을까요? 궁민을 괴롭히는 정치는 모진 정치입니다.

억울한 호소, 격쟁

일단 매를 몇 대 맞고
왕에게 억울한 사정을 말합니다

조선시대에는 관청의 잘못된 처분으로 억울한 일을 당한 사람이 왕에게 직접 호소할 수 있는 길이 있었습니다. 널리 알려진 신문고申聞鼓가 대표적인데, 이 북이 대궐 문루에 걸려 있었던데다가 북을 치기까지 거쳐야 하는 절차가 까다로워서 실제로는 상징적 의미밖에 없었습니다. 그나마 연산군은 이를 아예 없애 버렸습니다. 가장 일반적인 방법은 물론 상소였습니다. 그러나 상소는 왕이 꼭 읽는다는 보장이 없는데다가 글을 모르는 사람은 올릴 수도 없었습니다.

그래서 중종 연간부터는 징을 쳐서 왕의 이목을 끄는 격쟁擊錚이 신문고를 대신해 억울한 일을 호소하는 새 관행으로 자리 잡았습니다. 처음에는 주로 대궐에 들어가 쳤는데, 18세기 영·정조 때 이후로는 왕이 궐 밖으로 행차할 때를 기다려 어가御駕 가까운 곳에서 징을 치는 일이 많아졌습니다. 왕의 행차가 잦았기 때문이지요. 징을 친 사람은 일단 매를 몇 대 맞고 왕 앞에 가서 자기 억울한 사정을 말할 수 있었습니다. 격쟁하는 사람을 먼저 매질한 것은, 매 맞을 각오를 할 만큼 억울한 사람들의 말만 골라 듣겠다는 뜻이었습니다. 전제군주 조차도, 백성과 대화할 때는 억울한 사연을 먼저 들었습니다. 대통령이 '국가 원로'니 '사회 지도층'이니 하는 사람들을 모아 놓고 그들의 입을 통해 민심을 듣는 행사를 종종 봅니다. 그러나 진짜 민심은, 억울한 사람들의 입을 통해서나 알 수 있습니다.

통수와 과부 집 굴뚝

체면 때문에
굶어 죽을까봐 살폈습니다

　　조선시대 최소 행정 단위는 통統이었습니다. 다섯 집을 한 통으로 묶는 것을
'오가작통五家作統'이라 했는데, 조선 세조 때부터 시행되었습니다. 다섯 집 단위는
아니지만 지금도 도시 주민의 최소 편제 단위는 통입니다. 요즘 통장의 업무는
반장을 지도하고, 중앙 및 지방 행정 시책을 홍보하며, 주민 여론을 수집하고,
주민의 거주 이동 사항을 파악하며, 전시 등 비상시에 주민을 통제하고, 민방위
대 통대장統隊長을 맡으며, 기타 동 행정을 보조하는 것으로 되어 있습니다.

　　지금의 통장을 조선시대에는 통수統首라고 했습니다. 조선시대 통수의 의무
중에는 혼자 사는 과부 집 굴뚝을 살피는 일이 있었습니다. 사흘 굶어 도둑질
안 하는 사람 없다지만, 홀로 된 과부 중에는 체면 때문에 차마 밥 빌러 다니지
못하고 버티다 굶어 죽는 사례가 간혹 있었기 때문입니다. 그런 사람들의 체면
까지 배려해 가며 은정恩政을 베푸는 것이 인정仁政이었습니다. 복지가 뭔지 모르
던 시대에도 '찾아가는 복지'가 있었습니다.

흉년의 감선령

임금 수라상의 반찬 가짓수를 줄이면
관리들도 따라야 했습니다

    조선시대 임금들은 흉년이 들어 백성이 곤궁하면 모든 궁중 연회를 중단하고 '감선령減膳令'을 내렸습니다. 감선령이란 임금 수라상에 올리는 반찬 가짓수를 줄이라는 명령입니다. 물론 그런다고 식량 사정이 나아지지 않는다는 것은 누구나 알았습니다. 다만 왕이 반찬 가짓수를 줄이면 관리들도 따라야 했습니다. 그들은 스스로 근신하고 먹을 것을 줄임으로써 백성들의 어려움을 조금이나마 이해할 수 있었습니다.

    경기가 어려울수록 부자들이 흥청망청 써야 경기가 살아난다고 주장하는 경제학자들이 많습니다. 그렇게 해서 경기가 조금 나아질 수는 있을 것입니다. 그러나 그럴수록 '여유 있는 사람'과 '어려운 사람' 사이의 심리적, 문화적 거리는 멀어질 수밖에 없습니다. 경제는 '경세제민經世濟民'의 준말입니다. 세상을 평안하게 하고 백성의 마음을 제대로 다스리려면, 돈이 아니라 마음을 살펴야 할 것입니다.

무너진 와우아파트 　전시 행정의 끝은 비극이기 쉽습니다

6·25전쟁의 상흔이 얼추 씻긴 1950년대 말부터 서울의 인구는 엄청난 속도로 늘어났습니다. 새로 서울 주민이 된 사람들 중 제대로 된 집을 구한 사람은 아주 드물었습니다. 청계천 변과 서울 주변의 산기슭이 모두 판잣집으로 빼곡히 덮였습니다.

1966년 서울시장에 취임한 공병 장교 출신 김현옥은 '불도저'라는 별명으로 불린 최초의 시장이기도 했는데, 판잣집 정비를 주요 시정 과제로 정했습니다. 그 방안 중의 하나가 서민 아파트를 지어 판잣집 주민 일부를 이주시키는 것이었습니다. 그 방침에 따라 지어진 아파트들이 낙산아파트, 회현아파트, 독립문아파트, 와우아파트, 옥인아파트 등이었습니다.

그런데 그 무렵 우리나라 건설 회사들은 아파트를 지어 본 경험이 거의 또는 전혀 없었습니다. 독립문아파트 건설 공사 현장에서 서울시 공무원이 시장에게 걱정스럽게 물었답니다. "이 산비탈에 꼭 아파트를 지어야 합니까? 사고라도 나면 어쩌시려고……" 시장은 질문한 공무원의 '조인트'를 발로 차며 이랬답니다. "이 등신아, 여기다 지어야 청와대에서 보일 거 아냐?" 서울시 고위 공무원을 지낸 분에게 직접 들은 이야기입니다. 얼마 뒤 와우아파트가 무너졌고, 김현옥은 그 일에 책임을 지고 물러났습니다. 누구 보라고 하는 전시 행정의 끝은 비극이기 쉽습니다.

대화 소재 축소

종교와 정치 이야기하다가
얼굴 붉히고 헤어지게 마련이지요

    고향이 다른 사람과는 프로야구 이야기를, 종교가 다른 사람과는 종교 이야기를, 지지 정당이 다른 사람과는 정치 이야기를 하지 말라는 말이 있습니다. 대화 테이블에 이런 소재들을 올려놓았다간 결국 얼굴 붉히고 헤어지게 마련이지요. 그러다 보니 TV 드라마나 영화, 연예인 사생활, 연애, 육아, 교육, 증권, 부동산 같은 것들이 대화의 주된 소재가 됩니다. 어떤 분야에 대한 관심 표현이 억압되면 다른 분야에 대한 관심이 과잉 표현됩니다.

    그런데 대화 소재가 줄어들면 생각할 거리도, 자기 생각을 교정할 기회도 줄어듭니다. 자기와 다른 생각들에 귀를 열고 마음을 열 수 있어야 생각을 넓히고 다채로운 세상을 더 세밀히 볼 수 있습니다. '관용'은 상대를 봐 주는 것이 아니라 나를 키우는 일입니다.

선교사의 똘레랑스

다른 것과의 공존 의지가 없으면
선의도 피해를 줍니다

자기 확신이 너무 강하면 자기와 달리 생각하거나 다른 방식으로 사는 사람들이 모두 불쌍하게 보일 수 있습니다. 거기에 동정심까지 많으면 남의 생각을 바꾸어 놓는 것이야말로 진정 그를 위하는 길이라고 믿게 됩니다. 똘레랑스는 자기 안에 의심의 여지를 남겨 두어야 생깁니다. 그런데 다른 일에는 다 의심의 여지를 남겨둘 수 있어도 신앙에 한해서는 그러면 안 되는 일이겠지요. 불쌍한 사람들을 그냥 보고 지나치는 것도 못 할 일이겠고요. 참 어려운 문제입니다만, 상대 역시 자기를 불쌍하게 여기고 있다고 생각하는 수밖에 없을 듯합니다.

옛날 우리나라가 아주 가난하던 시절, 외국인 선교사 중에는 '믿음이 깊고 동정심이 많은' 정말 좋은 사람이 많았습니다. 그분들 다수가, 불쌍한 한국인을 구원하는 길은 한국인에게서 '한국인다움'을 다 지우는 것밖에 없다고 생각했습니다. 분명 '의심할 바 없는 선의'였는데, 그로 인해 한국인들은 심한 '정체성의 혼란'을 겪어야 했습니다.

선의로 남에게 피해를 주는 일, 무척 흔합니다. 사람들이 자신의 신념과 행동을 사회적, 문화적 맥락에서 성찰하지 못하기 때문에 그런 일들이 자꾸 생기는 것 아닐까요? 똘레랑스는 '다른 것과 공존하려는 의지'입니다. 그것이 민주주의의 기본입니다.

권력자와 스승의 말　　말이 적으면 그만큼 무겁습니다

　제자가 스승 앞에서 자기 의견을 말하는 것을 '강'이라 하고, 스승이 그 말의 옳고 그름을 지적해 주는 것을 '의'라 합니다. 둘을 합해서 '강의'입니다. 교인이 사제에게 자기 죄를 주절주절 고백하면 사제는 묵묵히 듣고 나서 회개 방법을 가르쳐 줍니다. '고해 성사'는 사제의 '신성한 권력'이 교인 각자에게 작용하는 과정이었습니다.

　신하들이 임금 앞에서 갑론을박甲論乙駁합니다. 한참 듣던 왕이 한쪽 편을 들어 간단히 한마디 합니다. "경의 말이 옳소."

　지방 수령이 죄인을 다룹니다. "네 죄를 이실직고하렷다." 죄인이 이러쿵저러쿵 하소연합니다. 수령은 다 듣고 짧게 판결합니다.

　옛날 권력은 '듣는' 권력이었습니다. 권력자와 스승의 말은 적은 만큼 무거워 책이 되었습니다. 그러나 요즘의 권력은 '말하는' 권력입니다. 회의 석상에서나 회식 자리에서 남 말문 막고 저 혼자 떠드는 것이 곧 권력인 줄로 아는 상사 많습니다. 그런 사람은 회의 석상에서는 얻는 게 없고 회식 자리에서는 밥맛만 떨어뜨립니다. 지도자에게 필요한 것은 '말하는' 자질이 아니라 '말 듣는' 자질입니다.

선우후락

천하의 근심을 먼저 근심하고
천하의 즐거움을 나중에 즐깁니다

　흔히 지도자가 갖추어야 할 가장 중요한 덕목으로 '선우후락先憂後樂'하는 자세를 꼽습니다. 이 말은 중국 북송北宋 때의 정치가이자 학자인 범중엄范仲淹이 지은 〈악양루기岳陽樓記〉에 나옵니다.

　"옛날의 인자들은 지위나 명예를 기뻐하거나 신세를 비관하지 않았다. 조정에서 높은 지위에 있을 때에는 오로지 백성의 노고를 우려했고, 조정에서 멀리 물러나 있을 때에는 오로지 군주의 과실을 우려했다. 나아가도 물러나도 항시 근심과 함께 있었던 것이다. 그들에게 언제 즐기느냐고 묻는다면 틀림없이 이렇게 대답할 것이다. 천하의 근심을 먼저 근심하고 천하의 즐거움을 나중에 즐긴다[先天下之憂而憂 後天下之樂而樂]."

　연암 박지원의 〈양반전〉에는 양반이 지켜야 할 '도리' 몇 가지가 나옵니다. 그중의 하나가 '양반은 아무리 급해도 뛰어서는 안 된다'입니다. 연암이 양반의 허세를 비꼰 말이지만, 뒤집어 보면 '노블리스 오블리제'를 강조한 것으로 해석할 수 있습니다. 이익이 있는 곳에 남보다 늦게 도착하고 위험한 곳에서는 남보다 나중에 빠져 나와야 양반입니다. 이것이 이른바 '사회 지도층'이 지켜야 할 태도입니다. 궂은 일이 있으면 뒤로 숨고, 좋은 일에만 앞에 나서는 사람은 남을 지도하는 자리에 있어서는 안 됩니다. 그런 사람은 남은커녕 자기 양심도 설득할 수 없습니다.

6·10만세운동

민족주의를 비판하던 사회주의자들이
순종 서거 이후 주도했습니다

1920년대 초 사회주의 사상을 받아들인 젊은이들은 나이 든 민족주의자들과 사사건건 대립했습니다. 민족주의자들이 물산장려운동을 전개하자 그런 운동은 자본가들의 이익을 위한 기만적 운동일 뿐이라고 비난했고, 민립대학 설립운동에 대해서는 특권 계급을 위한 대학 하나를 만드는 것보다 노동자, 농민 대중의 자녀들을 위한 보통학교 수십 개를 만드는 것이 더 시급하다고 비판했습니다.

많은 사회주의자가 민족주의 비판을 자기들의 주된 임무라고 생각했습니다. 그들은 '만국의 프롤레타리아여 단결하라'는 마르크스의 말을 교조적으로 해석하여 민족주의는 프롤레타리아트의 계급의식을 마비시키는 악이라고 믿었습니다. 그러던 그들이, 1926년 순종이 서거하자 '민족적' 요구를 내세운 6·10만세운동을 주도했습니다. 이 운동을 계기로 일제에 비타협적이던 민족주의자들과 사회주의자들 사이의 협동이 급진전되어 열 달 뒤 '민족단일당'으로 신간회가 창립되었습니다.

물론 일제강점기의 이념 지형을 지금 상황과 바로 비교할 수는 없습니다. 그러나 좌파니 우파니 진보니 보수니 하는 구분을 뛰어넘어 서로 용납하고 포용하는 새로운 정치적 아젠다를 생각해 볼 수는 있지 않을까요? 그것이 6·10만세운동이 오늘에 던지는 교훈일 것입니다.

해불양수

바다는 물을 가리지 않습니다

'해불양수海不讓水', 바다는 물을 가리지 않는다는 뜻의 사자성어입니다. 바다는 깨끗한 물이든 더러운 물이든, 큰 강에서 흘러 들어오는 물이든 빗물이든 가리지 않고 다 받아들입니다. 그래서 이 사자성어는 주로 '위대한 인물은 어떤 사람이든 차별 않고 포용한다'는 뜻으로 쓰입니다. 스스로 거물이라고 생각하거나 거물이 되려는 야심을 품은 정치인들이 좋아하는 사자성어이기도 합니다. 물론 이런 태도가 꼭 올바르다고는 할 수 없습니다. 범죄자나 모리배, 폭력배들까지도 휘하에 거느린 정치인들이 자기를 합리화할 때 종종 이 말을 들먹이곤 했습니다. 깡패도 쓸모가 있다면 거둬야 한다며.

정치인이 나쁜 사람까지 휘하에 두는 것은 잘 하는 일이 아닙니다. 그들은 정치인에게는 실질적인 도움이 될지 모르나 국민에게는 반드시 해가 됩니다. 좋은 정치를 하려면 사람을 가려야 합니다. 반면에 말은 가려서는 안 됩니다. 칭찬도 비난도 다 수용할 수 있어야 옳은 정치를 할 수 있습니다. 그런데 요즈음 정치인 중에는 나쁜 사람들과는 스스럼없이 어울리면서 욕먹는 것은 못 참고 고소 고발을 남발하는 사람들이 많습니다. 그런 사람들은 스스로는 거물이라고 착각할지 모르나 결코 좀스러움을 면할 수 없습니다.

화폐 인물 중 세종대왕만
서울내기입니다

경화사족과 서울내기

화폐 인물 중 세종대왕만
서울내기입니다

처음 조선왕조의 수도가 됐을 때 서울은 '외지인의 도시'였습니다. 왕도, 고관대작도, 장사꾼도, 노비도 다 다른 지역에서 들어온 사람들이었지요. 출생지도 다 달랐습니다. 이성계는 함경도, 정도전은 경상도, 조준은 평안도 사람이었습니다. 세종 대의 문화적 성취에는 이런 '문화 생태적 다양성'이 기여한 바가 컸을 것입니다. 그 시절에는 '나랏말씀'이 국중國中에서 달랐을 뿐 아니라 '궁중宮中'에서도 달랐습니다. 이질적인 문화가 서로 부딪치는 틈새에서 창의력의 공간이 넓게 펼쳐진 것이지요. 지금 우리나라 화폐 인물 중 서울에서 나서 서울에서 죽은 사람은 세종대왕밖에 없습니다. ^

그런데 조선 후기에는 서울에서 나서 서울에서 죽는 '경화사족京華士族'이 서울의 주인이 됐습니다. 특권 세력이 된 이들은 북촌 한 귀퉁이에 모여 살면서 지방 사람들과도, 서울의 다른 지역 사람들과도 '소통'하려 들지 않았습니다. 사회 갈등은 깊어지고 문화는 경색됐지요.

'한강의 기적'은 해방 후 서울이 다시 엄청난 규모의 외지인을 받아들이는 동안에 일어났습니다. 1980년대까지의 서울은 전국의 문화를 받아들여 새로운 문화를 창조하는 '문화의 용광로', '기회의 공간', '열린 공간'이었습니다. 도시도 어항과 같아서 자주 물을 갈지 않으면 썩습니다. 지난 한 세대 사이에 서울과 지방 사이의 교류, 서울 안에서의 교류 모두 현저히 줄었습니다. 이제는 서울 시민의 반이 '서울내기'입니다. 조선 후기 서울과 비슷한 양상이지요. 서울이 발전을 지속하려면 특권적 집단과 장소들의 기득권에 영합하지 말고 서울 시민들 사이의 교류, 서울과 지방 사이의 소통을 확대해야 할 것입니다.

사농공상의 직업관

천지인의 우주관을 담고 있습니다

조선왕조는 사농공상士農工商의 직업 차별 때문에 망했다고 생각하는 분들이 꽤 있습니다. 그런데 이 직업 차별 의식에는 동양적 우주관과 세계관이 담겨 있습니다. 하늘의 뜻을 탐구하고 다른 사람에게 전달해서 '도리'를 알게 해 주는 직업이 사士, 땅을 갈고 파서 곡식을 길러 다른 사람들을 먹이는 직업이 농農, 자연물에 사람의 재주와 힘을 보태 새로운 물건을 만드는 직업이 공工, 세상에 보태는 것은 없으나 물건들과 사람들이 각자 제자리에서 본분을 지킬 수 있게 도와주는 직업이 상商이었습니다. 사농공상 밑에는 재인, 광대, 기생, 무당 등 다른 사람을 '미혹'시키는 직업들이 있었습니다. 이런 직업은 세상에 아무 보태는 것 없이 그저 다른 사람의 오감을 자극할 뿐이었기에 천시되었습니다. 가장 아래에는 생명을 죽이는 일을 업으로 삼는 백정이 있었습니다. 이는 '살아 있는 것을 사랑하는 하늘의 덕'(호생지덕好生之德)에 정면으로 위배되는 직업이었습니다.

그런데 하늘이나 땅보다 사람이 중요하게 되면서 직업의 순위도 완전히 역전됐습니다. 오늘날 '사'는 쓸데없는 소리나 늘어놓는 인문학자가 됐습니다. 그 다음이 노인들로 채워진 '농'이고, 그 위로 '공상인'이 아닌 '상공인'이 있습니다. '상'은 지금의 CEO들입니다. 상공농사가 새 순위입니다. 다른 사람을 즐겁게 해주는 직업들은 옛날에는 천시되었지만, 지금은 그런 직업을 가진 사람들을 '스타'라고 부릅니다. '스타'를 사랑하는 만큼 사람이 하늘보다 높은 시대라는 사실을 잊지 말아야 할 것입니다.

서자와 얼자

양첩 소생과 천첩 소생은
서자와 얼자 구별되었습니다

"아버지를 아버지라 부르지 못하고 형을 형이라 부르지 못하며……" 허균의 《홍길동전》에서 홍길동이 집을 떠나는 이유를 밝힌 대목입니다. 이 말은 조선 시대 서자들의 비관적인 처지를 압축적으로 표현하는 말로 널리 사용되어 왔습니다. 몇 해 전 장안의 화제를 모았던 드라마 〈허준〉에서도 허준이 서자라서 아버지를 아버지라 부르지 못한 것처럼 묘사되었습니다. 그러나 이는 사실과 다릅니다.

홍길동의 어머니는 기생 출신, 즉 천첩賤妾이었습니다. 조선시대에는 같은 첩이라도 양인良人 첩과 천민賤民 첩은 엄격히 구별했고 그 자식도 서자와 얼자로 구별했습니다. 노비와 천민의 신분은 그 어머니의 신분을 따른다는 '노비종모법奴婢從母法' 때문에 홍길동은 천민이었습니다. 아버지를 아버지라 부르지 못한 것은 그 때문입니다. 그 시대에는 흔히 성범죄와 관련해서 '양가집 규수'나 '양가 부녀자'라는 말을 썼는데, 거기에는 양인이 아닌 천민의 정조는 보호할 가치가 없다는 사고가 깔려 있었습니다. 천민의 자식은 아버지가 누구인지 확실치 않은 사람으로 취급한 것입니다. 양첩 소생은 당연히 아버지를 아버지라 부르고 형을 형이라 부를 수 있었습니다.

가끔 유력자를 상대로 '친자 확인 소송'을 내는 일이 있는데 축첩제도와 신분제도가 사라진 지금에도 아버지를 아버지라 부르지 못하는 사람이 더러 있나 봅니다.

괴력난신

힘이 들어오면 힘들고
힘이 나가면 힘 납니다

《논어》에는 "자子 불어不語 괴력난신怪力亂神"이라는 구절이 있습니다. 공자는 괴이한 것, 힘, 난동, 귀신에 대해 말하지 않았다는 뜻이지요. 공자는 '힘'을 군자가 입에 담아서는 안 되는 것으로 생각했고, 공자를 성인으로 받들었던 유교 지식인들 역시 그런 생각을 따랐습니다.

굳이 공자의 가르침이 아니더라도, '힘'은 본래 좋은 것이 아닙니다. '힘'이 몸 안에 들어오는 것을 '힘든다'고 하고 '힘'을 몸 밖으로 내보내는 것을 '힘낸다'고 합니다. '힘'은 사람이 일하는 사이에 슬그머니 몸 안에 들어와 고통을 주는 보이지 않는 실체입니다. 힘이 들어오면 괴롭고 고통스러우나 힘이 나가면 유쾌하고 후련합니다. 옛사람은 한참 일하다 너무 '힘들면' 잠시 쉰 뒤 "자, 이제 힘내서 다시 일하세"라 말하곤 했습니다. 힘은 일을 방해하는 훼방꾼이고, 그 힘을 내보내야 다시 일을 할 수 있습니다.

근대에 경쟁중심 체제로 이행하면서 사람에게 들러붙은 힘[力]은 사람의 가치를 결정하는 가장 중요한 요소가 되었습니다. 실력, 능력, 경제력, 영향력, 매력, 추진력, 심지어 포용력까지……. 지금은 모두가 힘을 숭배하고 추구하는 시대입니다. 그렇게 힘을 숭상하면서 삶이 힘들지 않기를 바라는 것은 앞뒤가 안 맞는 일입니다.

공정사회

1989년에 경향신문은 '공정사회로 가는 길'이라는
공정사회 기획 시리즈를 연재했습니다

　이명박 대통령이 2010년 제65주년 광복절 경축사를 통해 집권 후반기 국정
운영 기조는 '공정사회' 구현이라고 밝혔습니다. '공정사회'라는 말이 꽤나 귀에
익어 우리가 전에 그 말을 쓴 적이 있나 해서 찾아봤습니다. 1989년 가을에 경
향신문이 '공정사회로 가는 길'이라는 기획 시리즈를 20회에 걸쳐 실은 적이 있
더군요. 기사 내용을 훑어보다가 아연해졌습니다.

　'어느 부동산업자는 고급 외제 승용차를 몰고 다니며 호화 생활을 하지만 세
금은 여느 봉급생활자보다 덜 낸다' '근로자가 노동관계법을 위반할 때에는 가
차 없이 처벌하는 반면 사용자의 부당노동행위에 대해서는 솜방망이 노릇' '학
력별 임금 격차, 승진 기회 등의 문제가 해결되지 않으니 능력과는 관계없이 너
도나도 일류대학에 가겠다고 발버둥' '돈의 흐름을 바로잡는 것과 공정사회 구
현이라는 과제는 매우 밀접한 관계', 이상 1989년의 '현실'이었습니다.

　22년 전에 경향신문이 제시했던 19개 과제만 달성해도 '공정사회'를 만들 수
있겠더군요. 쌍용자동차 해고 노동자들이 죽음으로 외치는 절규를 외면하고
부자 감세를 고집하며 반값 등록금 공약에 대해서는 "표 얻으려면 무슨 말인들
못하나?"라고 억지 부리는 대통령은 22년 전 기준으로도 '공정사회'와는 어울
리지 않습니다.

사대부와 돈   돈을 왼손으로 만졌습니다

한자 '전錢'은 쇠 부스러기를 뜻합니다. 깨진 조개껍질을 뜻하는 '천賤'과 비슷하지요. 옛날 사람들은 돈을 일부러 천하게 여겼습니다. 쓸모없는 쇠 부스러기로 남의 쓸모 있는 물건과 바꾸는 것은 도리에 맞지 않는 일이라고 생각했기 때문입니다.

'사대부'는 가급적 돈을 직접 만지지 않았습니다. 노비에게 대신 지니게 하거나 부득이한 경우에는 젓가락을 썼습니다. 그조차 어려울 때에는 '왼손'으로 만졌습니다. 직접 돈을 가지고 가야 할 때에는 왼손으로 잡을 수 있도록 오른쪽 소맷자락 안에 넣었습니다. 혼자 다니는 선비의 오른쪽 소맷자락 안에 돈이 있다는 것은 누구나 알았습니다. 앞에 가는 선비의 오른쪽 소맷자락을 뒤에서 툭 치면 돈이 튀어나와 바닥에 떨어집니다. 그 돈을 주워 잽싸게 도망치는 행위, 또는 그런 자를 '소매치기'라 했습니다.

돈이 처음 본격적으로 유통되기 시작하던 무렵, 돈을 일부러 천하게 여겼던 것을 '허위의식'이라 해도 좋습니다. 그러나 당대에도 지혜로운 사람들은 이미 알았습니다, '돈'이 귀해지는 만큼, '사람'은 천해진다는 것을.

현고학생부군신위

돈 없어 못 배운 사람도
죽으면 학생이 되었습니다

'현고학생부군신위顯考學生府君神位', 제사 모실 때 아버지 위패에 흔히 쓰는 글입니다. 어머니 위패에는 흔히 '현비유인모씨신위顯妣孺人某氏神位'라고 씁니다. '흔히'라고 한 것은 벼슬 못하고, 또는 벼슬 안 하고 돌아간 부모 위패에만 쓰는 글귀이기 때문입니다. 부모가 벼슬을 했다면, '학생' 자리에는 생전에 지닌 가장 높은 벼슬 이름을 넣고 '유인' 자리에도 그에 맞는 내명부內命婦직함을 넣어야 합니다.

위패에 쓰는 '학생'은 글공부는 했으나 과거에 합격하지 못한 사람을 뜻합니다. 벼슬할 자격은 있으나 끝내 얻지 못한 사람이라는 뜻이기도 합니다. 그런데 유인孺人은 종9품 내명부 직함입니다. 살아서는 '남존여비男尊女卑'이나 죽은 뒤에는 '여존남비'가 되는 셈입니다.

옛날에는 돈 없어 못 배운 사람이라도 죽어서는 '학생'이 되었는데, 지금은 공부 많이 한 학생들이 돈 없어 죽는 일이 벌어집니다. 같은 대학생이라도 아르바이트에 시간 빼앗겨 공부할 시간이 없는 학생과 여유 있게 공부하는 학생은 다른 학생입니다. 신분에 따라 교육이 제한되던 시대에서, 교육이 신분 상승의 수단이던 시대를 거쳐 이제 교육이 신분 세습을 위한 장벽인 시대가 되었습니다. 이 장벽을 허물지 않으면, 나라의 미래는 암담합니다.

소경과 봉사

마음의 눈은 오히려 밝아진다 여겨
높여 불렀습니다

옛날에는 장애인을 대개 '~이'로 표현했습니다. '~하는 사람'이라는 뜻이지요. 절름발이, 앉은뱅이, 벙어리(벙얼이), 곱사등이, 육손이, 언청이 등. 다만 시각장애인만은 소경, 봉사, 장님 등으로 높여 불렀습니다.

소경少卿은 고려시대 점복占卜을 담당한 4품 벼슬, 봉사奉事는 조선시대 의술을 담당한 8품 벼슬이었습니다. '장杖님'은 '지팡이 짚은 어른'이란 뜻입니다. 옛사람이 시각장애인을 높여 불렀던 것은, 시각장애는 나이 든 뒤에 생기는 경우가 많았던데다가 육신의 눈이 안 보이면 마음의 눈은 오히려 밝아진다고 믿었기 때문입니다.

어떤 정치인이 '시각장애인은 장애인 중에서도 제일 우수하다'고 해서 물의를 빚은 적이 있습니다. 경쟁력 지상주의가, 전통 사고방식과 이상하게 결합해 버렸습니다.

이순신 형제의 이름

자식은 부모의 기대와 소망대로
살지 않습니다

이순신 형제의 이름은 희신, 요신, 순신, 우신 순입니다. 복희씨^{伏羲氏}와 요순 우탕^{堯舜禹湯} 같은 전설적인 성군의 신하가 되어 태평성대를 살았으면 하는 기대를 담은 이름이었지요. 그 부모의 기대대로 되었더라면, 이순신은 평범한 무장으로 평생을 보냈을 것입니다.

이순신, 안중근, 윤봉길 같은 '민족 영웅'들의 인생은 모두 평탄치 않았습니다. 그들은 부모의 기대와 달리, 때로는 부모의 기대와 소망을 배신하고 나라를 위해 목숨을 던졌습니다. 그들은 민족사에 길이 빛나는 영웅이 되었으나 그 부모들에게는 불효막심한 자식이었을 것입니다. 부모보다 먼저 세상을 뜨는 것이야말로 불효 중의 으뜸이었으니까요.

아시아태평양전쟁 때 일본 군국주의자들처럼 "자식을 나라에 바쳐라."라고 하는 말이 아닙니다. 부모 된 사람이라면 누구나 자기 자식이 평탄하고 편안한 삶을 살기를 바랍니다. 자식을 잘 되게 하는 일이라면 아무리 궂은일이라도, 심지어 옳지 않은 일이라도 마다하지 않습니다. 그러나 자식의 운명을 궁극적으로 결정하는 것은 부모가 아닙니다. 자식의 운명이 자기 손에 달려 있다는 부모의 생각이, 어쩌면 자식이 스스로 자기 운명을 개척하는 데에 방해가 될지도 모릅니다.

다산의 〈애절양〉

자식 낳은 아비가
자신의 생식기를 스스로 잘랐습니다

결혼은 하더라도 아이는 낳지 않겠다는 젊은이가 계속 늘고 있습니다. 이들을 자기중심적인 'DINK(Double Income No Kids)족'이라고 비난하는 사람도 있으나, 학자금 대출 등으로 빚쟁이가 되어 사회생활을 시작하는 젊은이들에게 함부로 던질 수 있는 비난은 아닙니다. 더구나 그들에게는, 열심히 일하면 빚쟁이 신세를 면할 수 있다는 자신감과 희망도 없습니다. 일자리의 반 이상이 '비정규직'인 세상을 만들어 놓은 기성세대가 무슨 낯으로 이러는 젊은이들을 비난할 수 있을까요? 가끔 언론에서 '요즘 젊은이들의 이기심'을 비난하는 사회 명사들을 보면 때로 가증스럽기조차 합니다.

200년 전에 다산 정약용은 〈애절양哀絶陽〉이라는 시를 지었습니다. 낳은 지 겨우 사흘 된 아들이 군적軍籍에 오른 탓에 군포軍布를 부담하게 된 아비가 자신의 생식기를 스스로 자른 일을 듣고 쓴 시입니다. 시의 제목을 우리말로 풀면 '남자 생식기를 자른 일을 슬퍼함'입니다. 200년 전의 '삼정문란'은 '자식 낳는 것'까지 죄로 만들었습니다. 다산을 비롯한 당대 지식인들은 계속 위기 경고를 발했고, 정부도 개혁안을 마련한다고 부산을 떨었지만 기득권층이 양보하지 않아도 되는 방안은 찾지 못했습니다.

지금은 금융자본이 자식 낳는 일을 죄로 만들고 있습니다. 자식 낳는 것이 죄가 되는 나라에는 미래가 없습니다. 다산이 〈애절양〉을 지은 100년 뒤에 조선왕조는 망했습니다. 역사 바로 잡자고 부산을 떨기 전에 아는 역사나 먼저 돌아봤으면 합니다.

조선의 학생운동 권당

성균관 유생들의 집단적인 기숙사 이탈입니다

　조선시대에도 '권당捲堂'이라는 성균관 유생들의 '학생운동'이 있었습니다. 권당이란 유생들이 집단적으로 '기숙사를 이탈하는 것을 말합니다. 요즘의 '동맹휴학'에 해당합니다. 세종이 궐 안에 내불당內佛堂을 짓자 성균관 유생들이 "이단이 바야흐로 성하니 우리의 도가 장차 쇠퇴할 듯합니다. 선성先聖들에게 예로써 하직하고 관舘을 비우고 떠납니다."라 상소하고 성균관에서 나와 버렸습니다. 격노한 세종은 이들을 벌하려 했으나 주위 신하들이 '경망한 아이들'을 굳이 벌할 것까지는 없지 않느냐고 간청하자 그만두었습니다. 비정치적인 권당도 있었습니다. 성종 때에는 성균관 유생들이 학생 기숙사인 재사齋舍에 기숙하는 교관과 다투다 권당한 일이 있었습니다. 몇몇 유생이 교관에게 왜 학생 처소에 있느냐고 항의하자 교관이 회초리로 때렸고, 격분한 유생들도 회초리를 들고 맞섰습니다. 그러고는 그 교관에게 배울 수 없다며 성균관에서 나가 버렸습니다. 성종은 사제 간의 의리를 무너뜨렸다는 이유로 유생들을 엄벌에 처했습니다.

　학생운동은 여러 이유로 일어났지만, 일제강점기 이후로는 주로 '지식인 정치운동'의 일환이었습니다. 대학 교육이 대중화하기 전에는, 대학생들은 대개 '중산층' 이상의 가정 출신이었고 스스로 '지식인'이거나 '예비 지식인'이라는 자부심을 갖고 있었습니다. 학생 개개인의 이해관계보다는 사회 전체의 이익을 우선했었지요. 그런데 근래의 반값 등록금 운동을 보면, 학생운동의 중심이 '생존권 운동'으로 옮겨간 듯합니다. 새 시대는 언제나 알아채지 못하는 사이에 열립니다.

을축대홍수

며칠 사이 서울에 753mm의 비가 쏟아졌습니다

1925년 7월 9일부터 11일까지 3일간, 그리고 나흘 뒤인 15일 밤부터 19일까지 5일간 서울에 753mm의 비가 쏟아졌습니다. 서울의 연평균 강수량이 1,500mm 내외이니 1년 강수량의 반 이상이 열흘 사이에 내린 셈입니다. 이 폭우로 서울에서만 404명이 익사했고, 수많은 건물이 물에 잠겼습니다. 이 해가 을축년이었기 때문에 이 홍수를 '을축대홍수'라 합니다. 지금도 나이가 꽤 든 사람들 중에는 집안 어른들에게 을축대홍수 때의 일을 전설처럼 들으며 자란 사람이 적지 않습니다. 서울뿐 아니라 지방 여러 곳에서도 홍수가 났습니다. 이 해의 홍수 피해액은 당시 조선총독부 예산의 60%에 달했습니다.

1959년에는 태풍 사라로 인해 849명이 죽고 37만 3459명의 이재민이 발생했으며, 2002년에는 태풍 루사가 124명의 인명을, 2003년에는 태풍 매미가 130명의 인명을 각각 앗아 갔습니다.

최근 들어 폭우가 내리는 일이 잦습니다. 몇 십 년, 몇 백 년에 한 번씩 나타나는 기후현상은 이변이지만 거의 매년 되풀이되면 더 이상 이변이 아닙니다. 이런 기후 변화 추세라면 새 기록 작성은 시간 문제입니다. 인간이 자연의 변화를 미리 예측하고 대비하려는 노력을 기울인 지는 아주 오래되었지만, 자연은 언제나 인간의 오만한 예측을 무시했습니다.

쌍팔년도

1955년, 단기 4288년의 무법천지에서 유래합니다

휴전 직후 한국 사회는 아주 혼란스러웠습니다. 해방 이래 고질이 된 무능 무자격자의 낙하산 정실 인사, 원조 물자를 둘러싼 비리와 부정축재는 일상적이었으며, 길에는 실업자가 방황했고, 멀쩡한 사람을 용공분자로 몰아 금품을 갈취하는 공갈범도 널려 있었습니다. 생산 시설이 대부분 파괴된 탓에 군대에서 음성적으로 흘러나온 군용물자도 공공연히 유통되었습니다. 소총, 수류탄 등의 무기도 예외가 아니었습니다.

1955년, 깡패 두목 이정재는 '꼬붕'에게 신익희 등 이승만의 정적 40여 명을 죽이라고 지시합니다. 꼬붕은 부담을 느끼고 경찰에 신고했지만 이정재는 다른 부하를 시켜 그를 죽입니다. 이정재는 살인교사 혐의로 수감되었으나 경무대에서 직접 담당 검사를 바꿔 곧 풀어주었습니다.

1955년에 명동에서는 깡패들이 권총과 수류탄으로 무장하고 싸움을 벌였습니다. 당시 한국 깡패는 1930년대 미국 마피아와 방불했지만, 경찰은 FBI보다 훨씬 무능했습니다. '쌍팔년도'는 이 무법천지의 1955년을 말합니다. 단기 4288년이었습니다.

이후로 "지금이 쌍팔년도냐?"는 터무니없는 일을 겪을 때 쓰는 속어가 됐습니다. 낙하산 무능 인사, 금융 비리와 주가조작, 근거 없는 이념 공세, 취업난, 용역 깡패 준동 등이 계속되는 한, '쌍팔년도'도 반복될 것입니다.

공갈과 거짓말 　공갈은 겁을 주어 돈을 뺏는 범죄입니다

　거짓말을 뜻하는 은어로는 구라, 공갈, 후라이, 썰, 뻥, 이빨, 야부리, 노가리 등이 있었습니다. 이들 중 1950년대부터 70년대까지 가장 오래, 가장 널리 쓰인 말은 '공갈'이었습니다. 아이들 노래에도 "아주 공갈 염소 똥 십 원에 열 두 개"로 시작하는 노래가 있었을 정도입니다. '공갈恐喝'은 본래 '겁을 주어 돈을 빼앗는' 범죄를 지칭했습니다. 6·25 전후에는 다른 사람을 빨갱이로 몰아 금품을 갈취하거나 성관계를 요구하는 파렴치한 '공갈범'들이 아주 많았습니다. 누가 '빨갱이'라고 신고하면 사실이 아니더라도 고문을 받는 등 심한 곤욕을 치러야 했기 때문에 적당한 선에서 타협하는 게 나았습니다. 더구나 공갈범이 정보기관원이거나 그와 가까운 자라면 어찌할 수가 없었습니다. '공갈'이 거짓말과 같은 뜻으로 쓰이게 된 건 이런 사회 분위기 때문이었습니다.

　그런데 근래 이승만 정권 시절과 비슷한 '공갈범'들이 다시 활개를 치는 듯합니다. 국가보안법이 엄존하는 상황에서 아무에게나 '빨갱이' 낙인 찍는 것, 아주 심각한 범죄입니다.

싸우는 법

갈 곳이 없으면
이판사판으로 싸우게 됩니다

　프랑스의 저명한 역사학자 페르낭 브로델은 지구 표면을 이리저리 떠돌아다니던 인간 집단이 어느 순간 한 곳에 정착하기로 결정한 것을 '최초의 선택'이라고 이름 붙였습니다. 그 최초의 선택이 장기적이고 지속적으로 작용하여 각 지역의 '문화 원형'들을 만들어 냈습니다. 다소 거칠지만 인류의 문화권은 '수렵유목 문화권', '어로 문화권', '정착 농경 문화권'으로 나눌 수 있을 것입니다. 각 문화권은 모든 면에서 고유한 특징을 지니는데, '싸움 문화'도 예외가 아닙니다. 수렵 유목 문화권 사람들은 증인을 세워놓고 '당당하게' 결투합니다. 그들은 복수를 피해 살던 곳을 버리고 다른 곳으로 떠나면 됩니다. 단, 다른 곳에서 용납되기 위해서는 '비겁한 자'라는 소리를 들어서는 안 되었습니다. 어로 문화권 사람들은 흔히 해적을 겸했습니다. 약점이 보이면 일단 선제공격하는 문화를 만들어 냈습니다. 바다의 기상은 예측할 수 없고 주변에 증인도 없으니 이길 수 있을 때 이기는 것이 최선이었습니다.

　정착 농경 문화권에 속하는 우리나라 사람들은 먼저 온갖 욕을 늘어놓았습니다. 말려 달라는 신호지요. 그래도 말리는 사람이 없으면 손바닥에 침을 뱉고 소매와 바지춤을 걷어 부칩니다. 그 사이에도 욕은 계속합니다. 상대에게 다가 가서는 주먹을 휘두르는 대신 얼굴을 내밀고 "때려 봐, 때려 봐!" 합니다. 그들은 싸움에 이기든 지든 떠날 데가 없었습니다. 그래서 '맞은 놈은 발 뻗고 자도 때린 놈은 발 뻗고 못 잔다'고 생각했습니다. 당장의 싸움에 이기는 것보다 두고 두고 남을 '평판'을 더 중요하게 여겼지요. 서양 문화가 세계를 지배하는 시대지만 당장의 승부보다 역사적 '평판'을 중시하는 자세는 지켜야 하지 않을까요?

삶과 죽음 　죽음을 감추면 삶을 가벼이 여깁니다

　근대 이전의 인구 구조는 '다산다사형多産多死型'이었습니다. 피임법이 마땅치 않아 생기는 대로 아이를 낳았지만, 많이 죽기도 했습니다. 한 쌍의 부부가 평균 7~8명 정도의 아이를 낳았는데도 인구는 거의 늘지 않았습니다. 세상의 빛을 본 사람의 3/4 정도가 자기 아이를 낳지 못하고 세상을 떠났기 때문입니다.

　옛날에는 영유아뿐 아니라 성인의 사망률도 아주 높았습니다. 전쟁과 전염병, 기근이 수시로 찾아왔고 그때마다 수많은 사람이 죽었습니다. 산 사람은 몇 년에 한 번씩 가까운 사람의 죽음을 맞아야 했습니다. 어린아이들이라고 예외가 아니었습니다.

　옛날 사람은 죽어가는 부모나 자식을 지켜보면서 안타까워하는 한편으로 자기 삶을 성찰할 수 있었습니다. 그러나 요즈음 사람들은 죽음을 보이지 않는 곳으로 몰아냈습니다. 임종의 장소가 집에서 병원으로 옮겨졌으며, 아이들은 그 장소에 들이지 않습니다. '평범한' 사람이라면 죽음을 볼 기회가 평생 몇 차례 되지 않습니다.

　현대인에게 죽음과 삶은 완전히 분리되어 있습니다. 떼죽음에 무덤덤하고 타인의 삶을 가벼이 여기는 사람이 많아진 것도 이와 관련된 현상일 수 있습니다.

좌측통행 우측통행   군자는 중앙통행입니다

　"군자君子는 대로행大路行"이라는 말이 있습니다. 군자는 큰길로 다녀야 한다는 뜻이지요. 큰길에서 어느 쪽 가장자리로 걸어야 하느냐에 대한 보충 설명은 없습니다. 당연히 길 가운데가 정답입니다. 자동차가 사람과 섞여 다니기 시작한 뒤에야 좌측통행이니 우측통행이니 하는 '도로 이용 규제'가 생겼습니다. 해양 국가와 대륙국가의 자동차는 핸들의 위치가 다릅니다. 일본과 영국 등 '섬나라' 자동차들은 핸들이 우측에 있습니다. 일제는 처음엔 조선에도 일본식 좌측통행제를 시행했다가 곧 우측통행으로 바꿨습니다. 대륙 침략을 위해서는 '대륙형 통행제'가 유리하다고 판단했기 때문입니다.

　그런데 좌냐 우냐보다는 '대로'를 기계에 양보함으로써 좁아진 인간의 시야가 더 문제 아닐까요? 사람의 인생을 '행로'라고도 합니다. 왼쪽 길, 오른쪽 길택해서 걷는 데 익숙해지면 '가운데 길'이 '대로'라는 사실을 잊어버립니다. '차 없는 날' 하루 잡아 길 가운데를 걸어보십시오. 세상이 다르게 보일 것입니다.

통일호, 새마을호
그리고 KTX

새마을호가 최고의 대우를 받았습니다

1945년 12월, 인천 철도 공작창에서 한국인 기술자들이 기관차를 제작하는데에 성공했습니다. 그들은 해방의 기쁨을 담아 이 기관차에 '조선해방자호'라는 이름을 붙였습니다. 그런데 이 이름은 곧 서울 - 부산을 왕래하는 특급열차편을 가리키는 '편명便名'이 되었습니다.

6·25전쟁 이후인 1955년에 조선해방자호는 '통일호'로 개칭되었습니다. 남북통일의 염원을 담은 이름이었지요. 1967년에는 경부 특급 중기기관차에 '비둘기호'라는 이름이 붙었고, 1969년에는 '새마을호'가 운행되기 시작했습니다. 새마을호가 등장한 뒤 다른 열차들의 고유 편명은 다 사라지고 새마을, 우등, 특급, 보급, 보통으로 나뉘었다가 1984년 편명을 전면 개정하면서 새마을호, 무궁화호, 통일호, 비둘기호의 편제가 되었습니다. 그 시절에는 평화를 상징하는 비둘기나 통일에 대한 염원을 담은 통일호, 나라를 표상하는 무궁화호가 왜 '새마을호'보다 낮은 대우를 받아야 하는지 의아해하는 사람도 많았습니다.

1992년에 착공한 고속철도 KTX에는 이런 소망이나 기대, 시대적 과제 인식이 담기지 않았습니다. 단지 한국고속철도의 영문 표기인 Korea Train Express의 머리글자만 땄지요. 얼마 전 인천공항 자기부상 철도가 열차 편 이름을 공모했는데, 최우수작으로 선정된 것이 '인천공항 자기부상 철도'였습니다. 일견 코미디 같지만 과제보다는 실존을 중시하는 요즘 세태를 반영하는 것이라고도 할 수 있을 것입니다.

룸펜과 정규직

희망이 없으면 꿈도 쪼그라듭니다

얼마 전 장래 희망을 '정규직'이라 쓴 아이가 있다 해서 화제가 됐는데, 1930 년대에는 장래 희망을 '룸펜'이라 쓴 아이가 있었습니다. 일본인들은 1990년대 초 부동산 거품이 붕괴한 이래 10여 년을 '잃어버린 10년'이라 불렀습니다. 장기 간에 걸쳐 경기 침체와 실업률 증가가 지속되었지요.

이와 똑같지는 않지만 1920년대에도 일본 경제는 장기 침체 국면에 있었습 니다. 제1차 세계대전 때 유럽 각국이 아시아 시장에서 철수한 틈을 타서 일본 경제는 말 그대로 미증유未曾有의 성장을 이룩했습니다. 그러나 전쟁이 끝나고 유럽 자본이 복귀하자 곧 시장 축소의 위기에 직면했습니다. 엎친 데 덮친 격 으로 1923년에는 도쿄 일대에 역사상 유례를 찾을 수 없는 엄청난 지진이 일어 났습니다. 전후공황과 진재공황震災恐慌이 겹치면서 일본 경제는 나락으로 떨어 졌습니다. 일본 안에서 취업난이 심해지자 식민지 조선에서 일자리를 찾는 젊 은이가 늘어났습니다. 그러니 조선인 청년들은 일자리를 구하기가 더 어려워졌 습니다. 더구나 1929년 세계 대공황으로 인해 사정은 극도로 나빠졌습니다.

대학이나 전문학교를 졸업하고도 취직을 못한 젊은이들이 넘쳐 났습니다. 당시에는 이들을 '룸펜 인텔리'라고 불렀는데, 아이 눈에는 대학 졸업한 큰형이 놀고먹는 것이 부러울 수 있었을 것입니다.

경제적으로 어려운 시대는 언제나 있었습니다. 휴전 직후 우리나라는 세계에서 가장 가난한 나라였습니다. 그러나 그때 사람들에게는 내일은 오늘보다 나으리라는 희망이 있었습니다. 아이들도 '정규직'이나 '룸펜'이 되겠다는 꿈을 꾸지는 않았습니다.

청년 실업과 비정규직 문제는 현재의 문제일 뿐 아니라 미래의 문제이기도 합니다. 이 상태가 지속되면 더 많은 아이들이 '정규직'을 소망하며 살아가게 될 것입니다. 아이들의 꿈이 쪼그라드는 시대가 진정 희망 없는 시대입니다.

철거민의 폭동,
광주대단지사건

백 원에 산 땅 만 원에 팔아넘기자
분노가 폭발합니다

휴전 이후 서울 인구는 하루가 다르게 늘어났습니다. 새로 서울 시민이 된 사람들 대다수는 서울에서 집을 장만할 돈이 없었습니다. 폭격으로 무너진 집터를 차지한 사람은 아주 운이 좋은 편이었습니다. 청계천 변이나 변두리 야산에 판잣집이 하루가 다르게 늘어났습니다. 1950년대부터 60년대 중반까지의 서울은 그야말로 판잣집 천지였습니다. 그 시절 서울의 대표적인 두통거리는 판잣집과 판잣집 화재, 그리고 판잣집 연탄가스 중독 사고였습니다.

1968년, 대통령 지시에 따라 서울의 판자촌을 철거해서 남한산성 아래 동네로 이주시키는 '작전'이 시작됐습니다. 서울 도성의 남쪽이라는 뜻의 '성남'이라는 이름을 새로 얻은 허허벌판에 철거민 수만 명을 짐짝처럼 부려 놓고 땅을 20평씩 구획해서 나눠준 뒤 '알아서 살라'고 했습니다. 상하수도도, 전기 시설도 갖춰지지 않은 동네에 초라한 건물들이 마구잡이로 들어섰습니다. 1971년, 서울시는 철거 이주민들에게 당시로서는 엄청나게 비싼 토지 분양가를 고지했습니다. 허허벌판에 던져 놓고 '백 원에 산 땅 만 원에 팔아넘기는' 데에 주민의 분노가 폭발했습니다.

1971년 8월, 수만 명의 시민들이 폭동을 일으켰는데 언론은 '폭동'이라 하지 않고 '사건'이라 불렀습니다. 이 사건이 바로 '광주대단지사건'입니다. 그때는 '굶주린 어미가 자식 잡아먹었다'는 헛소문이 돌 정도로 '지옥 같은 성남' 소리 듣던 곳이었으나 1980년대에 조성된 계획지구는 '천당 밑에 분당'이 됐습니다. 서울 주변에는 이런 동네가 한둘이 아닙니다. 지난 반세기, 사람은 별로 '계발'되지 않았지만 땅은 몇 번씩 '개발'됐습니다. 그러다 보니 옛날 풍수지리설과는 다른 의미에서 땅 팔자가 사람 팔자 바꾼다는 생각이 널리 퍼졌습니다. 자기 땅 옆에 포크레인이 나타나기만 손꼽아 기다리는 문화가 생길 밖에요. 지금은 땅이 사람 운명의 주인인 시대입니다. 그런데 땅의 종이 되어 사는 게 정말 행복한 일인지는 생각해 볼 일입니다

《오! 무정》, 《아, 슬프다》

빵 한 조각을 훔친 죄로 19년간 감옥살이를 하고 중년이 되어 출옥한 사내에 관한 빅토르 위고(Victor Hugo)의 명작, 《Les Miserable》이 국내에서는 《장 발장》, 《레 미제라블》, 《아, 슬프다》, 《오! 무정》 등의 제목으로 번역되었습니다. 이들 책이 다른 책인 줄 알고 세 권이나 샀던 기억이 새삼스럽습니다.

장 발장의 시대는 '정부는 도둑이나 잡으면 된다. 나머지는 자본이 다 알아서 한다. 자유경쟁이 세상에 진보와 문명을 선물할 것이다'라는 믿음이 커가던 시대였습니다. 장 발장의 시대에 바로 뒤이어 이른바 '고전적 자유주의' 시대가 열렸습니다.

19세기 중엽의 프랑스는 영국과 더불어 세계에서 가장 부강한 나라였습니다. 빵 한 조각 때문에 19년의 자유를 속박당하고 평생 이름을 숨기고 살아야 했던 사람에 관한 이야기가, 그런 나라에서 만들어졌고 대중적 공감을 얻었습니다.

고전적 자유주의 시대는 사람들을 정글에 던져 놓았습니다. 약육강식, 우승열패라는 동물 진화의 논리가 사람의 세계마저 지배했습니다. 권력이 필요악이라면, 사람을 동물과 구별하기 위한 필요악일 것입니다. 사람을 동물처럼 취급하는 권력은 그냥 '악'일 뿐입니다. 유치장에 들어갈 생각으로 차 훔치는 시늉을 한 사람, 부인 먹이겠다고 낙지 훔친 노인……. 19세기 중반의 프랑스가 21세기 G20 국가 대한민국에서 재현되고 있습니다. '신자유주의'의 정글에서, 장 발장과 같은 운명을 아주 피해 갈 수 있는 사람은 많지 않습니다.

너나 가져라 여의도

땅도 천하다 귀하게 되기도 합니다

조선시대에는 서울 앞을 흐르는 한강 구간에 군데군데 섬들이 있었습니다. 뚝섬 부근의 저자도, 한강대교 부근의 중지도, 마포대교 부근의 율도와 여의도, 성산대교 부근의 난지도 등. 여의도는 지금 서울의 맨해튼이라 불리는 곳이지만, 1960년대 후반까지만 해도 간이 비행장 하나만 있는 황량한 섬이었습니다. 1968년에 인근 밤섬을 폭파하여 그 돌과 흙으로 제방을 쌓고 그 위에 국회의사당과 방송국을 비롯한 국가 시설들을 이전함으로써 오늘의 여의도가 되었습니다.

밤섬은 그 이후 버려진 땅이 되었다가 얼마 전 람사르 습지로 지정되었습니다. 그런데 여의도 개발 당시에는 밤섬에 65가구 443명이 살았습니다. 쓸모 있던 섬이 파괴되고 별 쓸모없던 섬이 금싸라기 땅이 된 것이지요.

여의도汝矣島의 본뜻은 '너의 섬', 즉 '너나 가져라'라는 뜻입니다. 천하다 귀하게 되는 것, 사람에게만 있는 일은 아닙니다.

첩과 전도부인

초기 개신교는 오갈 데 없는 첩을
전도부인으로 만들었습니다

　우리나라 초기 개신교의 3대 '주적主敵'은 술, 담배, 첩이었습니다. 담배가 기독교 세계에 전래된 것은 유럽과 아메리카 대륙 사이의 교류가 시작된 뒤의 일이었으니, 당연히 성경에는 담배에 관한 이야기가 없습니다. 그럼에도 한국에서 담배가 '금지물'이 된 데에는 '국채보상운동' 기간과 '기독교 대부흥운동' 기간이 겹쳤던 것과 관계가 있습니다. 개신교계가 한국인들의 애국심을 교세 확장에 동원하면서 '금주 금연'을 기독교인의 의무로 삼았기 때문입니다.

　그런데 술, 담배 끊는 것은 개인의 건강을 위해서도 좋은 일이었으나 '첩' 내쫓는 것은 꼭 좋은 일이라고 할 수만은 없었습니다. 쫓겨난 첩이 어디로 가겠습니까? 첩을 둔 남자들의 영혼을 구제하기 위해 어쩌다 남의 첩이 된 여자들의 '생존권'을 박탈하는 것은 차마 할 수 없는 일이었습니다. 교회는 나름대로 묘책을 찾아냈습니다. 쫓겨난 첩들을 '전도부인'으로 임명하는 것이었습니다. 남의 집 안방에 들어가 전도하기 위해서도 여성 전도사들이 많이 필요했습니다. 첩 출신 전도부인이 많이 다닌다고 해서 '첩실교회'라는 별명이 붙은 교회도 있었습니다.

　그런데 요즘엔 반대로 남의 부인을 자기 '첩'으로 삼는 목회자도 있나 봅니다. 타락한 성직자는 남의 영혼은커녕 자신의 영혼도 구제할 수 없습니다.

'한 번 더 생각하시오'   자살은 한강다리 때문이 아닙니다

일제강점기 한강 인도교 위에는 군데군데 '잠깐 한 번 더 생각하시오'라 적힌 푯말이 서 있었습니다. 한강에 투신자살하는 사람이 많았기 때문이지요. 총독부의 자살 방지 대책은 '자살률이 높아진 것은 한강다리 때문'이라는 식이었습니다. 일본인 중에는 "조선인은 기질적으로 나약하기 때문에 자살 충동을 잘 견디지 못한다"고 주장한 자들도 있었습니다. 그러나 조선인 자살률이 높아진 것은 이상화의 시구처럼 "봄조차 빼앗겨"서이지 한강다리 때문이 아니었습니다.

자살률은 정치와 사회 상황이 개인에게 가하는 압력의 정도를 보여 주는 척도입니다. 정부가 자살 미수자 관리를 강화하여 자살률을 '획기적으로' 낮추겠답니다. 자살 미수자의 '정신'을 고치기에 앞서 정부 정책의 '정신'을 고치는 것이 순서일 듯합니다. 세상을 전쟁터로 보는 사람들에겐, '남을 죽여야 내가 산다'는 생각이 '정상'입니다. 그들은 자살을 '패배자의 불가피한 선택'으로 이해합니다. 그런 식의 '정상적'인 생각이 남을 죽이고 사회를 죽이고, 언젠가 결국 자신도 죽일 수 있습니다.

기차에 돌팔매질

러일전쟁을 도발한 일제의 철도 속성 공사로
희생자가 속출합니다

초등학교 다닐 때, 철길 가까운 동네에 살았습니다. 선생님은 종례 시간마다 "기차에 돌 던지지 마세요."라고 가르쳤습니다. 그 시절까지도 달리는 기차에 돌 던지는 악동들이 적지 않았습니다. 그 탓에 더운 여름날 차창 열어 놓고 졸던 승객이 창밖에서 날아온 돌에 맞아 크게 다치는 일이 간혹 있었습니다.

1904년, 러일전쟁을 도발한 일제는 경부, 경의 철도 속성 공사에 돌입했습니다. 공사 속도는 당시 세계 신기록이었습니다. 일본군은 철도 공사장 인근 주민들을 강제로 동원하여 때려가며 죽여가며 일을 시켰습니다. 기차에 돌 던지는 '악습'은 이때 생겼습니다. 어른이 돌 던지다 잡히면 '철도운송방해죄'로 바로 사형당했습니다. 일본군은 철도역 주변에 교수형 당한 시체를 며칠씩 매달아 두어 '본보기'로 삼았습니다. 어른 대신 어린이들이 돌을 던진 것은 이 때문으로 추정됩니다.

4대강 공사 현장에서도 '속성 공사' 때문에 여러 노동자가 과로로 목숨을 잃었습니다. 전쟁을 치르는 것도 아닌데 왜 그렇게 서둘렀을까요? 그들의 유가족은 4대강을 보며 무슨 생각을 하게 될까요?

신에 가까운 수도

언제나 그 시대 사람들이 섬기는
신을 닮습니다

"환웅은 무리 3천 명을 거느리고 태백산 마루턱에 있는 신단수 밑에 내려왔다. 이곳을 신시神市라 하고, 이분을 환웅천왕이라고 이른다."《삼국유사》 기이 제1) 이 기록에 따르면 우리 역사상 최초의 '수도' 이름은 '신시'였습니다.

청동기시대 이래 인류는 하늘에 신이 있다는 믿음을 지켜왔습니다. 그래서 '하늘에 가까운 높은 곳'은 '신성한 곳'이라는 의미를 지녔습니다. 높은 것이 신성하다는 생각은 지금도 사람들의 행위와 언어에 남아 있습니다. 허리를 숙이거나 무릎을 꿇는 것은 상대를 '높이는' 행위이고, 권력자들을 '높은 분'이라 부르는 것은 그들이 '신의 대리인'이거나 '신과 가까이에 있는 사람'이라고 생각하던 옛날부터의 유습입니다.

아테네의 '아크로폴리스Acropolis'는 '높이 솟았다'는 뜻의 헬라어 아크로스Akros와 도시라는 뜻의 '폴리스Polis'를 합한 말입니다. '바빌론'은 '신의 문', '예루살렘'의 아랍어인 '쿠드스'는 '신성한 도시'라는 뜻입니다. 모두 《삼국유사》에 나오는 '신시'와 같은 뜻이지요. 신라의 수도를 '서라벌'이라 했고 한자로 '금성金城'이라 썼습니다. 금성을 우리말로 풀면 '쇠울'이 됩니다. 향가 〈처용가〉에 나오는 '동경東京'도 순우리말로 '새벌'입니다. 서울은 솟은 울, 또는 솟은 벌이라는 뜻의 순우리말입니다. 역시 '신시神市'입니다. 동서양을 막론하고 수도는 곧 '신시'였습니다. 그래서 수도는 언제나 그 시대 사람들이 섬기는 '신'을 닮았습니다. 지금 대한민국의 수도, 서울은 어떤 신을 닮았을까요? 지름신의 모습과 비슷하지 않은가요?

진재공황　자연의 재채기 한 번에도 역사가 바뀝니다

1923년, 일본 도쿄에서 일본 지진 관측 사상 최대 규모인 간토대지진이 발생했습니다. 사람이 죽고 건물이 무너지고 상점이 문을 닫자 민심이 흉흉해졌습니다. 일본 정부가 그랬는지 군부가 그랬는지 아니면 다른 정치적 목적을 가진 사람들이 그랬는지는 확실히 밝혀지지 않았지만, 조선인들이 혼란을 틈타 우물에 독을 넣었다는 소문이 퍼졌습니다. 일본인들은 자경단自警團을 조직해서 거리에서 만나는 조선인들을 닥치는 대로 학살했습니다. 일본에 유학 중이던 조선인 학생들은 두려움에 귀국을 서둘렀습니다.

그들이 돌아온 직후 '진재공황震災恐慌'이라는 경제공황이 이어졌습니다. 지진 피해가 워낙 커서 수많은 기업과 은행이 도산했고, 일본 정부의 재정 부담이 엄청나게 늘어났기 때문입니다. 식민지 조선에도 취업난이 심해졌고, 고학력 실업자들이 대거 늘어났습니다. 예전에는 일본 유학만 다녀오면 취직은 따 놓은 당상이었지만 사정이 아주 달라진 것입니다. 김소월, 나도향, 채만식, 정지용, 박헌영, 김단야 등이 '진재공황' 세대라 할 수 있는 1900년 전후 출생자들입니다. 이들 대부분이 취직이 안 돼서 문학으로 방향을 틀거나 혁명가가 됐습니다. 1923년 일본의 지진은 이렇게 우리나라 역사에도 큰 영향을 미쳤습니다.

자연의 재채기 한 번에 역사가 바뀐 일, 한두 번이 아닙니다. 사람이 아무리 잘난 체해도 부처님 손바닥의 손오공일 뿐입니다. 일본의 쓰나미가 일본과 인류의 역사를 어떻게 바꿀지는 아직 모릅니다. 그런데도 인간이 자연 앞에 겸허해야 한다는 태고 적부터의 교훈을 자꾸 잊어버리는 사람들이 많습니다.

흔적 없는
강남 개발 백서

국가적 토목사업에는 기록도
공사만큼 중요합니다

반세기 전, 지금 서울의 강남 일대는 '영등포의 동쪽'이라는 뜻의 '영동東'으로 불리던 '이름 없는' 한적한 시골 동네였습니다. 그 동네에 '개발의 열풍'이 불어닥친 지 이제 40여 년, 그 사이에 강남은 현대 한국인에게 욕망의 아이콘이 되었습니다.

우리 역사상 나라 전체에 가장 큰 영향을 미친 '개발'은 경부고속도로나 KTX, 새만금이 아니라 강남이라 해야 할 것입니다. 그런데 엄청난 자금이 들어갔던 이 역사적 개발에 관해서는 그 흔한 '백서' 하나 남아 있지 않습니다. 초기 강남 개발 과정에서 핵심 실무를 담당했던 분을 그분의 친구인 원로 학자와 함께 만난 적이 있습니다. 이제 세월도 흘렀으니 털어놓아도 되지 않느냐는 '친구'의 부탁조차 단호히 거절하시더군요, '무덤까지 가지고 가야 할 비밀'이라며.

정조 때 수원 화성을 지으면서도 《화성성역의궤》를 남겼는데, 현대 국가에서 '강남 개발 백서' 한 권 펴내지 않은 이유는 누구나 짐작하는 대로일 것입니다. 수백 년 이상 영향을 미치는 토목사업에는 기록도 공사만큼 중요합니다. 기록은 사후 검증을 위해서뿐 아니라 진행 과정의 투명성을 보장하기 위해서도 필요합니다. 하다못해 남에게 자랑하기 위해서도 필요합니다. '반세기 만의 강남 신화'에 찬탄하는 외국인이 많지만 '증거'가 별로 없어 '자랑'조차 제대로 하기 어렵습니다.

너무 큰 한강

도성 앞을 흐르는 구간만을 떼내
경강이라 불렀습니다

지금은 정밀 지도나 위성사진 등을 통해 자연물이든 인공 건조물이든 지표상 모든 물체의 형상과 위치를 알 수 있지만, 옛날에는 사람의 시야 범위를 벗어나는 크기의 물체를 단일한 실체로 인지하기 어려웠습니다. 그래서 사람들은 하나의 실체를 여러 토막으로 나누어 부르곤 했습니다. 본래 경계가 없는 바다를 동해니 황해니 하며 나눠 부르는 것이 그 예입니다.

한강처럼 큰 강도 마찬가지였습니다. 조선시대에는 한강 전체 중에서 서울 도성 앞을 흐르는 구간만을 떼내어 경강京江이라 불렀습니다. 그조차 사람이 한 덩어리로 인지하기에는 너무 커서 다시 한강, 동호, 서강의 3강으로 나누거나 여기에 용산강, 마포강을 더해 5강으로 나눴습니다.

'한강 르네상스' 사업이 처음 입안될 무렵에 자문회의에 참석한 적이 있습니다. 그때 한강은 너무 커서 시장 임기 중에 크게 바꾸기 어려울 뿐더러 사업의 영향을 조사하는 데에도 시간이 걸릴 터이니, 손을 대더라도 임기 중에 끝낼 생각은 말고 구간별로 나눠 '단계적, 점진적'으로 추진하는 것이 어떻겠느냐고 했습니다. 그 뒤로는 다시 안 부르더군요. 시장이든 대통령이든 무슨 일을 벌일 때마다 임기 중 완공을 목표로 삼는 것이 관행이 됐습니다. 정말 '백년지대계'를 생각한다면 자기가 살아서 결과를 볼 수 없는 일에도 손을 대는 것이 지도자가 할 일입니다.

불안한
의료 보험

전 국민 의료보험이 시작된 지 고작 10년입니다

처음 의료보험 제도가 시행되었을 때에는 '의료보험증'이 '중산층'임을 입증하는 신분증처럼 사용되었습니다. 대기업 임직원과 공무원, 교사들만 의료보험에 가입할 수 있었으니까요. 전 국민이 의료보험에 '가입할 수 있게' 된 것은 1989년이었고 전국의 의료보험조합을 통합한 국민건강보험공단이 발족한 것은 1999년이었습니다. 우리 의료보험의 역사는 이제 고작 한 세대, 전 국민 의료보험의 역사는 10년밖에 되지 않습니다.

경제자유구역에 새로 생길 영리 병원들은 건강보험 당연 지정제에서 제외되는 대신 '상대적으로 질 좋은 서비스'를 제공할 것입니다. 그러면 영리 병원 전용 '민영보험' 상품들이 출시되겠지요. 보험료는 최고액 건보료보다 조금 낮은 수준에서 책정될 것입니다. 민영보험에 가입한 사람들은 건보료를 이중으로 부담하는 것은 부당하다고 헌법소원을 낼 테고 보험회사들이 뒤에서 부추기겠지요. 고액 납부자가 건보에서 이탈하면 건보 재정은 뿌리부터 흔들릴 것입니다. 한미 FTA로 약값도 오를 테니 건보의 보장성은 형편없는 수준이 될 것입니다. 그리 되면 중산층도 건보에서 이탈하고 서민만 남을 가능성이 큽니다. 건보가 '비지떡'이 되어 붕괴하는 것이지요.

어쩌면 머지않아 주민등록증이 사라지고 의료보험증이 그 자리를 대신할지도 모릅니다. 의료보험증만 보면 그가 어떤 사람인지 바로 알 수 있을 테니까요, '최고급 영리 병원을 이용할 수 있는 민영보험증'과 '값싼 공공병원만 이용할 수 있는 건강보험증'.

최초의 시민운동

경성전기주식회사를
부영으로 바꾸려 했습니다

세계 대공황 직후인 1931년, 서울의 전기 사업을 독점하고 있던 경성전기주식회사(현 한국전력의 전신)를 부영(시영)으로 전환하자는 시민운동이 일어납니다. 일제강점기 '민족운동'이 아닌 '대규모 시민운동'은 이 운동이 최초이자 최후였습니다.

조선인과 일본인의 '연합 운동'에 당황한 경성전기주식회사는 총독부와 경성부를 상대로 로비하는 한편, 자기들 돈으로 '부민관府民館'을 지어 경성부에 헌납함으로써 부영화府營化 운동의 불을 껐습니다. 경성전기주식회사가 지은 부민관은 지금 서울시청사 옆의 서울시의회, 예전 서울시민회관 건물로서 연극, 영화, 음악회, 미술전 등을 위한 복합 예술 공간이었습니다.

그 시절 평범한 '경성부민'들은 이런 공연을 관람할 처지가 못 되었습니다. 그들은 고층건물 겉모습만 구경하는 대가로 비싼 전차 요금을 계속 낼 수밖에 없었습니다. 자기 동네에 고층 건물 하나 들어선다고 살림살이가 나아질 것이라고 생각하는 사람들은, 지금도 많습니다.

국민 번호표

주민등록증 번호만으로 100여 가지
개인 정보를 알 수 있습니다

'신장 5척 4촌, 사투리 충북어, 국문해득여부 중(中)'. 1957년에 충북지사가 발급한 '도민증'의 기재 사항입니다. 이 도민증에는 이밖에 본적, 출생지, 주소, 호주 성명, 직업, 성별 등이 표시돼 있었습니다. 그러나 이때만 해도 사람을 번호로 표시하지는 않았습니다. 시인 이육사는 자기 죄수 번호 '264'를 필명으로 썼습니다. 어떤 사람을 번호로 표시하는 것은, 그를 위해서가 아니라 그를 통제하는 사람들을 위해서입니다.

지문을 찍은 주민등록증이 처음 도입된 것은 1968년의 1·21사태 직후였습니다. 주민등록증 1호 박정희의 주민번호는 110101-100001이었는데 이 번호에는 거주지와 세대 정보만 담겼습니다. 1975년부터 생년월일과 출생지 정보가 추가됐지요. 지금은 주민등록번호만 가지고도 100여 가지 개인 정보를 알 수 있답니다.

전자주민증이 도입되면 정부가 국민의 사생활을 아주 쉽게 들여다 볼 수 있을 것입니다. 해킹을 통한 정보 유출의 위험성도 높아지겠지요. 남이 자기 집 안방을 들여다보도록 용납할 사람은 없을 텐데 전자주민증 도입에는 대체로들 무신경한 것 같습니다.

내신 학생의 내밀한 정보를 당사자 모르게 알린다는 뜻입니다

상급기관에 보고하는 것을 '상신上申', 다른 기관의 질문에 답하는 것을 '답신答申', 내부 정보를 유관기관에 전달하는 것을 '내신內申'이라 합니다. 일제는 1930년대 초반부터 민족의식을 가진 학생들의 진학과 취업을 제한할 목적으로 '학교장 내신제도'를 시행했습니다. 그런데 학교장이 내신서에 담은 관찰 '결과'보다 관찰 '과정'의 문제점이 더 컸습니다. 교사와 교장에게 잘 보이지 않으면 심각한 불이익을 받게 된다는 사실을 안 학생들은 스스로 '또 하나의 자기'를 만들어야 했습니다. 그들은 청소년 특유의 도전 정신과 창의성을 죽이고 복종하는 인간, 자기 의견을 내세우지 않는 인간의 탈을 쓰고 살았습니다.

교사가 학생을 '관찰한 기록'들을 입시 참고 자료로 쓰지 않을 수는 없을 것입니다. 다만 요즘에는 '상신'이라는 말은 거의 안 씁니다. '학생의 내밀한 정보를 학생 모르게 알림'이라는 뜻의 '내신'이라는 말도 이제는 쓰지 않았으면 합니다.

울며 따른 역적질

중세의 연좌제는
부모 자식의 운명공동체를 전제합니다

"나라에 충성하고 부모에 효도하며 부부 간에 사랑하고 어른을 공경하며 믿음으로 벗을 사귀어라." 누구나 아는 유교의 삼강오륜입니다. 일대일 관계에서야 이 가르침을 지키는 게 그리 어렵지 않습니다. 문제는 사람 관계가 중첩되고 충돌할 때 생깁니다. 어머니와 아내 사이의 고부 갈등이 심각할 때, 남편은 어떻게 하는 것이 좋을까요? 이 질문에 현명한 답을 찾아내는 남편은 그리 많지 않습니다.

임금이 포악무도할 때 충성스런 신하라면 어떻게 하는 게 옳았을까요? 그런 경우에는 "세 번 목숨 걸고 말리다가 그래도 안 들으면 벼슬을 버리고 떠난다[삼간불청이거三諫不聽而去]."였습니다. 아버지가 역적질을 하려 들 때는 효성스런 아들은 어떻게 해야 했을까요? "세 번 목숨 걸고 말리다가 그래도 안 들으면 울며 따른다[삼간불청이읍종三諫不聽而泣從]."였습니다. 중세 사회가 연좌제를 당연하게 받아들인 것은 이렇게 사적 공동체가 곧 운명공동체였기 때문입니다. 역적의 아들은 역적질에 가담하는 게 옳은 태도였습니다. 그러지 않고 아버지를 고발하면 '불효막심한 자'가 되니 그것도 용서할 수 없는 일이었습니다. 그런 경우엔 아버지는 역적죄로, 아들은 '강상綱常'을 어그러뜨린 죄'로 사형에 처했습니다. '부모와 자식을 함께 벌한다'는 생각과 '자식이 부모 덕 보는 건 당연하다'는 생각은 동전의 양면이었습니다. 사법 연좌제는 1894년에 폐지됐지만 행정적, 정치적 연좌제는 1980년에야 사라졌습니다. 부모가 잘못해도 그 책임을 자식에게 묻지 않는 시대입니다. 자식에게 물려주는 '권리'에 대해서도 그 한계를 생각해야 하지 않을까 합니다.

삐라   심리전 부대가 담당했고 상대와 상황에 따라 주제를 세분했습니다

6·25 때 미군이 사용했던 '삐라포탄'을 박물관에서 본 일이 있습니다. '삐라'를 가득 채워 넣고 비행기에서 투하하거나 대포로 쏘면 땅에 떨어질 때 포탄이 분해되면서 안에 있던 '삐라'가 사방으로 날아가게 되어 있었습니다. '삐라' 값보다 포탄 값이 천배는 비쌌지만 제한된 지역에 집중적으로 살포하는 효과는 있었습니다.

전쟁 중 미군이 북한 지역에 살포한 전단은 25억 장으로, 북한 지역 인구 1인당 200장, 한반도 전역을 스무 번 덮을 분량이었습니다. 공산군도 '삐라'를 뿌렸지만, 미군이 뿌린 양에 비하면 새발의 피였습니다. 미군의 '삐라' 제작은 심리학자들로 조직된 심리전 부대가 담당했습니다. 거짓말과 참말을 배합하는 기술은 세계 최고 수준이었고, '삐라'의 주제도 상대와 상황에 따라 11가지로 세분했습니다. '삐라포탄'은 전투 중인 적군에게 '삐라'를 살포할 때 썼습니다. 그 내용도 직접적이고 즉각적인 효과를 낼 수 있는 것들이었습니다. "이 삐라를 들고 가까운 곳에 있는 UN군에 투항하면 안전을 보장하며 병자는 우수한 UN군 의료진이 치료해준다"는 등.

요즘 온라인에서 제작되는 '삐라' 수준의 글들은 하루치만 해도 6·25전쟁 전全 기간에 뿌려진 삐라 수에 육박할 것입니다. 그런데 요즘의 '삐라'들은 전시戰時 삐라보다도 훨씬 질이 낮습니다. 유물 감정하면서 전시 삐라 숱하게 봤지만 요즘 인터넷 댓글보다 수준 낮은 것은 본 적이 없습니다.

'대한민국 김관식'과 명함

이봉창 의사의 친형 이범태의 명함은 '이봉창 의사 실형實兄'이었습니다

"산에 가 살래 / 팥 밭을 일궈 곡식도 심구고 / 질그릇이나 구워 먹고 / 가끔, 날씨 청명하면 동해에 나가 / 물고기 몇 놈 데리고 오고 / 작록爵祿도 싫으니 산에 가 살래"(〈거산호居山好〉, 김관식)

아내는 공장에 나가면서 병 때문에 아무것도 삼키지 못하고 누워 있는 남편 머리맡에 삶은 달걀 하나를 살짝 내려놓았습니다. 그러나 남편은 달걀을 다시 아내의 도시락 통에 몰래 넣었습니다. 아내가 출근한 뒤, 그는 눈을 감았고 다시는 뜨지 못했습니다. 시인 김관식은 '대한민국 김관식'이라고 새긴 명함으로도 유명했습니다. 사람의 내면을 보지 못하고 직함만 따지는 세태에 대한 조롱이자 저항이었을 것입니다.

이봉창 의사의 친형 이범태는 '이봉창 의사 실형實兄'이라고 쓴 명함을 들고 다녔답니다. 한글로 읽으면 느낌이 참 이상하지요. 독립운동가에 대한 처우도 이상한 이유로 양극화해서 윤봉길 의사 친척은 다 명함에 새길 근사한 직함이 있었는데, 그분은 그런 것이 없었습니다. 그의 명함은, '다른 직함 좀 다오'라는 뜻이었던 듯합니다. 명함 없이는 사회생활하기 어려운 시대입니다. 하지만 직함과 전화번호로만 기억되는 '나'가 정말 '나'인지, 가끔씩 되돌아볼 필요는 있을것 같습니다.

휴대전화 인맥

지위와 영향력이
휴대전화 전화번호부에 표시됩니다

장하준 교수는 '인터넷보다 세탁기가 세상을 더 많이 바꿨다'고 했지만, 사실 이 둘은 모두 '전기'를 사용합니다. 전기만큼 인류의 삶을 혁명적으로 바꿔 놓은 것도 찾기 어렵습니다. 전기는 낮과 밤의 구분을 무의미하게 만들었고 정보의 순간 이동을 가능케 했으며, 수많은 도구들을 자동화했습니다. 오늘날 전기전자 제품은 문명 세계와 비非문명 세계를 나누는 일차적 기준이라 해도 지나치지 않습니다.

전등을 처음 보았을 때, 사람들은 촛불 수백 개보다 밝다고 했습니다. '백문이 불여일견'에 빗대면 '백촉百燭이 불여일전不如一電' 정도가 되겠지요. 이 말을 최근의 촛불시위와 관련해서 해석하면 '수백 개의 촛불보다 한 통의 전화가 낫다'는 뜻도 됩니다.

오늘날 사람의 지위와 영향력은 주로 휴대전화 전화번호부에 표시됩니다. 보통 사람들은 수십 번씩 관공서에 들락거리며 사정해도 안 되는 일들을 전화 한 통으로 간단히 해결하는 특별한 '네트워크'를 구축해 놓은 사람들은 어느 나라에나 있습니다. 이 네트워크는 '제도' 밖에 있으나 유효하고, 대다수 사람들이 부수기보다는 끼어들고 싶어하는 '정당성'이 있습니다. 그러니 이제는 혈연이나 학연보다 '전연'(필요할 때 바로 전화할 수 있는 인연)이 더 중요하고 결정적인 '인맥'이라 할 수 있습니다. SNS가 '전연'으로 구성된 특별한 네트워크를 바꿀 수 있을지는 모르지만, 무기도 되었다 장난감도 되었다 하는 휴대전화기의 힘은 앞으로 분명 더 세질 것입니다.

DDT와 최루탄   해충을 박멸하지 못하는 발암물질입니다

1945년 8월 15일 해방과 동시에 거대한 인구 이동의 파도가 한반도를 덮쳤습니다. 한반도의 주인 행세를 하던 일본인들이 귀국길에 올랐고, 해외로 망명했던 한국인들도 귀국을 서둘렀습니다. 만주에 있던 한국인들은 몇 날 며칠, 심지어 몇 달을 씻지도 못한 채 걸어서 돌아왔습니다. 국내에 있던 사람들도 집에 가만히 들어앉아 있지는 않았습니다. 해방의 감격에 들떠서 또는 일본인들이 '버리고' 떠난 일자리를 차지하기 위해서 하루 종일 거리를 쏘다녔습니다. 때는 한여름이었습니다. 사람들이 이리저리 옮겨 다니는 방식 그대로, 미생물들도 이 사람 저 사람의 몸으로 옮겨 다니면서 번식했습니다. 그 이후로도 6·25전쟁이 끝날 때까지, 한반도 전역은 유랑하는 군중과 유랑하는 미생물로 뒤덮여 있었습니다.

미군은 전염병을 막기 위해서는 DDT를 뿌리는 것이 가장 효율적인 방법이라고 판단했습니다. 미군은 요소요소에 검문소를 설치하고 지나는 한국인들에게 DDT를 뿌렸습니다. 비행기를 이용해 공중에서 DDT를 살포하기도 했지요. 그때에도 DDT가 '인체에 유해'하다는 사실은 알았지만 '이'나 '벼룩' 보다는 낫다고들 생각했습니다. 그 덕(?)에 한동안은 '이'가 줄어들었으나 얼마 뒤 DDT에 내성을 가진 강력한 '이'가 나타났습니다.

얼마 전 경찰이 최루탄 사용을 검토하겠다고 했다가 슬그머니 물러섰습니다. 지난 반세기, 한국인들이 DDT 다음으로 많이 뒤집어쓴 것이 최루가스 분말입니다. 그러나 무엇을 잡으려 했든 간에 최루탄과 최루액은 효과보다는 부작용이 컸습니다. DDT는 이와 벼룩을 완전히 박멸하지 못하는 발암물질입니다. 최루탄도 다르지 않습니다.

백백교의
살인마 교주

추종자들의 맹목이 엽기 살인을 불렀습니다

　우리 역사상 최악의 '살인마'는 심복을 시켜 자기가 이끄는 종교 단체의 신도 350여 명을 살해한 '백백교白白敎' 교주 전용해입니다. 백백교는 동학교도였던 전정운이 동학 교리를 바탕으로 1912년에 '창시'한 백도교白道敎의 후신입니다. 1919년에 교주 전정운이 죽자 교단에 내분이 생겨 한 패는 이희룡을 교주로 삼아 인천교人天敎를 만들고, 다른 한 패는 우광현을 교주로 하여 백백교를 세웠습니다.

　백백교는 전정운의 아들 전용해를 천부天父의 아들로 떠받들었는데, 전용해는 나중에 스스로 교주가 되었습니다. 그는 머지않아 세상이 '불 심판'을 받게 될 것이며, 그때 살아남으려면 피난소를 찾아야 한다고 주장했습니다. 20년쯤 전에 나돌았던 '휴거설携去說'과 같지요.

　그는 또 신도들의 재산을 갈취하고 여성 신도들을 추행하는 등 여러 엽기적인 행각을 벌였습니다. 이런 변태적인 행위가 외부에 알려질 것을 염려한 그는 '믿을 만한' 수하들에게 '벽력사霹靂使'라는 직책을 주고 그들로 하여금 비밀을 누설할 염려가 있는 신도들을 살해하고 암매장하게 했습니다. 전용해의 만행은 한 신도의 아들이 그를 고발함으로써 세상에 알려졌습니다. 벽력사들은 사형 등 엄벌에 처해졌고, 전용해는 자살로 생을 마감했습니다.

그런데 일제 경찰은 전용해의 두개골을 '처리'하지 않고 계속 보관했습니다. 당시는 '우생학'이 유행하던 때라 이런 자의 두개골은 연구 가치가 있다고 판단했을 것입니다. 그 두개골이 얼마 전 국립과학수사연구원 창고에서 발견되었습니다. 두개골로 '살인마'의 인간적 특징을 알 수 있다는 생각이 사라졌기에 그 두개골의 연구 가치도 사라졌습니다. 국과수는 잠시 고심한 후 그의 두개골을 태워 없앴습니다.

연구 가치가 있는 것은 전용해의 두개골이 아닙니다. 그의 성정도 문제이지만 그를 그토록 잔인하고 대담하게 만든 것은 그를 추종한 신도들의 맹목적 숭배였습니다. 아직도 우리 사회 일각에서 계속되고 있는 그 '맹목적 숭배'야말로 깊이 연구해서 해결책을 찾아야 할 과제입니다.

타향살이

명절 귀성 전쟁의 역사는 오래되지 않았습니다

"타향살이 몇 해던가 손꼽아 헤어보니……"(고복수, 〈타향살이〉, 1932) "타향도 정이 들면 정이 들면 고향이라고……타향은 싫어 고향이 좋아."(김상진, 〈고향이 좋아〉, 1972). 한때 많은 사람들의 심금을 울렸던 노래들이지만, 이제는 이런 노래 가사에 감정 이입되는 사람 많지 않습니다. 대다수 도시 사람들에게 '고향'은 벌써 현실성을 잃어버린 공간이 되어 있습니다.

그런데 100년 전만 해도 타향살이 하는 사람은 아주 드물었습니다. 인구의 반 이상이 타향살이를 하게 된 지는 이제 겨우 50년 정도 되었습니다. 인구 이동의 파고가 잦아든 지금, 도시에서 자라나는 아이들 대다수는 그 도시가 고향입니다. 이 아이들이 성인이 된 뒤에는 명절 귀성 풍습도 옛일이 되겠지요.

설과 추석의 대규모 인구 이동을 두고 '한국적 문화현상'이자 '전통'이라고들 하지만 이 '전통'은 6·25전쟁 이후에야 생겼습니다. 우리가 '전통'이라고 믿는 것들 중에 '유구한 역사'를 가진 것은 사실 그리 많지 않습니다. 그러니 '나쁜 전통'은 사라져도 아까울 것 없습니다. 제사, 성묘, 귀성 등은 아마 한두 세대 안에 '소수자의 전통'이 될 것입니다. 그것들보다 지역감정, 학벌 숭배, 종교적 배타주의, 근거 없는 이념 공세 같은 '부정적 전통'들이 먼저 사라졌으면 합니다.

전언에 의한 '잡보'

모씨의 전언에 의하면 ~ 한다더라

1883년 우리나라 최초의 신문으로 창간된 한성순보는 순보서旬報序, 내국기사內國紀事, 각국근사各國近事, 지구도해地球圖解와 여러 논설로 구성되어 있었습니다. 독립신문, 황성신문 등 각종 신문이 본격 발행된 대한제국기에는 신문 지면이 관보官報, 외보外報, 잡보雜報, 논설論說, 광고廣告 등으로 정비되었습니다.

관보는 정부 관보를 발췌 전재轉載한 것, 외보는 외신이었고, 잡보雜報는 기자가 직간접으로 취재하여 쓴 것들이었습니다. 당시에는 통신 수단도 변변치 못했고, 지방 주재원도 많지 않기 때문에 대부분의 잡보가 '어디 사람의 전언傳言에 의하면……한다더라' 형식으로 구성되었습니다.

요즈음 신문들, 전국에 주재원을 두고 실시간 통신 수단을 이용하면서도 '~한다더라' 기사를 남발합니다. '카더라'와 '아님 말고'로 채워지는 기사는 옛날처럼 다시 '잡보'라 불러야 할 듯합니다. 그런 기사 많은 신문은 '잡신문'이라 하는 것이 어울리겠지요.

'동'과 '이'

동은 물을 함께 쓰는 지역,
이는 길 좌우의 지역에서 유래합니다

　서울의 기초 행정구역 명칭인 '동[洞]'은 물[水]을 함께[同] 쓰는 사람들이 모여 사는 지역을 뜻합니다. 순우리말 '마을'도 '물'에서 나온 말입니다. 백악, 인왕, 목멱, 낙타의 네 산으로 둘러싸인 서울에는 숱한 계곡이 있었고, 계곡마다 작은 냇물이 흘렀습니다. 그 물에서 사람들은 빨래를 하고 목욕을 했습니다. 생활하수도 그 냇물에 버렸지요. 그러면서 서로 이야기하고 서로를 알았습니다. 옛 물길은 지역을 분할하는 것이 아니라 통합하는 자연물이었습니다.

　반면에 지금은 농촌 지명으로 쓰는 '이[里]'는 큰 길에서 갈라진 작은 길, 그 작은 길 좌우에 늘어선 필지를 표시한 글자입니다. '이'는 인위적으로 닦은 도로로 구획된 구역을 뜻합니다. 그래서 19세기 초 정약용은 '이'가 귀한 이름이고 '동'은 천한 이름이라고 했습니다. 조선 초기 계획도시로 조성된 서울의 기초 행정구역 명칭은 '이'였습니다. 골목 단위로 '이'가 있었는데, 그 골목 입구에 단 문을 이문[里門]이라 했습니다. 지금 서울에서 가장 오래된 음식점인 '이문설렁탕'의 상호는 서울의 마지막 이문인 인사동 이문에서 딴 것입니다.

　그러나 조선시대 사람들은 도로로 구획된 '이'보다 물을 같이 쓰는 지역명인 '동'을 더 좋아했습니다. 그래서 조선 말기에는 '이' 대신 '동'만 사용하게 되었고 그 명칭이 지금까지 이어졌습니다. 지금 서울 한복판을 흐르는 한강은 서울 시민들을 갈라놓는 경계선이 되어 있습니다. 강이 너무 큰 때문이기도 하지만 물길을 소통의 강, 화합의 강으로 만들려는 뜻을 세우지 않았기 때문인지도 모릅니다.

노인의 장소

세상이 너무 빨리 변한데다 갑작스레 고령화시대를 맞은 탓에, 이 시대 노인들은 선대先代의 경험에서 배우지 못하고 일상을 재구성해야 하는 처지에 놓였습니다. 많은 노인이 집안에서 어른 대접 제대로 받지 못하고 오라는 데 없는 '출퇴근'을 반복하고 있습니다. 그런 노인들이 종로 탑골공원 앞에 모이기 시작한 것은 1980년대 말부터였습니다. 종로가 유서 깊은 도심인데다 지하철 1, 3호선이 탑골공원 주변에서 교차한 것이 주원인이었습니다. 2000년대 초반에 '탑골공원 성역화' 사업이 추진된 뒤로 노인들의 집합소는 종묘 앞으로 이동했습니다. 종묘 앞은 문화재보호법에 따라 확성기를 사용한 집회가 금지된 곳입니다. 그럼에도 이곳에서는 매일 확성기를 사용한 노인 단체의 정치 집회가 열립니다. 그분들에게 '궐기대회'는 건강했던 젊은 날을 떠올리게 해주는 강장제인지도 모릅니다.

근래 각 지자체는 도시 재생이니 활성화니, 명소화니 하는 사업들을 벌이고 있습니다. 그 계획안들에 거의 빠지지 않고 들어가는 내용이 '젊음의 거리' 조성입니다. 홍대 앞, 신촌, 대학로, 압구정동, 건대 앞, 가로수길 등 젊은이들을 유혹할 장소들은 이미 많지만 도시 행정가, 계획가들은 젊은이들이 모여야 도시 공간이 활성화하고 거리도 아름다워진다는 고정관념을 버리지 못하고 있습니다. 젊은이보다 노인이 더 많은 시대가 코앞임에도 노인들의 지갑을 노리는 건 '떠돌이 의료기기상' 정도뿐인 듯합니다. 이제는 정부와 민간 모두, 노인들 스스로 품격 있는 '세대 문화'를 만들 수 있게끔 지원할 때가 아닌가 합니다. 도시계획에도 당연히 노인에 대한 배려를 담아야 할 것입니다. '건전한 문화생활'이 정말 필요한 것은 청소년보다 노인입니다.

셋방살이 설움

여름날 골목에서 자다가
경찰에게 차이기도 했습니다

조선시대 노비들은 주인이 기거하는 건물에서 좀 떨어진 대문 옆의 행랑채에서 살았습니다. 1894년에 노비제도가 폐지된 뒤, 노비들은 하나둘 주인집을 떠났습니다. 갈 곳이 없어 주인집에 그대로 머문 사람들도 있었지만, 일제는 노비나 머슴을 두는 것보다는 그들이 쓰던 방을 세놓고 필요할 때마다 일용 인부를 고용하는 것이 경제적이라고 홍보했습니다. 노비나 상주常住 머슴은 심부름을 하면서 돈을 가로채거나 주인집 흉거리를 동네방네 소문내고 다닌다면서.

처음에는 체면 때문에 머슴을 그냥 두고 있던 사람들도 경제 사정이 나빠지자 부득이 '머슴으로 신분이 바뀐 노비'들을 내보내고 세를 주기 시작했습니다.

셋방살이는 진재공황(1923년 일본 간토대지진으로 인한 경제공황) 이후 본격적으로 늘어나서 서울 인구가 폭증한 1930년대에는 집 한 채를 혼자 쓰는 가구가 아주 드물 정도가 되었습니다. 그런데 세입자들은 자본주의적 계약에 의해 돈을 내고 방을 빌렸음에도 집주인에게 예전 행랑채에 살던 머슴과 비슷한 대우를 받아야 했습니다.

남의 집에 얹혀사는 사람을 천시하는 문화가 사라지기까지는 오랜 시일이 걸렸습니다. 그 긴 세월 동안, '셋방살이 설움'이라는 말이 도시 주민의 삶 곁에서 떠나지 않았습니다.

 '셋방살이' 하는 사람들이 집주인에게만 설움을 겪은 것은 아니었습니다. 더운 여름밤이면 주인집 식구들이 마당에 나와 잤습니다. 세입자들은 어찌하는 수 없이 대문 밖에 나와 골목에 드러누웠습니다. 그러나 길바닥 잠도 편하지 않았습니다. 일본 경찰들은 순찰 도는 데 방해가 된다고 "더러운 조선인들!"이라 욕하며 잠자는 사람들을 발로 차서 깨웠습니다. 셋방살이 신세라는 이유로 자다가 맞는 설움까지 겪어야 했지요. 식민지 경찰에게는 가난도 '죄'로 보였습니다.

 이제 전월세 올려 달랄 때 말고는 '셋방살이 설움'이 거의 사라졌지만 경찰이 가난한 사람을 함부로 대하는 문화는 여전한 듯합니다.

신장(키)

1900년대 초에도 한국 남성은 일본 남성보다 키가 많이 컸습니다

1900년, 프랑스인 에밀 부르다레가 철도국 기사로 초빙되어 한국에 왔습니다. 당시 대한제국 정부는 궁내부 안에 서북철도국을 설치하고 경의선 철도를 자력으로 부설하려고 준비하던 중이었습니다. 서울에서 개성까지는 측량을 완료하고 1902년에는 기공식도 거행했습니다. 부르다레는 철도 노선을 측량하고 공사를 감독하는 책임을 맡았습니다.

부르다레는 고고학과 인류학에도 관심이 많았습니다. 그는 '신체검사'를 명목으로 공사장 노동자들의 체격을 조사하여 개인 연구 자료로 삼았습니다. 그가 조사한 바에 따르면 당시 남성의 평균 신장은 한국인 162cm, 중국인 161cm, 일본인 157cm였습니다. 이보다 20년쯤 전에 부산 제생의원의 일본인 의사도 한국인 환자들의 키를 쟀습니다. 그는 한국인 남성의 평균 신장이 일본인보다 10cm 이상 크다고 기록했습니다. 당시 일본인 의사들은 한국인이 일본인보다 키가 큰 것은 고기를 많이 먹기 때문이라며, 일본인들도 고기를 많이 먹어야 체격이 향상될 것이라고 했습니다.

일제강점기 이래 워낙 못 먹은 탓에 한동안은 한국인의 평균 신장이 일본인보다도 작았지만 이제 우리 운동선수들의 신체 조건은 서양인들 못지않습니다. 반면 굶주림에 시달리는 북한 아이들의 신체 조건은 일제강점기와 다를 바 없습니다. 이대로라면, 설령 통일이 된다 해도 한 나라에 두 '인종'이 사는 꼴이 될 것입니다. 지금 북한에서 굶주리는 아이들이 훗날 우리 아이들의 이웃이 되어 한국인의 '평균 신장'을 다시 낮출지도 모릅니다.

판자촌 화재

판자촌에서는 가끔 원인 모를
대형 화재가 나곤 했습니다

1950년대 말부터 1960년대까지 내내, 서울 전역의 산비탈과 청계천 변에는 하루에도 수십 채의 판잣집이 새로 생기곤 했습니다. 이 무렵 서울 인구는 2년에 50만 명씩 늘어났습니다. 이렇게 급증한 사람들의 동시적이고 집단적인 대규모 건축 행위 앞에서 도시계획이 설 자리는 없었습니다. 그렇지만 행정당국이 판잣집의 무제한적인 확산을 방치할 수는 없었습니다. 판자촌은 당시 서울이 직면한 도시문제의 축도縮圖였습니다. 판잣집들에는 전기와 수도가 공급되지 않았고 1인당 거주 면적은 극도로 비좁았으며 변소도 부족했고 연탄가스에는 무방비 상태였습니다. 건물이 무너질 위험성도 높았습니다. 전염병, 화재, 연탄가스 중독, 붕괴 사고 등으로 매년 많은 사람이 목숨을 잃었습니다. 게다가 판자촌은 실업자, 날품팔이, 성매매 여성 등 극빈층과 소외 계층의 집단 주거지였기 때문에 '우범지대'이기도 했습니다. 도로가 없는 산비탈 등지에 집을 지은 관계로 교통사정도 좋지 않았습니다. 물론 도시 미관을 해치는 주범이기도 했습니다.

1960년대 중반부터 서울시는 적극적인 판자촌 철거에 나섰으나 당장 갈 곳이 없었던 주민들은 이에 응하지 않았습니다. 하루라도 더 버티려고 했지요. 그런 상황에서 청계천 변 판자촌에서는 가끔 원인 모를 대형 화재가 나곤 했습니다. 화재는 철거와 진압의 수고를 한꺼번에 덜어 주었습니다. 당시에도 여러 의혹이 제기되었지만 판자촌에 불이 나는 게 이상한 일은 아니었기에 그냥들 덮었습니다. 철거 문제로 행정 당국과 대치하던 개포동 판자촌에 화재가 났다는 뉴스를 접하니 불현듯 70년대 판자촌 화재가 떠오릅니다.

의처증 자신에게 병이 되고 남에게 독이 됩니다

'의처증'이라는 말이 본격적으로 사용된 것은 여성의 사회활동이 크게 늘어난 1920년대 말 이후였습니다. 가끔 의처증으로 인한 엽기적 살인사건도 일어났습니다. 어떤 남자는 아예 부인 다리를 줄곧 자기 다리에 묶어 두기도 했답니다. 의처증은 부부 사이의 문제만이 아니었습니다. 남편이 부인을, 부인이 남편을, 친구가 친구를, 삼촌이 조카를 죽이는 일이 종종 일어나곤 했습니다. 심지어 자기 자식을 친자가 아닐 것이라고 의심해 변소에 빠뜨려 죽인 자도 있었습니다. 당시엔 의처증에 대해 남편이 바람피우고 다니다가 '행실'이 나쁜 여자들을 많이 보았기 때문이거나 자신감이 부족한 탓이라고들 생각했습니다. 물론 부인의 행실이 올바르면 남편이 왜 의심하겠느냐며 의처증을 정당화하는 사람도 많았습니다.

그러나 현대 의학은 의처증의 근본 원인이 의심하는 사람에게 있다는 사실을 밝혀냈습니다. 요즘에는 의처증이 치료받아야 하는 중병이라는 사실을 부인하는 사람은 거의 없습니다. 그런데도 무슨 일만 생기면 미리 찍어 놓은 상대에게 아무 근거 없이 모든 혐의를 덮어씌우는 사람 여전히 많습니다. 의처증만이 아니라 의심병 자체가 문제입니다. 반값 등록금 요구는 '북한의 사주에 의한 것'이라 믿는 사람의 귀에는 '물가가 너무 올라 못 살겠다'는 말도 불순한 선동으로 들릴 것입니다. 지나친 의심은 자신에게 병이 되고 남에게 독이 됩니다. 의심병, 무고한 사람 잡는 경우 많습니다.

서울특별시 중구

일제는 일본인이 가장 많이 사는 곳에
중구라는 이름을 붙입니다

1943년에 일제는 대도시가 된 서울의 행정 효율화를 위해 '구제區制'를 실시합니다. 이때 서울에 종로구, 중구, 용산구, 동대문구, 성동구, 서대문구, 영등포구의 7개 구가 만들어졌습니다. 그런데 다른 구는 전부 3~4 글자인데 유독 중구만 두 글자입니다. 조선시대에는 동서남북중의 5부가 있었는데, 일본인들은 동서남북이나 상하좌우 구는 만들지 않고 중구만 만들었습니다.

일제강점기 일본인들이 가장 많이 모여 살았던 곳, 일본인들의 정치 경제 문화의 중심지였던 곳은 본정本町, 혼마치였습니다. 혼마치는 지금의 충무로입니다. 해방 이후 이 동네 이름에서 일본색을 지우기 위해 일부러 이순신 장군의 시호를 붙였습니다. 중구는 혼마치를 포함하는 지역으로 서울의 7개 구 중 일본인이 가장 많이 사는 구區였습니다. 혼마치가 서울의 근본이라는 뜻이었듯 중구는 서울의 중심이라는 뜻이었습니다. 지금도 중구에서는 그렇게 홍보하고 있습니다.

해방 뒤 서울 거리 이름에서 일제 잔재를 청산하는 작업이 진행되었지만 어떤 이유에서인지 중구 이름은 바뀌지 않았습니다. 몇 해 전 서울에 유학 온 일본 학생이 있었는데, 그 학생이 이 문제로 논문을 쓰면서 중구는 남대문구나 남산구로 바꾸는 게 좋겠다고 한 적이 있습니다. 일본인조차 문제로 느끼고 있는데 우리는 정작 너무 무심하게 지내온 것 같습니다.

마이카시대와 맛집

방송은 맛없는 것을 맛있는 것으로
바꿀 만큼 힘이 있습니다

유홍준과 홍성유를 빼고 1990년대의 '마이카 시대'를 얘기하기는 어려울 듯합니다. 한 사람은 여행의 '멋'을, 또 한 사람은 '맛'을 알려줬지요. 전국 각지에 '답사지'와 '맛집'이 생긴 데에는 두 사람의 공이 컸습니다. 그때 이후로 여행은 문화재와 맛집을 탐방하는 일처럼 되었습니다. 그런데 문화재와 맛집에는 중요한 차이가 있습니다. 문화재는 그 멋을 과장할 수는 있어도 생산할 수는 없습니다. 반면 맛집은 얼마든지 만들고 꾸며낼 수 있습니다.

1990년대에도 음식점들이 홍성유씨를 모시려 난리를 쳤다는 소문을 들은 적이 있습니다. 근래 맛집 소개 전문 파워블로거들과 관련한 안 좋은 소문도 끊이지 않습니다. 물론 맛집을 가장 많이 '생산'하는 중심은 방송사들입니다. 요즘에는 어느 곳엘 가나 방송 3사 로고가 음식점 간판을 가리는 집들을 봅니다. 방송에 나온 집뿐 아니라 그 옆집도 '나온 집'이더군요. 방송사들이 '가짜 손님'을 데려다 놓고 미리 빤한 대사를 지정해 준 뒤에 '맛집'으로 소개한 사례들도 발각되었습니다. TV에 나왔다거나 신문에서 봤다는 말로 논쟁을 마무리하는 맹신 풍조가 방송사들의 '사기'를 부추겼겠지요. 이제는 시청자들 스스로 방송에 준 '권력'을 환수할 방안을 찾아야 할 때인 듯합니다.

어머니날과 어버이날

어머니의 고난과
아버지의 존재감 부재를 반영합니다

'현모양처賢母良妻'를 유교 이데올로기가 만들어낸 '바람직한 여성상'으로 알고 있는 분들이 많은데, 이는 사실 19세기 말에 일본인들이 만들어낸 개념입니다. 메이지 유신으로 천황제 국민국가가 수립되면서 남자는 '국민'으로 국가를 위해 일하고, 가정은 여자가 맡는다는 역할 분담론이었지요. 그전에는 가정도 남자가 지배하는 공간이었습니다. 유교 사상이 여성에게 강요한 덕목은 '삼종지도三從之道'였습니다. 어려서는 아버지에게, 결혼해서는 남편에게, 늙어서는 아들에게 '복종'하는 '자주성 없는' 존재가 유교가 제시한 바람직한 여성상이었습니다. 현모양처론이 우리나라에 수입된 것은 20세기 벽두였습니다. 그때부터 일부 여학교가 '현모양처' 양성을 교육 목표로 내세우기 시작했습니다.

그런데 일제강점기 한국 남자 중에는 '민족'을 위해 가정을 버린 남자도 있었지만, '국민'도 못 되는 주제에 가정을 돌보는 걸 수치로 아는 사람이 더 많았습니다. 그럴수록 여성의 삶만 더 고달파졌고, '어머니'란 말에 담는 감성도 더 애틋해졌습니다. '어머니날'이 처음 제정된 것은 1956년입니다. 공식적으로는 '효' 사상 고취를 위해서라고 했지만, 이때는 우리 역사상 '젊은 홀어머니' 와 '어머니 가장'이 가장 많던 때입니다. 어머니날이 '어버이날'로 바뀐 때는 국가주의가 최고조에 달한 1973년입니다. 잠자는 시간 말고는 아버지들이 집안에 있는 시간이 거의 없어 그 존재감 자체가 희미해졌던 시기였지요. 씁쓸하지만, '아버지도 가족의 일원이라는 사실을 잊지 말라'는 뜻이 아니었을까요. 이제 시대가 바뀌었으니 어버이날과 어린이날을 따로 두기보다 그냥 가족의 날로 합치는 것이 어떨까 합니다.

서울시장
관용차 번호

내무부 장관은 12호
서울시장은 26호를 배정받았습니다

5·16쿠데타 이후 각 부처 장관에게 관용차를 지급할 때 일입니다. 서울시장으로 임명된 윤태일 장군은 자기 관용차 번호가 26인 걸 보고 부관에게 물었답니다. "한신 차는 몇 번이냐?" 내무부 장관 한신은 그의 고향 후배지만 군대 서열은 위였습니다. "내무부 장관 차는 12호"라는 답을 들은 그는 자존심이 상했습니다. (박정희는 1호 차였습니다.) 당시에는 서울특별시가 내무부 산하에 있었습니다. 얼마 뒤 공교롭게 한신이 교통사고를 당해 입원했습니다. 그가 병원에 누워 있는 동안 윤태일은 국가재건최고회의를 상대로 서울시를 내무부 관할에서 빼 달라고 로비를 벌입니다.

윤태일의 로비 때문만은 아니었겠으나 1962년 1월 27일, '서울특별시 행정에 관한 특별조치법'이 공포되었습니다. 이로써 서울시는 내무부 관할에서 벗어났고 서울특별시장은 장관급으로 격상되었습니다. 이 뒤로 자동차 번호에 지역명을 넣기 시작해서 시장 관용차가 서울 1000번이 됐다는 '설'이 있습니다.

우리나라 사람들의 번호에 대한 집착은 참 대단합니다. 국보 1호가 남대문이라는 사실은 다들 알지만 국보 2호가 무엇인지 아는 사람은 아주 드뭅니다. 번호는 그저 숫자일 뿐입니다. 주민등록번호가 앞선다고 인품이 높은 것은 아니지요. 저마다 마음으로 나는 몇 등일까를 생각하는 듯합니다. 번호에 대한 집착을 버려야, 생활에서 권위주의를 물리칠 수 있을 겁니다.

졸업식날 교복 테러

교복 테러의 역사는 뿌리가 깊습니다

제1차 세계대전은 '총력전'이라는 새로운 전쟁 형식을 만들어 냈습니다. 곡사포와 비행기가 전방과 후방의 구분을 무의미하게 했고, 대량 살상 무기는 군인과 민간인을 가리지 않았습니다. 그때부터 남성 생애사生涯史에서 학교가 군대의 전前 단계로 편입되었습니다. 징병제를 실시하는 국가들에서 남자는 학교를 졸업하면 바로 군대에 가야 했습니다.

일제는 중일전쟁을 도발한 이후, 식민지 조선에도 '총력전 체제'를 구축했습니다. 남학생 여학생을 가리지 않고 학생을 '멀지 않은 장래의 군인'으로 만들었지요. 그들은 남학생 교복은 일본 육군복, 여학생 교복은 해군복(세일러복, 세라복) 형식으로 통일시켰습니다. 군복 형식의 교복은 학생을 '예비 군인'으로 보는 관념의 산물입니다. 군사적 관점에서 학생을 대하는 태도는 해방 이후에도 사라지지 않았습니다. 오히려 6·25전쟁을 거치면서 더 강해졌습니다. 졸업식 날 '교복에 테러'하는 학생들의 분노는, 그 역사적 뿌리가 깊습니다.

메리메리 쫑쫑 150년 전만 해도 한민족 순혈주의는 없었습니다

1950~60년대, 개를 방 안에 들이지 않던 시절에는 개 이름의 반 가까이가 '메리[Mary]'나 '쫑[John]'이었습니다. 그래서 지나가는 개를 부를 때는 으레 '메리 메리 쫑쫑'이라고 했습니다. '천한 것'의 대명사와도 같았던 개에게 미국인의 '대표 이름'을 붙인 데에는 아마 그들에 대한 복잡 미묘한 심사가 담겨 있었을 것입니다.

한국인들이 '순한글' 이름을 짓기 시작한 지는 꽤 됐지만, 저 어렸을 때만 해도 한글 이름 가진 친구는 거의 없었습니다. 다만 저는 미군부대 가까운 동네에 살았기 때문에 존이나 애덤 같은 '한글 이름'의 친구들이 더러 있었습니다. 중학교 때 한 학기 동안 짝이었던 '존'은 '쫑'이니 '아이노꼬'니 하는 놀림을 받으면서도 참 밝게 지냈습니다. 같은 미국계라도 자기는 '백인계'라 학교라도 다닌다고 생각했지요. 그 시절에는 피부색이 검은 아이들은 대개 초등학교도 못 다녔습니다.

이제 제 시골 고향 초등학교는 학생의 반 정도가 '다문화' 자녀들입니다. 그 아이들은 이름으로는 구별되지 않는데다가 수도 적지 않아 아직은 잘 어울려 사는 듯합니다. 그러나 그 아이들이 학교 밖으로 나왔을 때 이 사회가 어떻게 받아들일지 걱정입니다. 미국 인권보고서가 한국 내 소수민족 차별이 문제라고 지적했더군요.

150년 전만 해도 우리 모두가 '단군의 자손'이라는 생각은 없었습니다. 양반은 자기가 노비들과 '동포'라고 생각하지 않았습니다. '혈통'이라는 신분 개념은 '순혈 민족주의'와 어울리지 않았습니다.

한국말 못하는 '한국계 외국인'은 같은 민족이라고 감싸 안고, 한국말밖에 못하는 한국인은 외모가 좀 다르다고 민족 밖으로 내치는 문화가 언제까지 지속될지 모르겠습니다. 그들은 우리의 '우리(울타리)'에 들지 못하면 다른 민족의 '우리'에도 들 수 없습니다.

목욕과 물값

한국인의 기대 수명 증가엔
값싼 수돗물이 큰 구실을 했습니다

"1년에 두 번, 설과 추석 전날에만 목욕한다." 1970년대까지 농반진반으로 하던 얘기입니다. 지금은 옛날이야기가 되었지만 한국 사람들이 자주 씻지 않는다는 편견은 뿌리가 꽤나 깊습니다. 그러나 1910년대 서울의 '조선인' 집에서 기거했던 한 폴란드인은 "내가 가까이에서 본 바로는 조선인들은 밖에 나갔다 돌아오면 반드시 씻는다."고 기록했습니다.

조선인을 가까이에서 접할 기회가 별로 없었던 서양인들은 가난한 조선인의 더러운 옷차림만 보고 그들이 잘 씻지 않으리라 짐작했습니다. 그러나 옷은 자주 빨면 쉽게 해지지만 몸은 자주 씻어도 닳지 않습니다. 더구나 옛날에는 종교 의례가 무척 많았습니다. 종교 의례에서 목욕재계沐浴齋戒는 필수 절차였습니다. 도시민들이 목욕에서 멀어진 것은 상수도 공급 이후 물값이 크게 오르면서부터입니다.

최근 반세기 사이에 한국인의 기대 수명이 두 배 가까이 늘어난 데에는 유리창과 값싼 수돗물이 큰 구실을 했습니다. '값싸고 질 좋은' 물이 많아야 생명이 건강합니다. 물값이 비싸지면 가난한 사람들의 생명 값은 싸집니다. 물은 돈이 아니라 생명의 문제입니다.

여성 노동자 강주룡의
고공 농성

광목 한 필을 들고 을밀대
지붕 위에 올라갔습니다

1931년 5월 28일, 평양에 있던 평원고무공장 여성 노동자 강주룡이 광목 한 필을 사 들고 모란봉 을밀대 지붕 위에 올라갔습니다. 회사의 일방적인 임금 삭감에 항의하여 동료들과 함께 파업에 돌입했다가 일본 경찰에게 강제해산 당한 직후였습니다. 그가 광목을 따로 준비한 것은 여차하면 목을 매기 위해서였습니다. 죽을 각오를 했던 것이지요. 그는 을밀대 주변에 모여든 사람들에게 기업주의 가혹한 착취와 일본 경찰의 잔인한 진압 실상을 알렸습니다. 그는 을밀대 지붕 위에서 9시간 반 동안 '고공 농성'을 벌이다 탈진하여 체포되었습니다.

당시 한글 신문들은 강주룡이 을밀대 지붕 위에 걸터앉은 모습을 담은 사진과 함께 이 사건의 경위를 상세히 보도했습니다. 강주룡의 요구는 끝내 받아들여지지 않았지만, 그의 '고공 농성'은 식민지 여성 노동문제의 심각성을 알리는 데 큰 구실을 했고, 후일 그에게는 '한국 여성 노동운동가 1호'라는 칭호가 붙었습니다.

그로부터 80년 뒤, 한진중공업의 부당 해고에 반대하여 죽기를 작정하고 타워 크레인에 올라갔던 김진숙씨는 309일 만에 살아서 내려왔습니다. 그의 고공 농성이 한국 사회에 던진 파장도 강주룡의 고공 농성에 못지않습니다. 다만 결정적으로 다른 점이 있습니다. 80년 전의 조선 언론은 모두 강주룡 편이었는데, 현대 한국의 거대 언론은 대개 김진숙을 외면했다는 점입니다. 언론이 사회적 약자에게 '동병상련同病相憐'의 감정을 느끼지 못하면 세상이 더 차가워집니다.

대도 조세형

공식적으로 대도였으나
비공식적으로는 의적이었습니다

대통령의 최측근 인사가 부실 저축은행장에게 '물방울 다이아'를 뇌물로 받았다는 보도를 접하니 1980년대 초 세상을 떠들썩하게 했던 '대도大盜' 조세형이 떠오릅니다. 그때 조세형은 '공식적'으로는 대도였으나 비공식적으로는 '의적義賊'이었습니다. 보통 사람들은 1/3캐럿짜리 작은 다이아몬드 하나 보기도 어렵던 시절이었으니 '물방울 다이아몬드'를 '훔친' 사람보다 '가진' 사람에 대한 분노가 더 클 수밖에 없었습니다. 조세형은 총에 맞고 체포되었는데, '단순 절도범'에게 총을 쏜 것은 절도 피해자의 신원을 감추기 위해서였을 것이라는 소문이 돌았습니다. 후일 조세형의 변호사는 그 물방울 다이아몬드가 청와대 경호실 간부 집에 있던 것이라고 밝혔습니다.

제가 직접 들은 비슷한 사례도 있습니다. 1970년대 말, 서울 집 한 채가 몇 백만 원 하던 때, 어느 부잣집에서 수천만 원대의 보석을 도둑맞았습니다. 하지만 그 보석들이 전부 밀수품이어서 신고도 하지 못했습니다. 그런데 다른 사건으로 도둑을 잡은 경찰이 보석을 찾아서 그 집에서 도둑맞은 것인지 확인해 달라며 가지고 왔습니다. 그 집 주인, 경찰에게 크게 한몫 떼어 주고 '공식적'으로는 없던 일로 해 버렸습니다. 도둑맞은 집은 포기했던 보석 대부분을 소리 소문 없이 되찾아서 좋고, 도둑 잡은 경찰은 한몫 단단히 잡아 좋고, 도둑은 범죄 사실 하나 사라져 좋고……. '원원원'이었지요. 이들은 모두에게 좋은 '최선의 선택'을 했지만, 승자는 밀수범, 도둑놈, 부패 경찰이었습니다. 그리고 패자는, 법을 지키며 사는 선량한 국민들이었습니다.

희생이 된 군 복무

특권층이 영광으로 여기지 않는데
보통 사람이 영광으로 여길 수 없습니다

"남아면 군복에 총을 메고 나라 위해 전장에 나감이 소원이리니 / 이 영광의 날 나도 사나이였드면 나도 사나이였드면 / 귀한 부르심 입는 것을." 노천명이 조선징병령 시행을 기념해 지은 〈님의 부르심을 받고〉의 일부입니다. 이것이 당시 그의 진심이었을지도 모릅니다.

"님께서 가신 길은 영광의 길이옵기에 이 몸은 돌아서서 눈물을 감추었소." 입대하는 남편에게 차마 눈물을 보이지 못하는 '굳세지만 나약한' 아내의 마음을 노래한 〈아내의 노래〉 가사의 일부입니다. 6·25 때에는 이런 일이 실제 있었을지도 모릅니다.

고대 로마에서는 자유민 남자만 군인이 될 수 있었습니다. 조선에서는 양인 남자만 군역을 부담했습니다. 국가가 출현한 이래 군대는 '남성의 나라'를 떠 받치는 기둥이었습니다. 근대 국민국가에서 나라를 위해 헌신하는 것은 남성만이 누릴 수 있는 '영광'으로 취급됐습니다.

'병역 가산점제'를 부활해야 한다는 소리가 높습니다. 남성이 나라를 위해 헌신하는 것은 '영광'이 아니라 희생일 뿐이라는 고백인 셈이지요. 특권층이 영광으로 여기지 않는 것을 보통 사람들이 영광으로 여길 수는 없습니다. '군인이 되는 영광', 특권층이 일찌감치 양보한 영광치고는 그래도 오래 버틴 셈입니다. 병역 가산점제를 부활하라는 소리는, 남성 중심 사회를 떠받치던 기둥에 금이 가는 소리입니다.

전향과 변절, 국민보도연맹

변절은 확신하고
전향은 불신했습니다

1938년 조선총독부는 '시국대응전선사상보국연맹'이라는 단체를 만듭니다. 반일 운동이나 사회주의 운동에 가담했다가 붙잡힌 뒤 '공개 전향'한 사람들을 모아 놓은 단체였지요. 이 단체 회원들은 '전향의 진정성'을 증명하기 위해 아주 열심히 친일 활동을 했습니다. 해방 뒤 이 단체에 가입했던 사람들은 다시 제자리로 돌아갔습니다. '변절자'라는 '오명'을 씻기 위해 예전보다 더 극단적인 주장을 펴는 사람도 많았습니다. 그런데 1949년에 시국대응전선사상보국연맹이 '국민보도연맹'이라는 이름으로 재건됩니다. 국민보도연맹은 공개 전향한 좌익 인사들로 구성되었습니다. 일제 때 한 번 전향했다가 해방 뒤 제자리로 돌아갔던 사람들이 또 전향하는 웃지 못할 일들이 벌어졌습니다. 이듬해 6·25전쟁이 터지자 정부는 국민보도연맹원들을 우선 처형했습니다. 이른바 '국민보도연맹 학살사건'입니다.

한쪽에서는 '전향'이라 하고 다른 쪽에서는 '변절'이라고 하는 '동일 행위'를, 당사자가 자기 정체성 안에 어떻게 수용했는지 알기는 어렵습니다. 다만 그들은 자기를 '주시'하는 사람들에게 '진정성'을 입증해 '보이기' 위해 더 과격하게 말하고 행동해야 했던 것 같습니다. 그런 사람들의 비극은, 그들을 '변절자'라고 비난하는 사람들은 그의 변절을 '확신'한 반면, 그들의 '전향'을 받아들인 사람들은 그 '전향'을 '불신'했다는 데에 있었습니다. 어쩌면 그 자신의 정체성도 '확신'과 '불신' 사이의 넓은 공간 안에서 방황했는지 모릅니다.

쓸쓸한 너의 아파트

현대인에게 아파트는 '살다'의 '사는 곳'이 아니라
'사다'의 '사는 곳'입니다

1982년에 발표된 윤수일의 노래 〈아파트〉만큼 집에 대한 현대 한국인의 생각을 압축적으로 표현한 노래도 찾기 어렵습니다. "별빛이 흐르는 다리를 건너 바람 부는 갈대숲을 지나" 도착하는 곳은 '강남'이거나 '잠실'입니다. 그곳에는 "아무도 없는" 아파트가 "언제나 나를" 기다립니다. 사실은 나를 기다린다기보다는 내 돈을 기다리는 것이지요. 이 집은 돈을 내고 입주한 뒤에도 '머물지 못하는' 집입니다. 처음부터 자기가 살 생각 없이 집을 사는 사람도 많습니다. 그런 사람들에게는 집은 자기 집이되, 그 집에 사는 사람은 아무 관계도 없는 남입니다. 이 집은 또 2년 거주 후에는 양도세 부담 없이 팔 수 있고, 지은 지 30년이 지나면 재건축을 기대할 수 있는 집입니다.

현대 한국인에게 아파트는 '살다'의 사는 집이 아니라 '사다'의 사는 집입니다. 그래서 삶을 담을 수 없는 '쓸쓸한' 집입니다. 옛날에는 평생 새 집을 구하지 않고 태어난 집에서 살다 죽는 사람도 많았습니다. 그런 만큼 집은 안정감과 지속감의 원천이었지요. 그러나 요즘 집들은 사람보다 훨씬 수명이 짧을 뿐 아니라 그 짧은 시간조차 평생 함께하는 사람도 드뭅니다. 요즘 사람들이 삶을 공허하게 느끼는 것은 집이 쓸쓸하기 때문은 아닐까요? 사람들의 집에 관한 생각이 바뀌어야 '아파트'의 뒤를 이을 집에 관한 새 노래가 나오겠지요.

황포군관학교와
누런 강물

배설물을 강에 바로 내다 버려
강물 빛이 언제나 똥빛이었습니다

1924년에 중국 제1차 국공합작國共合作의 한 성과로 중국 상하이에 황포군관학교黃埔軍官學校가 설립되었습니다. 교장은 중국 국민당의 장개석이었지만, 학교 교사 중에는 공산당원이 많았고 학교 설립 자금과 무기도 소련 볼셰비키 정부가 지원했습니다. 이 학교는 사실상 중국의 육군사관학교 구실을 했습니다. 우리나라 독립운동가 중에도 의열단장 김원봉, 조선의용군 화북지대장 박효삼 등이 학교에서 수학하거나 졸업한 사람이 많습니다.

황포군관학교라는 이름은 상하이 한복판을 흐르는 황포강에서 딴 것입니다. 20여 년 전 상하이에 갔을 때 가이드가 황포강이라는 이름의 유래에 대해 알려 주었습니다. 물론 여행 가이드의 설명이 으레 그렇듯 믿거나 말거나 식이었지만요. "상하이에는 천만이 넘는 인구가 사는데 변소 있는 집은 거의 없습니다. 옛날에는 지금보다 훨씬 더했죠. 그 많은 사람들이 배설물을 이 강에 바로 내다 버려 강물 빛이 언제나 똥빛이었습니다."

그런데 사실 20년 전에는 중국의 다른 도시들에서도 변소 찾기가 쉽지 않았습니다. 상하이를 거쳐 고구려 유적지인 지안集安에 갔을 때의 일입니다. 새벽에 호텔에서 나와 거리 구경을 하는데 여성들이 통을 하나씩 들고 강가로 걸어가는 모습이 보였습니다. 유심히 살펴보았더니 통에 든 것을 강에 버리고는 통을 씻어 돌아오더군요. 그들이 들고 다닌 통은 다름 아닌 똥통이었습니다.

중국에 국한된 일이 아닙니다. 옛날에는 어느 나라에서나 도시의 강은 다 '똥물'이었습니다. 깨끗한 물을 똥물로 바꿔 놓는 능력은 인간에게만 있습니다. 그러나 그 능력은 인간 자신을 해치는 능력이기도 합니다. 더 나은 미래를 바란다면, 자연을 '이용'의 대상으로 보는 눈을 버리고 '공존'의 대상으로 보는 눈을 가져야 합니다.

가족 동반 자살

'자녀 살해 후 자살'은
생명보험과 거의 같은 시대에 시작되었습니다

　생활고를 견디지 못한 부모들이 자기 자녀들을 먼저 살해하고 자살하는 사건이 종종 발생합니다. 그런 일이 생길 때마다 '자녀를 소유물로 생각하는 한국의 전통적 가족 문화'를 탓하는 '전문가'들이 많습니다. 그러나 친족 공동체와 마을 공동체가 살아 있던 옛날에는 자기 자식을 죽이는 사람은 거의 없었습니다. 그들에게는 최소한의 '믿는 구석'과 '기댈 언덕'이 있었습니다.

　우리나라에서 '가족 동반 자살', 엄밀하게는 '자녀 살해 후 자살'은 '생명보험'과 거의 같은 시대에 시작되었습니다. 보험이 이웃과 사회의 보살핌을 대신하면서 보험료를 부담할 수 없는 사람들이 더 절망적인 상태가 된 것이지요. '자녀 살해 후 자살'이 잦은 것은 국가와 사회가 사람들의 '신뢰'를 잃었다는 증거입니다.

위자료

'신부 측은 신랑이 다시 장가드는 데에 필요한 비용을 지불하라'

합법적 이혼제도가 처음 생긴 무렵인 1911년, 어떤 새색시가 친정에 다니러 간다고 하고서는 돌아오지 않았습니다. 시아버지가 찾아가서 설득해도, 남편이 찾아가서 으름장을 놓아도 그는 시집으로 돌아오려 하지 않았습니다. 친정 부모도 자기 딸을 그냥 데리고 있겠다고 고집부렸습니다. 시집 식구들은 하는 수 없이 신부를 고소했습니다. 법원의 판결은 "둘은 이혼하고 신부 측은 신랑이 다시 장가드는 데에 필요한 비용을 지불하라."는 것이었습니다. 그 신랑이 새장가 드는 데에 얼마나 많은 돈을 썼는지는 알 수 없지만, 아마 처음 장가갈 때 비용을 크게 초과하지는 않았을 것입니다.

외제 고급차에 치이나 중고 경차에 치이나 교통사고 위자료는 별 차이가 없는데 '결혼사고' 위자료는 천양지차입니다. 연예인이나 기업가가 이혼 위자료로 수십 억 원을 지급했다는 보도가 심심찮게 나옵니다. 이러니 이혼을 하더라도 일단은 부자와 결혼하겠다는 사람이 늘어날 수밖에 없지요. '법률 시장'에서는 이혼소송이 토지소송 다음으로 크다는 말도 있더군요.

중세의 가정은 국가권력이 개입하지 못하는 '사적 영역'이었습니다. 가정 내 분쟁은 가부장이 단독으로 처리하거나 친척들의 합의로 처리했습니다. 현대의 가정은 평소에는 사적 영역이지만 가족 간에 심각한 분쟁이 생기면 국가가 개입하는 '공적 영역'이 됩니다. 가정에서 사랑보다 돈이 차지하는 자리가 넓어지면, 사생활 영역은 줄어들기 쉽습니다.

애사심

고용인을 물건 취급하는 경영자의 믿음을 저버리는 건
배신이 아닙니다

우리나라에서 처음 '회사'라는 이름을 쓴 기업이 출현한 것은 1883년입니다. 그때의 회사원은 투자자나 출자자라는 뜻으로 지금의 주주에 해당했고, 직원은 따로 고용인, 고원, 용인 등으로 불렸습니다. 그 아래에 직공이 있었지요. 정년이니 정규직이니 하는 개념이 없던 때였습니다. 직원을 회사원으로 '높여' 부르기 시작한 것은 대략 1920년대부터입니다. 왜 이런 변화가 생겼는지는 확실히 알 수 없으나 이름을 높여 불러주는 것만으로도 직원들의 '충성심'을 높이는 데에는 큰 효과가 있었습니다. 그렇다고 당장 '애사심'이라는 말이 생기지는 않았지만요.

일제강점기까지는 외국인 선교사들 말고는 정년이 보장된 직업이 없었습니다. 사실 대다수 사람들이 '정년'까지 살지도 못하던 시절이었지요. '애사심'이라는 말은 민간 기업들이 정년제를 도입한 1960년대 이후에야 생긴 말인 듯합니다.

지금은 정규직은 '회사원', 비정규직은 '고용인'인 시대입니다. 예전 회사 경영자들은 고용인의 충성심 따위는 바라지도 않았지만, 요즘 경영자들은 '언젠가는' 회사원으로 올려준다는 '미끼'만 걸면 고용인들의 마음을 '자를 때까지는' 틀어쥘 수 있다고 믿습니다. 하지만 고용인을 '쓰다 버리는' 물건 취급하는 경영자의 믿음을 저버리는 것은 '배신'이 아닙니다.

대부업체

대부업 회사가 욕을 먹지만
서민을 꼬드겨 갈취한 저축은행이 더 나쁩니다

우리나라에서 전당포라 하는 것을 일본에서는 시치야[質屋]라 합니다. '질質'은 '채권의 담보물'이라는 뜻인데 아주 옛날에는 물건보다 사람 가치가 높았기에 '인질人質'을 주로 썼습니다. 고조선의 팔조법금에는 '남의 물건을 도둑질한 자는 물건 임자의 노비로 삼으며 풀려나려면 50만 전錢을 내야 한다.'는 조항이 있는데, 여기에서 노비는 인질로 바꿔도 무방합니다. 이 땅에 일본인 대부업체인 시치야가 들어온 것은 1880년대였습니다. 그들은 집을 저당 잡고 자취를 감추었다가 기한이 지난 뒤에 나타나는 등의 방법으로 조선인의 재산을 갈취하여 쉽게 돈을 벌었습니다.

근래 서민 금융을 자처하면서 실제로는 고리대업을 하는 대부업 회사들에 대한 비난의 소리가 높습니다. 대부업 회사 광고에 출연한 연예인들조차 덩달아 욕을 먹기까지 합니다. 고리대업 자체를 부도덕하게 여기는 오래된 문화 때문이기도 하지만 대부업 회사 상당수가 일본계 자본이라는 점도 이런 인식에 영향을 미친 듯합니다. 그러나 당장 돈이 급한 서민들의 약점을 이용하는 대부업 회사들보다 조금 더 많은 이자를 준다고 꼬드겨서는 서민의 돈을 갈취한 저축은행들이 훨씬 더 나쁩니다. '나쁜 놈' 되기 어렵지 않습니다. '나쁜 돈'의 유혹을 뿌리치지 못하면 누구나 나쁜 놈이 됩니다.

전염병과
만능 백신

슈퍼 백신을 함부로 쓰다가는
애먼 사람 잡기 쉽습니다

전쟁 중에 사람을 해치는 것은 무기만이 아닙니다. 인류 역사상 전투 중의 사망과 부상이 전투 외적 요인에 의한 사망, 부상보다 많았던 최초의 전투는 1904년의 러일전쟁이었습니다. 그전까지는 전투로 인한 사망보다는 전투 중 감염으로 인한 사망이 훨씬 많았으니 전시에는 적군을 막는 것 다음으로 중요한 것이 질병을 막는 것이었습니다.

6·25전쟁 중 소련은 슈퍼 백신이라는 것을 개발해서 북한군과 중국군에게 접종했습니다. 주사 한 방으로 페스트, 말라리아, 티푸스, 콜레라 등 전염병 6~7종을 예방할 수 있는 '만능 백신'이었지만, 강력한 만큼 부작용도 커서 숱한 사람을 해쳤습니다. 미군은 예상되는 전염병에 따라 그때그때 다른 백신을 썼지만 대신 자주 접종했습니다. 그런데 주사약은 충분했으나 주사기가 부족하여 주사 바늘 하나로 보통 10명 이상에게 접종했습니다. 한국에 간염 환자가 많아진 것은 이 때문이기도 합니다.

그러나 요즘에는 사람들 위생 상태가 좋아진데다가 환경도 깨끗해져서 학교에서도 집단 예방접종은 잘 안 합니다. 전염병은 '세균' 때문에만 발생하는 것은 아닙니다. '면역력' 또는 '저항력'이 세균을 당하지 못해서 발생하는 것이지요. '불순 사상'의 확산이 우려된다고 정부에 '강력한 대처'를 주문하는 사람이 꽤 있습니다. 그러나 전염력이 약한 질병에 슈퍼 백신을 함부로 쓰다가는 애먼 사람 잡기 쉽습니다.

소박한 화생방 훈련

화학무기, 생물학무기, 방사능 무기를
통칭한 말입니다

유신체제하인 1975년, 민방위기본법 제정과 동시에 매달 15일이 '민방위의 날'로 지정되었습니다. 낮에는 학교와 직장에서 공습 대비 훈련, 화생방 훈련 등을 하고 밤에는 집에서 '등화관제' 훈련을 해야 했지요. 늦은 밤 사이렌 소리가 울리면 민방위대원들이 "불 꺼요, 불꺼!"라고 소리치며 골목골목을 누볐습니다. 보통 가정집에서는 창문을 이불 등으로 막아 빛이 밖으로 새나가지 않게 하고서는 그냥 TV를 보곤 했습니다.

이제와 돌이켜 보면 화생방 훈련이 특히 가관이었습니다. 화생방 경보는 사이렌 없이 확성기로만 알렸는데, 스피커에서 화생방 경보라는 소리가 들리면 비닐을 뒤집어 쓰고 책상 밑으로 기어 들어가 구부리고 앉아 있어야 했습니다. 화생방이란 화학무기, 생물학무기, 방사능 무기를 통칭한 말입니다. 비닐 뒤집어 쓰고 있으면 핵폭탄의 파괴력에서 벗어날 수 있다는 생각, 지금 생각하면 웃음만 나옵니다. 어쩌면 당대 권력이 이 훈련을 통해 막으려 한 것은 화생방 무기가 아니라 민주주의를 향한 대중의 열망이었을지도 모릅니다.

일본 원전 사고 이후 비 오는 날이면 화생방 훈련을 받던 학창시절이 떠오르곤 합니다. 그때는 비 오는 거리를 우산도 안 받고 걸어 다녔는데……. 무기든 에너지원이든 화생방은 사람의 몸이 감당하기 어렵습니다. 원자폭탄만큼이나 무서운 원전 사고의 위험성을 줄이는 길은 원전 의존도를 줄이는 것밖에 없습니다.

신마치 유곽

장충단 옆에 일본인이
이 땅에 최초로 만든 공창입니다

1904년 러일전쟁이 일어나자 일본군 수십만 명이 한국을 거쳐 중국으로 갔습니다. 2만여 명의 일본군은 아예 장기 주둔했습니다. 일본의 승리가 확실해지자 수많은 독신 남성이 남보다 먼저 일확천금의 기회를 잡으려 한국에 밀려들어왔습니다. 서울의 일본 거류민 사회는 극단적인 성비 불균형 상태가 되었습니다.

미리 들어와 기반을 다져 놓았던 경성 일본인 거류민단은 일본군을 '위로'하고 새로 거류민이 된 독신 남성들의 '성 문제'를 해결하기 위한 '공익 시설'을 만들기로 결정했습니다. 그들은 일본군의 힘을 빌려 쌍림동의 넓은 땅을 거의 무상으로 약탈한 뒤, 그곳에 성매매업자들을 유치하여 유곽遊廓을 건설했습니다. 이것이 이른바 '신마치 유곽'으로 경성 일본인 거류민단 최초의 '공익 시설'이자 이 땅에 처음 생긴 '공창公娼'입니다.

일본인들이 유곽을 지은 신마치新町는 장충단 바로 옆, 지금 삼성제일병원 일대입니다. 장충단은 대한제국의 '국립 현충원' 격이었습니다. 지금으로 치면 동작동에 환락가를 만든 셈입니다. 더구나 장충단은 임오군란과 을미사변 때 일본군에 맞서 싸우다 희생당한 사람들의 위패를 모신 곳이었습니다. 일본인 거류민단이 그 바로 옆에 유곽을 세운 데에는 이들과 이들을 기리는 한국인 모두를 모욕하려는 뜻도 담겨 있었습니다. 그러거나 말거나 수많은 한국인 남성이 평생 듣도 보도 못했던 요지경 세상에 미혹되어 신마치 유곽에 드나들었습니다. 거기에서 그들은 오랜 역사를 지닌 일본식 유곽 문화에 조금씩 익숙해졌습니다.

식민지 잔재를 청산하자는 말에는 한국인 대다수가 동의합니다. 그러나 세계 최대 규모의 성 산업을 유지하고 있는 현대 한국의 '성 문화' 역시 식민지 잔재라는 사실은 부러 외면하는 듯합니다.

체전부

산길에서 노상강도를 만나
우편 행랑을 빼앗기고 목숨을 잃기도 했습니다

　　우정국 건물 낙성 축하연은 갑신정변이 일어난 1884년 12월 4일에 열렸지만 우정郵政 사무는 이보다 20일쯤 전인 11월 17일부터 개시되었습니다. 이때의 우정 사무와 관련된 자료들은 지금 우정박물관에서 볼 수 있지만, 집배원들이 어떤 사람이었는지는 유감스럽게도 알 수 없습니다. 우정 사무는 갑신정변으로 중단되었다가 10년쯤 지난 1895년에야 재개되었습니다.

　　이때에는 집배원을 '체전부遞傳夫'라고 했는데, 글을 알아야 할 수 있는 일이었기 때문에 어느 정도 교육을 받은 사람만 체전부가 될 수 있었습니다. 그럼에도 우편물 배달이 본래 노비들이 하던 일이었던 관계로 이들에 대한 사회적 인식은 그리 좋지 않았습니다. 또 도로 사정이 나빴고 주소 체계도 정비되어 있지 않아 우편물 배달은 아주 어려웠습니다. 체전부들을 가장 괴롭힌 건 '노상강도'였습니다. 체전부가 우편물 배달 도중 산길에서 노상강도를 만나 우편 행랑을 빼앗기고 목숨마저 잃는 사건이 매년 몇 차례씩 생겼습니다. 어느 나라에서나 우편제도가 정착하기까지는 숱한 '체전부'들의 희생이 있었습니다. 요즘 체전부의 일은 집배원과 택배 사원들이 나눠 맡았습니다. 이제 노상강도는 없지만 사회적 냉대는 여전합니다. 엘리베이터 안에 '택배 사원은 엘리베이터 이용 금지'라는 안내문을 써 붙인 아파트 주민들, 그들 덕에 현관 앞에서 '소중한' 물건을 받을 수 있다는 사실을 잊지 않았으면 합니다.

정상배

정치적 지위를 이용해 사사로운 이익을 취하는 무리입니다

1898년 9월, 대한제국 정부는 일본 경부철도주식회사와 경부철도 부설 계약을 체결하면서 그 공사에 한국인 회사를 참여시키라는 단서를 달았습니다. 이 무렵의 철도 건설공사는 주관회사가 노선 선정, 철도 용지 확보 등을 담당하고 하청회사가 공사를 수행하는 것이 일반적 관행이었고, 하청회사도 직접 공사를 담당하기보다는 노동력 공급 회사인 역부회사役夫會社 등에게 재하청을 주어 중간 차익을 얻는 것이 보통이었습니다.

그런데 당시 대한제국에는 하청회사는커녕 역부회사도 없었습니다. 경부철도 계약에 이런 조건이 있다는 '정보'를 먼저 안 정부 고위 관리들은 다투어 하청회사를 설립했습니다. 이런 회사를 설립하는 데에는 특별한 기술이나 자본이 필요하지 않았습니다. 회사 설립 허가만 받으면 공사권을 얻으려는 사람들이 돈을 들고 찾아왔으니까요. 중요한 것은 '권력과의 거리'뿐이었습니다.

자신의 '정치적 지위'를 이용해 사사로운 이익을 취하는 무리를 '정상배政商輩'라 합니다. 자본주의 시대 초기에는 어느 나라에서나 정상배들이 활개를 쳤습니다. 자본주의와 민주주의의 병행 발전은 '정상배'들이 설 자리를 빼앗는 과정이기도 했습니다. 그런데 4대강 공사 등 관급 공사가 많아진 최근에는 그런 정상배들이 부활했다는 소리가 여기저기에서 들립니다.

한겨울 철거   겨울은 겨우겨우 살아내는 계절입니다

　겨울은 생명에 위협적인 계절입니다. 많은 생명체가 겨울을 넘기지 못하고 죽습니다. 그렇지 않은 생명체도 최소한의 생명 활동만 유지한 채 대부분의 능동적 생명 활동을 중단합니다. '겨우살이'는 말 그대로 '겨우' 살아내는 삶입니다. 그런데 지난 수십 년 이래 해고나 철거는 주로 추운 겨울에 해 왔습니다. 최근의 용산 참사도 2009년 1월 9일의 일입니다. 집을 잃거나 직장에서 쫓겨나는 사람들의 '버티는 힘'이 가장 약한 계절이기 때문이겠지요. 그러나 옛날에는 폭군 연산군조차 겨울철 철거는 금지했습니다. 자기 권리 온전히 찾겠다고 남을 살아내기 어려운 길로 내모는 것은, 남보다 더 많이 가진 자가 차마 해서는 안 되는 일입니다. 그렇게 해서 조금 더 '이득'을 얻을 수는 있겠지만 이득보다 더 큰 '원한'도 따라옵니다.

　행복의 행幸에서 작대기 하나만 떼어 내면 매울 신辛이 됩니다. 맵고 고통스럽다는 뜻이지요. 더 많이 가져 행복한 사람들의 배려와 양보는 자기 머리에서 작대기가 떨어지지 않도록 하는 일입니다.

서양인 괴담

낭설을 퍼뜨리는 자를 극형에 처한다 했지만
의심만 부추겼습니다

1888년, '서양인들이 아이들을 납치해서 삶아 먹고 눈알은 빼서 사진기 재료로 쓴다'는 등의 괴담이 번졌습니다. 미국 공사는 조선 정부에 공문을 보내 시내 요소요소에 사실이 아니라는 내용의 방문을 붙이라고 요구했습니다. 조선 정부는 '낭설'을 퍼뜨리는 자는 극형에 처하겠다고 선언했지만, 괴담이 사라지지는 않았습니다. 오히려 정말일지도 모른다는 의심만 부추겼지요.

당시 이 괴담에 대해 미국인 선교사 헤론은 이렇게 말했습니다. "조선인들은 우리가 온 뒤로 살기가 더 힘들어졌다고들 합니다. 물가가 치솟고 화폐가치는 반 이하로 떨어졌습니다. 관리들은 외국 상인들 때문에 자기들이 차지할 돈이 없다고 불평합니다. 우리는 양편 모두에게 미움을 받기 시작했습니다." 그는 갑작스런 '개방'이 초래한 생활난에 대한 대중적 불만이 '서양인'에 대한 증오와 의심으로 표출되었다고 보았습니다.

'괴담'은 어떤 사안에 대해 합리적으로 해석할 능력이 없거나 합리적인 정보를 받아들일 통로가 없을 때에 유포됩니다. 합리적인 반론을 '괴담'으로 몰아 처벌하면, 배후에 무엇인가 있을지도 모른다는 진짜 '괴담'이 퍼지기 마련입니다.

소가 된
게으름뱅이

공부 안 하고 놀기만 해서 노숙자가 되는 게 아닙니다

〈소가 된 게으름뱅이〉라는 전래동화가 있습니다. 동화 속 게으름뱅이는 '스스로 원해서' 소가 되었다가 곧 후회합니다. '나태'는 가톨릭이 규정한 7대 죄악이기도 합니다. 그러나 사람의 '근태勤怠'가 운명을 바꾼다는 생각이 일반화한 지는 그리 오래되지 않았습니다. 옛사람들은 '빈부귀천'은 '팔자소관', 즉 타고나는 것이지 개인의 노력 여하에 따라 달라지는 것이 아니라고 믿었습니다. 노비로 태어난 사람은 제 아무리 피나는 노력을 해도 노비 신분에서 벗어날 수 없었습니다.

찰스 다윈이 생명체 진화의 동력은 '생존경쟁'이라는 생각을 그의 저서 《종의 기원》에 담은 것은 1859년의 일입니다. 허버트 스펜서가 생명체 진화의 원리가 인간 사회에도 적용된다는 '사회진화론'을 주장한 것도 같은 때입니다. 그러나 개인의 성공과 실패가 각자의 자질이나 노력에만 좌우되지는 않습니다. 신분제가 폐지된 지금, 개인이 책임져야 할 몫이 늘어나기는 했지만 여전히 사회가 함께 나눠야 할 몫도 있습니다.

아이와 함께 길을 걷다 노숙인이나 구걸하는 사람을 보면 "너 공부 안 하고 놀기만 하면 커서 저렇게 된다."고 소곤거리는 사람, 간혹 있습니다. 그 말에 책임질 수 있다면 아이에게 직접 가서 물어보게 하는 것이 옳습니다. 모든 실패를 개인의 책임으로 돌리는 생각들이, 잔인한 사회를 떠받칩니다.

포경수술　　　한국의 포경 수술률은 세계 최고입니다

독일 법원이 '종교적 이유에 의한 어린이 포경수술은 범죄'라고 판결했답니다. 유대교와 이슬람교의 '할례' 풍습에서 유래한 포경수술이 우리나라에서 일반화한 것은 6·25전쟁 중입니다. 이에 대해서는 미국 측의 '믿을 만한' 기록이 있습니다.

당시 미군 군의관들 중에는 소아과, 산부인과, 비뇨기과 등 전투 중 부상과 별 관계가 없는 전문의들이 많았습니다. 이들은 주로 수술장에서 '조수' 노릇을 했지요. 그러던 중 비뇨기과 분야에 '수술거리'들이 생겨납니다. 1951년 봄의 전선戰線 교착 이후 미군을 괴롭힌 것 중의 하나는 '성병'이었습니다. 미군 지휘관들은 후방 근무 중인 병사들에게 포경수술을 받게 함으로써 성병 예방 효과를 거두려 했습니다. 그래서 대방동의 121 야전병원이 포경수술의 메카가 됩니다.

그 시절에는 미군이 하는 일을 따라하지 않으면 한국군이 아니었습니다. 물론 지금 기준으로 이해해서는 안 됩니다. 제대로 씻지도 못하고 몇 달씩 참호 속에 있어야 하는 젊은 병사들에게는 개인 위생상 필요한 수술이었을 것입니다. 그러나 전쟁이 끝난 뒤에도 그런 '풍습'이 계속되었을 뿐 아니라 세계 최고의 수술률을 기록하게 된 데에는 '미군은 다 하더라'는 생각이 작용한 듯합니다. 한국의 포경수술도 어떤 의미에서는 '종교적' 이유의 수술입니다. '미국화'라는 종교.

성금과 삥 뜯기

정치권력이 방해해도 모이는 돈이
진짜 성금입니다

우리나라 최초의 자발적이고 공개적인 성금 모금은 국채보상운동이었습니다. 국민의 돈으로 일본에 진 나라 빚을 갚아 경제 주권을 회복하자는 운동이었지요. 남자들은 술, 담배를 끊고 여자들은 가락지와 비녀를 뽑아 돈을 마련해서는 국채보상기성회에 보냈습니다. 운동이 요원의 불길처럼 번져가자 일제는 주최 측이 성금을 횡령했다는 의혹을 제기하고 간사 양기탁을 체포하여 찬물을 끼얹었습니다.

두 번째 운동은 1923년에 벌어진 민립대학설립운동입니다. 이 운동이 반일의식을 자극할 것이라고 판단한 일제는 서둘러 '관립대학' 설립 계획을 발표하여 역시 좌절시켰습니다.

이 이후에도 재만 동포 돕기 성금, 이재민 돕기 성금 등의 자발적인 성금 모금이 있었으나, '공개적'인 대규모 성금 모금은 거의가 일제 권력의 '강제력'을 배경으로 했습니다. 일제는 국방헌금, 애국헌금 등의 명목을 붙여 성금을 '애국심', 즉 '일제 권력에 대한 충성도'를 측정하는 지표로 삼았습니다. 숭례문 화재 때에도, 구제역이 돌 때에도, 군인들에게 발열 조끼를 입히자는 여론이 돌 때에도 정부가 나서서 '성금'을 모으자고 했습니다. 그러나 정치권력이 방해해도 모이는 돈이라야 진짜 성금입니다. 정치권력이 주도하는 성금은 일제 말의 '애국헌금'처럼 사실상 '삥 뜯기'일 따름입니다.

이병철의
한국비료 헌납

재벌의 재산 환원은
탈세나 불법 자금 액수와 견줘봐야 합니다

　　우리 역사상 최대 규모의 '재산 사회 환원'은 1967년 이병철의 '한국비료 헌납'일 것입니다. 1966년 9월 한국비료주식회사가 건설 자재를 가장해서 사카린을 밀수했다는 사실이 폭로되자 이병철은 한국비료를 국가에 헌납하기로 결심했다는 각서를 쓰고 이 사실을 언론에 밝혔습니다. 그러나 얼마 뒤 자의에 의한 각서가 아니었다며 헌납 의사를 번복했습니다.

　　사카린 밀수 사건에 대한 수사가 지지부진한 상태에서 헌납도 철회되자 정부 관료가 이병철에게 매수되었다는 소문이 퍼졌습니다. 국회에서는 김두한이 장관들에게 똥물을 퍼붓는 사건까지 벌어졌습니다. 박정희는 이병철과 헌납에 관한 교섭 책임을 맡았던 장기영 부총리를 해임했으며, 그 일주일 뒤 이병철은 한국비료 주식 51%를 국가에 헌납했습니다. 사람들은 이를 두고 '울며 겨자 먹기'식 헌납이라고들 했습니다.

　　김밥이나 떡볶이를 팔아 모은 전 재산을 사회에 환원한 노인들은 종종 있었지만, 재벌이 아무런 대가 없이 큰돈을 사회에 환원한 적이 과연 있었는지 모르겠습니다. 재벌의 '사회 환원'은 탈세나 불법자금 액수와 견줘봐야 합니다.

부자의 관심

시간으로는 과거에
공간으로는 세계에 관심을 가집니다

 몇 해 전 미국에서 계층별 시공간 감각에 관한 흥미로운 조사 결과가 발표되었습니다. 시간에 관해서 빈곤층은 현재에, 중산층은 미래에, 부자들은 과거에 상대적으로 많은 관심을 보였답니다. 그 조사 결과에 대한 해석은 극히 상식적이었습니다. 빈곤층이 현재에 관심이 많은 이유는 당장 먹고사는 일이 급하기 때문이고, 중산층이 미래에 관심이 많은 이유는 저축이 가능하기 때문이며, 부자가 과거에 관심이 많은 이유는 첫째로 '골동품'이나 '고미술품'이 돈이 되기 때문이고, 둘째로 자기 성공을 합리화하려 들기 때문이랍니다.

 공간에 관해서는 빈곤층은 자기 동네에, 중산층은 자기 나라에, 부자들은 세계에 관심이 많답니다. 역시 자기들의 일상생활 반경과 네트워크의 범위를 그대로 반영했다고 할 수 있습니다. 부자들이 자기 중심으로 역사를 재해석하려 들고, 가난한 동네일수록 이웃 간의 정이 깊은 것은 어느 나라나 마찬가지인가 봅니다. 그런데 부자의 성공을 합리화하는 역사는 가난한 사람의 '실패'도 정당화합니다. 그런 역사를 '공유'하면 가난은 '숙명'이 됩니다.

육의전 상인의 몰락

일제가 일본인 상점과 거래하자
영세 상인이나 노동자가 됩니다

조선 후기 서울의 도소매 상업과 관청 조달은 '시전市廛'이 독점했습니다. 물종별로 조직된 시전들은 관청과 왕실에 물건을 싸게 공급하는 대가로 시전 도중都中에 가입하지 않고 장사하는 난전亂廛 상인들을 단속할 권리를 얻었습니다. 이를 금난전권禁亂廛權이라 했는데, 시전 상인들의 난전 단속이 어찌나 심했던지 '각전 상인 난전 몰 듯'이라는 속담마저 생겼습니다. 시전의 난전 단속으로 도성 안 물가가 오르고 영세 상인들이 곤경에 처하자 정조는 선전繕廛, 백목전白木廛, 청포전靑布廛, 저포전苧布廛, 지전紙廛, 내외어물전內外魚物廛의 육의전을 제외한 나머지 시전들의 금난전권을 없앴습니다. 이른바 신해통공辛亥通共 입니다.

육의전의 금난전권마저 폐지된 것은 1894년 갑오개혁 때입니다. 그래도 관청과 황실은 계속 육의전과 거래했습니다. 그러나 을사늑약 이후 한국 정부의 재정을 장악한 일제는 일본인 상점으로 거래처를 바꿨습니다. 이로 인해 육의전 상인들은 다 망해서 영세 상인이나 노동자가 되었습니다. 독점적 '특권 상인'이 사라진 것은 발전이라 할 수 있습니다. 그러나 외국 상인들이 그 혜택을 다 누린 탓에 인력거꾼과 지게꾼만 늘어났습니다. '누구를 위해'가 빠진 발전은, 대체로 허망합니다.

전력난과 특수선

제한 송전이라는 전시 상황에서도
특권층은 전기를 맘껏 썼습니다

6·25 때 임시수도 부산은 갑작스럽게 늘어난 인구로 몸살을 앓았습니다. 도시를 지탱하기 위한 모든 요소와 물자가 태부족이었고, 남아도는 것은 '사람'뿐이었습니다. 전기도, 물도, 땔감도, 먹을 것도 다 부족했습니다. 그런 상황에서 정부를 유지하고 전쟁을 치르기 위해서는 자원을 선택적으로 배분할 수밖에 없었습니다.

전력의 경우 군사 시설과 병원 등 '필수 시설'에만 '특수선'을 연결하여 상시 常時 송전 送電하고 민간에는 제한 송전했습니다. 그런데 병원조차 전기가 끊어지는 일이 자주 있었습니다. 특권층이 자기 집에 '특수선'을 연결하여 가뜩이나 부족한 전기를 흥청망청 썼기 때문입니다. 그들의 '심야 파티' 때문에 제때 수술을 받지 못해 목숨을 잃은 사람도 적지 않았을 것입니다. 비상시에 '특별한 사람'들이 평상시처럼 살고자 하면 평범한 사람들의 삶은 더 위태로워집니다. 대중의 의식 안에서 형성되는 특권층의 이미지는 특권층이 보여 온 행태와 떨어지지 않습니다.

화폐 인물

생명체의 모습은 언제나 조금씩 변합니다. 그러나 그림 속에 들어간 사람은 늙지 않습니다. 석상石像이나 동상銅像으로 만들어진 사람도 수천 년을 같은 모습으로 삽니다. 옛날 사람들은 이 불로장생不老長生의 속성에서 '신성神性'을 발견했습니다.

옛날에는 아무나 자기 초상화를 가질 수 없었습니다. 조각상은 말할 나위도 없지요. 처음에는 '신'이나 '성인'만이, 한참 뒤에는 왕이나 높은 귀족만이 자기 모습을 그림에 집어넣거나 조각상으로 남겨 '영생永生'시킬 수 있었습니다. 우상 숭배를 아주 혐오하는 이슬람은 사람뿐 아니라 동물도 그리지 못하게 했습니다. 그래서 이슬람 문화권에서는 '아라베스크'라는 기하학적, 추상적 문양이 만들어졌습니다. 사진이 나온 뒤에야 보통 사람들도 '늙지 않는' 자기 모습을 간직할 수 있게 되었습니다.

'사람 닮은' 그림이나 조각은 모두 우상입니다. 이제 사진이나 동상에 담긴 다른 인물을 '숭배'하는 사람은 없지만, 몇몇 '우상들'은 열광적인 숭배 대상입니다. 우리나라에서는 얼마 전까지 세종대왕이 '최고가'였는데 지금은 신사임당입니다. 세계의 거의 모든 화폐에는 '사람'이 그려져 있습니다. 눈으로 '미세한 차이'를 식별하는 데에는 사람 얼굴만큼 좋은 것이 없는데다가, 돈이 우상이 된 현대사회와 잘 어울리기 때문입니다. 돈 숭배와 우상 숭배, 어떤 차이가 있을까요?

공물과 진상

최상품은 왕이 아닌 권세가에게 갔습니다

옛날 지방에서 서울의 왕에게 보내는 특산물을 '공물貢物', 공물을 운반하는 일을 '진상進上'이라 했습니다. 공물과 진상품은 같은 말입니다. 임금에게 바치는 물건은 '최상품'이었을 것이라고 생각하기 쉽지만, 사실은 그렇지 않았습니다.

어쩌다 300년 묵은 산삼을 구했다고 왕에게 덥석 바쳤다가는 그 지방 특산물 목록에 '300년 묵은 산삼'이 올라가게 됩니다. 구하려 해도 구할 수 없는 물건을 배정받으면 그 지방 사람들이 죽어날 수밖에 없었습니다. 지방관들은 괜스레 잘난 척하고 특이한 진상품을 바쳤다가는 뒷감당이 불가능하다는 점을 잘 알았습니다. 그래서 진상품은 평소에 쉽게 구할 수 있는 물품으로만 구성했습니다. 몇 년, 또는 몇 십 년에 한 번씩 구할까 말까 한 '특상품'은 왕이 아니라 권세 있는 상관에게 바치는 편이 훨씬 나았습니다. 그래도 왕보다는 관리들이 세상 물정을 더 잘 알았으니까요.

'진상'이라는 말에 '허접한 물건', 또는 '저질'이라는 뜻이 더해진 것은 이 때문입니다. 임금은 '진상품'을 쓰고 '최상품'은 부패한 신하들이 쓰는 문화, 쉽게 사라지지 않는 듯합니다.

고학생

인력거꾼, 지게꾼, 물장수, 막일꾼 등
적은 임금의 고된 일을 했습니다

우리나라에서 '고학생苦學生'이라는 말이 처음 사용된 것은 20세기 초입니다. 그 무렵 대부분의 새 단어들이 그랬듯이 일본에서 수입된 말입니다. 처음에는 일본에 유학해서 일하며 공부하는 학생만을 가리키는 말이었는데, 일제강점기에는 국내에서 노동과 학업을 병행하는 유학생들까지 고학생으로 부르게 되었습니다. 글자대로 해석하면 '고통스런 학생'이나 '고생하는 학생'이 됩니다. 함경도 북청에서 서울로 유학 온 고학생들이 물장수를 하면서 공부했던 일화는 잘 알려져 있습니다. 얼마 전 작고하신 김준엽 선생의 역저《한국공산주의 운동사》의 앞부분에는 '조선고학생동우회'가 나옵니다. 1922년에 이들이 발표한 '동우회선언'은 조선에서 사회주의 운동이 확산되는 데에 중요한 계기가 되었습니다.

주경야독晝耕夜讀과 형설지공螢雪之功은 예로부터 가난한 선비의 덕목이었습니다. 그러나 일거리가 계절에 따라 들쭉날쭉한 농업 노동과 자본주의 사회의 규칙적 노동은 성격이 달랐습니다. 학생들은 공장이나 회사에 정규직으로 취업할 수 없었기 때문에 인력거꾼, 지게꾼, 물장수, 막일꾼 등 상대적으로 임금이 적으면서도 고된 일을 해야 했습니다. 말 그대로 '고생하는 학생'이었지요. 비싼 등록금이 대다수 대학생들을 명실상부한 '고학생'으로 만들어 놓았습니다. 자식들 등록금 대느라 허리가 휘는 부모들은 '고부모'라 해야 할 것 같습니다. 이런 고통 줄이지 못하면 대한민국이 자칫 '고한민국' 될 수도 있습니다.

최선의 투자, 교육

휴전 직후 세계에서 가장 가난한 나라였지만
공부는 시켰습니다

정부 수립 이듬해인 1949년, 국회는 초등 의무교육을 규정한 교육법을 제정하고 1950년부터 시행하기로 했습니다. 1950년 봄에는 취학 대상자를 조사하고 취학통지서를 발부하는 작업이 진행됐습니다. 그러나 그해 6월 25일 전쟁이 터졌기 때문에 본격 시행은 당분간 미뤄 둘 수밖에 없었습니다.

1953년 휴전 직후 국민소득은 67달러, 국민의 98%가 영양실조 상태였습니다. 가뜩이나 취약했던 산업 기반은 거의 완전히 붕괴하여 미국의 원조 없이는 하루도 지탱할 수 없었습니다. 당시 우리나라는 세계에서 가장 가난한 나라였습니다. 그런데 바로 그해에 초등학교 의무교육이 본격 시작되었습니다. 이 무렵 학교에 들어간 어린이들이 졸업 후 1960~70년대 '한강의 기적'을 이끌었습니다.

우리 현대사는 사람에게 투자하는 것이 최선의 투자라는 것을 입증했습니다. '학교 무상급식'은 의무교육의 내실을 확충하는 일입니다. 세계에서 가장 가난한 나라일 때에도 의무교육을 시작했는데, 세계 10위의 경제 규모를 자랑하는 나라의 국민들이 '학교 무상급식' 때문에 나라가 망한다고 엄살 부리는 것은 우리 역사의 교훈을 외면하는 일입니다.

앨러스칸 맬러뮤트 길들이기

반항기 있는 개는 죽이고
고분고분한 개만 살려두었습니다

근래 우리나라에도 앨러스칸 맬러뮤트를 반려 동물로 키우는 사람이 많아졌습니다. 다 알다시피 이 개는 앨러스카의 설원雪原에서 썰매를 끌던 개입니다. 그런데 에스키모들은 사람을 보고 이빨을 드러내는 개는 가차 없이 죽였답니다. 개 썰매를 타고 사냥 나갔다가 혹시 길이라도 잃어 식량이 떨어졌을 때, 개가 주인을 잡아먹는 불상사가 생길 수도 있기 때문이랍니다. 반항기 있는 개는 죽이고 '선량'한 개만 살려두는 일을 오랜 세월 동안 수없이 반복한 결과, 앨러스칸 맬러뮤트는 생김새와는 달리 아주 양순한 개가 되었습니다.

'충량한 황국신민' 양성을 최우선 목표로 한 일제의 한국인 교육도 에스키모의 개 사육 방식과 비슷했습니다. 고분고분한 학생은 '품행이 방정方正'하다고 상을 주고 반항적인 학생은 '불온'하다고 사람 취급을 하지 않았습니다. 그들에게는 복종심이 가장 중요한 덕목이었습니다.

학생 때 품행은 '방정'했으나 출세한 뒤에는 다른 사람 물어뜯는 개같이 되는 사람 많습니다. 그 반대도 많지요. 학생인권조례와 관련해 어떤 교육부 고관이 "문제 학생에게는 인권도 없다."고 말한 적이 있습니다. 사람을 고분고분한 개처럼 길들이려 한 일제강점기의 교육관, 참 오래도 버팁니다.

용역 깡패   폭력 대행은 범죄이지 직업이 아닙니다

옛날 국가가 백성의 노동력을 직접 징발하는 것을 역役이라 했습니다. 군역 軍役이 대표적이었지만 그 밖에 성 쌓는 축성역, 길 닦는 치도역, 짐 나르는 운부 역, 얼음 캐는 장빙역 등 여러 종류가 있었습니다. 조선 후기에는 조금 여유 있 는 사람들이 돈을 주고 남에게 자기 역을 대신 시키는 사례가 늘어났는데, 이 를 '급가모립給價募立'이라 했습니다. 요즘으로 치면 심부름센터에 돈 주고 민방위 훈련 대신 보내는 격이었지요. 이런 일이 늘어나자 전문적으로 남의 역을 대신 하는 직업이 생겨났습니다.

대한제국 시기에는 공사장에서 막일 하는 사람들을 '역부役夫'라 불렀습니다. 일제강점기에는 이 말이 '인부人夫'로 바뀌었는데, 그들 스스로는 '자유노동자'라 했습니다. 영어의 service를 용역用役으로 번역해 사용한 것은 해방 뒤의 일입니 다. 서비스는 봉사로도 번역됩니다. 그러니 '용역 깡패'는 앞뒤가 안 맞는 말이 라 할 수 있습니다. 정확하게는 '폭력 대행업자'가 맞는 말일 텐데, 국민주권의 민주주의 국가에서 '폭력 대행업'이 경찰의 비호 아래 버젓이 영업한다는 것, 참 이해하기 어렵습니다. 도둑놈은 자기 직업이 '도둑질'이라고 할 지 몰라도, 범죄 를 직업으로 인정하는 '정상 국가'는 없습니다. 깡패 짓도 범죄일 뿐 결코 직업 으로 인정해서는 안 됩니다.

백동화 인플레이션

물가 인상은 장사꾼 때문이 아니라
정책 때문입니다

1901년 초겨울 김장철에 대한제국 정부는 순검을 풀어 서울 장안의 채소 장사꾼들을 마구 잡아들였습니다. 그들이 폭리를 취해 물가를 올렸다는 죄목이었습니다. 그러나 장사꾼들이 잡혀 들어가니 상품도 자취를 감췄고 당연히 물가는 더 올랐습니다. 당시 물가가 폭등한 것은 채소 장사꾼들이 폭리를 취한 때문이 아니라 정부가 1898년경부터 '백동화'라는 악화를 남발했기 때문입니다.

정부가 남발한 악화가 '백동화 인플레이션'을 유발하여 물가를 폭등시키기까지 3년 정도의 시간이 걸렸습니다. 당시 사람들은 '경제학'이 뭔지도, 인플레이션이 뭔지도 몰랐지만 물가가 오른 이유는 알았습니다. 무엇이든 흔해지면 천해진다는 것은 못 배운 사람들에게도 상식이었으니까요. 정부의 황당한 물가 대책은 비웃음만 샀습니다.

"요즘 배추가 비싸니 내 식탁에는 배추김치 대신 양배추 김치를 올려라."거나 "물가 상승에는 불가항력적 측면이 있다."고 하면서도, 정작 물가가 오른 근본 원인에 대해서는 함구한다면 그가 누구든 비난과 비웃음을 면할 수 없을 것입니다.

신흥무관학교와
경희대학교

1911년 중국 지린성에서 설립된
신흥강습소에서 출발합니다

일본에 나라를 빼앗긴 이듬해인 1911년, 이회영 6형제와 이동녕, 이상룡 등이 중국 지린성 류허현에서 주민 자치기관 경학사耕學社와 부설 교육기관 신흥강습소를 세웠습니다. 이들은 '삼한갑족三韓甲族'이라 불릴 정도로 명망가이자 부자였던 이회영 형제가 전 재산을 털어 마련한 시설들이었습니다. 당시 이회영 등은 교민의 자치 능력과 교육 수준을 높이고 군사훈련을 병행하다가 기회가 오면 일본을 상대로 독립전쟁을 일으키려는 원대한 구상을 갖고 있었습니다. 신흥강습소는 이듬해 신흥중학교로 개칭되었다가 3·1운동 이후 국내에서 수많은 청년들이 독립운동에 가담하기 위해 망명해 오자 신흥무관학교로 개편되었습니다. 이 학교 교사와 학생들은 1920년 청산리 독립전쟁에 참가하여 혁혁한 전공을 세웠으나, 일제의 박해와 여러 사고로 인해 그해 가을 문을 닫았습니다.

해방 뒤인 1947년, 신흥무관학교는 서울에서 신흥전문학원으로 재건되었고 1949년에는 신흥초급대학으로 발전합니다. 학교는 지금의 조계사 후문 앞에 있었습니다. 6·25전쟁이 일어나자 신흥초급대학도 부산으로 피란했는데, 혼란한 사이에 학교 운영권을 둘러싸고 분규가 생겼습니다. 소송 끝에 재단은 독립운동 경력이 없는 다른 사람에게 넘어갔고, 1960년에는 학교 이름마저 경희대학교로 바뀌었습니다.

신흥무관학교 100주년 행사가 여러 곳에서 열렸으나 정작 그 후신인 경희대학교는 철저히 외면했습니다. 너도나도 역사 늘리기에 열심인 현상과는 아주 대조적이지요. 후계자가 역사를 계승하지 않기로 결정하면, 그 역사가 지워지기도 합니다.

고려대학교의 전신, 보성학교

'보'자는 대한제국 황제 돈으로 설립한 기관에 붙인 글자입니다

고려대학교의 전신은 1905년에 개교한 보성학교입니다. 그때 인촌^{仁村} 김성수는 17살이었습니다. 고려대학교의 창립자가 김성수인 줄 아는 사람이라면 참 어린 나이에 학교를 세웠다고 생각할 수도 있겠으나, 사실 보성학교 설립자는 다른 사람입니다.

1902년에 설립된 토지 담보 대부업체 보신회사, 1919년 기미독립선언서를 인쇄한 것으로 유명한 보성사 인쇄소, 그리고 고려대학교의 전신인 보성학교, 이들의 공통점은 모두 맨 앞에 '보^普'자가 들어간다는 점입니다. '보'자는 대한제국 시절 황제의 돈으로 설립한 기관들에 붙인 글자입니다. '천하에 왕의 땅이 아닌 곳이 없다'는 뜻의 '보천지하^{普天之下} 막비왕토^{莫非王土}'에 들어가는 바로 그 '보'입니다. 회사와 학교의 설립 자금은 황제에게서 나왔지만 명의상 설립자는 황제의 재정 담당관이었던 이용익이었습니다.

김성수는 1932년에 보성전문학교를 인수했습니다. 그가 보성전문학교를 유지, 발전시키고 해방 후 고려대학교로 승격시킨 공로자임에는 분명하지만, 고려대학교 설립자는 아닙니다. 학교는 개인이 소유하거나 사고팔 수 있으나, 역사마저 그럴 수는 없습니다.

부자의 길

토지 브로커는 창씨개명 서류를 위조한 뒤
국가를 상대로 토지 반환 소송을 냅니다

몇 해 전 산림청 직원이 찾아왔습니다. 일산에 있는 수만 평의 땅을 찾겠다고 국가를 상대로 소송을 낸 사람이 있는데, 땅값이 7천억 원 상당이랍니다. 게다가 이미 민간에 불하한 땅이어서 패소하면 일이 복잡해지기 때문에 혹시 국가가 승소할 수 있게 도와줄 수 없겠느냐고 묻더군요. '복잡한 땅'이 아닌 경우 어떻게 처리했느냐고 되물었더니 일손이 없어 따로 조사하지 않고 그냥 법원 판단에 맡겼답니다. 그런데 법원도 일손이 없기는 마찬가지여서 서류의 진위만 조사하고 대개 원고 승소 판결을 내리는데, 이번에는 그렇게 되면 정말 곤란한 일이라서 자기가 직접 나섰다고 하더군요.

어이가 없었지만 일단 그가 가져온 자료를 봤습니다. 토지 소유자 이름이 낯익었습니다. 원고는 그 땅의 원소유자가 자기 아버지이며, 일본식 이름 에토 운페이江頭運平는 자기 아버지의 창씨명이라고 주장했답니다. 그러나 제가 아는 에토 운페이는 분명 일본인이었으며, 더구나 소유권이 등기된 1920년대에는 일제가 한국인의 창씨개명을 허용하지 않았습니다. 관련 자료를 챙겨 주고 이 자료를 갖고도 소송에 지면 언론에 폭로할 거라고 엄포를 놓았습니다. 며칠 후 공교롭게 모 방송국 PD가 송병준 후손의 땅 찾기 취재차 찾아왔습니다. 그에게 송병준 땅도 중요하지만 귀속재산으로 장난치는 토지 브로커들이나 취재하라고 했습니다. 귀가 솔깃해 돌아간 PD는 이 사건을 열심히 취재해 '진상'을 밝혀 냈습니다. '범인'들은 창씨개명 서류를 먼저 위조해 놓고 10여 년을 기다린 뒤에 토지 반환 소송을 냈더군요. 국립과학수사연구원 직원까지 매수해 둔 상태였습니다.

저도 사건 해결에 공을 세웠다고 정부에서 포상금을 조금 받았습니다. 친일파 후손의 땅 찾기도 문제지만, 해방 뒤 일본인들이 남기고 간 귀속 토지를 노린 '토지 브로커'들의 농간도 큰 문제입니다. 이렇게 나쁜 자들에게 넘어간 국가 재산이 얼마나 될지 예측조차 하기 어렵습니다. 예전에 방송에 나와 '부자를 존경하지 않는 것이 한국 사회의 문제'라며 흥분하던 몇 사람이 기억납니다. 부자들이 당당하게 모아서 떳떳하게 물려주었다면 누가 비난하겠습니까. 우리나라 부자들의 이미지가 나쁜 것은, 이런 나쁜 부자들 탓도 있습니다.

국립 서울대학교의 탄생

국립대학 1개, 국립전문학교 9개를
국립대학교 하나로 통폐합했습니다

　해방 직후 서울에는 국립대학 1개, 국립전문학교 9개, 사립전문학교 5개가 있었습니다. 1946년 7월, 미군정은 느닷없이 국립대학과 국립전문학교를 전부 통합하여 단 하나의 국립대학교로 만든다는 법령을 공포했습니다. 이 법령이 국립 서울대학교 설립안, 줄여서 '국대안'입니다. 국대안 공포 후 1년 남짓한 기간 동안, 전국에서 국대안 반대운동이 벌어졌습니다. 반대 논거 중 하나는 9개 전문학교를 전부 국립대학으로 승격시키고 각각 종합대학으로 발전시키면 될 것을 왜 하나의 국립대학으로 통폐합하느냐는 것이었습니다. 미군정은 국대안 반대운동을 좌익운동으로 몰아 강력히 탄압했고, 결국 서울에는 국립대학 1개만 남았습니다. 사립대학은 5개였던 것이 계속 늘어 정부 수립 무렵에는 10여 개가 되었습니다. 이로써 사립대학이 절대 우위인 대학 교육 구조가 만들어졌습니다. 지금 서울에만 10개의 국립대학이 있다면, 대학의 기업화나 고액 등록금 문제에 대처하기가 훨씬 쉬울 것입니다.

　우리 사회의 큰 문제 중 하나는 의료나 교육처럼 공공성이 중요한 부문에 '국공립 기관'이 거의 없다는 점입니다. 그렇다고 사립기관들이 순전히 자기 비용으로만 유지되어 온 것도 아닙니다. 그들은 매년 국민 세금으로 '보조금'이나 '지원금'을 받아왔습니다. 그럼에도 사립대학들은 '사립 재단의 자율성'이나 '건학 이념'을 내세우면서 대학 교육의 '공공성'을 강화하라는 사회적 요구를 배격합니다. 자기에게 유리한 대로 '공공성'과 '자율성' 사이에서 왔다 갔다 하는 태도, 교육기관다운 태도라고는 할 수 없습니다.

대학 교육비

인재를 필요로 하는 곳에서 비용을 부담해야 합니다

조선시대 대학에 해당했던 성균관의 교육비는 전액 무료였습니다. 교관의 급료, 학생의 숙식비와 학용품비를 모두 국가에서 부담했습니다. 대한제국 정부가 신식 고등교육기관으로 설립한 법관양성소, 의학교, 사범학교 등도 학비를 받지 않았습니다. 옛사람들은 나라에 봉사할 인재를 기르는 데에 필요한 돈은 나라에서 대는 것이 옳다고 생각했습니다. 다만 중도에 자퇴하는 학생에게는 재학 기간의 학비와 숙식비를 추징했습니다. 지금도 군 사관학교들은 등록금을 받지 않습니다.

대학이 기업 요구에 맞춘 '취업 준비기관'이 된 지 오래입니다. 심지어 어느 대학은 당당하게 '취업 사관학교'라고 홍보하더군요. 기업을 위해 봉사할 인재를 기르는 학교라면, 그 학비의 일부라도 기업이 부담해야 하지 않을까요?

우리나라에서 역사가 긴 사립대학들 다수가 선교사들이 설립한 학교에서 출발했습니다. 그 학교들의 '건학 이념'은 대개 '조선인들을 무지와 가난에서 구제한다'는 것이었습니다. 젊은이들을 가난의 악순환에 몰아넣는 비싼 등록금은 그런 대학들의 '건학 이념'에도 맞지 않습니다.

징용 노동자의 보상금

대기업에 싼 이자로
흘러 들어갔습니다

"어머니, 보고 싶어요." "배가 고파요." "고향에 가고 싶다." 일본 규슈 탄광의 한국인 징용 노무자 합숙소 벽에는 이런 한글 낙서들이 남아 있습니다. 아시아 태평양전쟁 중 노동력 부족을 타개하기 위해 일제가 강제로 끌어간 한국인 노동자들의 한이 담긴 처절한 낙서들이지요. 국민징용령이 한국에 적용된 것은 1939년 10월입니다. 그때부터 한국인 '유력자'들은 '징용에 자진해서 나가는 건 황국신민皇國臣民의 도리'라며 청장년들을 선동했습니다. 그러나 정작 자기 자식을 징용에 내보낸 '유력자'가 있었다는 기록은 본 적이 없습니다. 가족이 강제 징용당한 아픔을 겪은 집은 대개 일제 권력에 줄을 댈 힘이 없거나 '찍힌' 집들이었습니다.

1965년의 한일협정 당시 우리 정부는 징병, 징용 피해자를 103만 명으로 집계했습니다. 일본이 지급한 청구권 자금 3억 달러에는 이들에 대한 피해 보상금이 포함되었습니다. 그러나 정부가 강제 징용 피해자에게 보상한 것은 사망자 8,500명에게 1인당 30만 원씩 준 것이 전부입니다. 최근 우리나라 대법원은 일본 민간 기업에 징용된 노동자들의 임금은 일본 기업이 배상해야 한다고 판결했으나, 일본 정부는 그때 지급한 3억 달러로 배상 문제는 이미 해결되었다고 주장하고 있습니다. 그런데 일본 정부의 주장에도 일리는 있습니다. 한일협정 당시 청구권 자금이란 한국인들에게 지급하지 않은 임금, 채권, 예금 등을 일괄해서 지칭한 것이었으니까요.

그보다도 한번 생각해 봐야 할 것은 1960년대 이후 한국의 경제 성장은 바로 이런 돈이 뒷받침되었다는 점입니다. 일본에서 받은 청구권 자금, 베트남 파병 장병들의 임금, 독일에 간 간호사와 광부들의 임금이 대기업에 싼 이자로 흘러갔던 것이지요. 그러니 한국 경제 성장의 진정한 주역, '산업화 세력'은 바로 이들이 아닐까요.

저축은행들의
공통점

고객들의 피땀 어린
돈을 떼먹은 점은 같습니다

서울 충무로 1가 신세계백화점 본점 옆에는 고풍스런 모습의 한국 스탠다드 차타드 은행 제일 지점이 있습니다. 1935년, 조선저축은행 본점으로 준공된 건물입니다. 조선저축은행은 1929년 서민 금융을 전담한다는 명목으로 설립된 은행이었으나 1937년 중일전쟁 이후에는 서민의 고혈을 짜내서 군비軍費를 조달하는 금융기관으로 변질되었습니다. 일제는 저축이 애국하는 길이자 행복한 미래를 준비하는 길이라며 갖은 명목으로 저축을 강요했습니다. 그러나 일본이 전쟁에 패하자 저축은행 저금통장은 아무 쓸모도 없게 되어 버렸습니다.

일제강점기의 조선저축은행과 지금의 저축은행들은 이름만 비슷할 뿐 아무 관계가 없지만 고객들의 피땀 어린 돈을 떼먹은 점은 같습니다. 게다가 지금 저축은행들에게는 '부득이'나 '불가피'라는 말을 쓸 수도 없습니다. 저축은행 경영자들은 고객의 돈을 제 돈처럼 흥청망청 쓰다가 서민들에게 엄청난 피해를 입혔습니다. 심지어 대통령의 형까지 그들과 연루된 것으로 드러났습니다. 저축은행들이 함부로 날린 돈은 서민의 '피와 땀'입니다. 남의 피로 내 배 불리는 것이 흡혈귀입니다.

돈꿰미

돈이 많아지면 돈꿰미는 무거워집니다

'돈'은 돌고 돌아서 '돈'이라고 생각하는 사람들이 많은데, 사실 '돈'은 금속의 무게를 재는 칭량 단위입니다. 금의 경우 3.75g이 1돈이지요. 10돈이 1량입니다. 옛날에는 금속화폐를 '돈냥'이라고도 했습니다.

돈을 얻거나 모으는 것을 '벌다'라고 합니다. '벌다'는 '간격을 넓힌다'는 뜻입니다. 상평통보 등 옛날 엽전들은 동그란 모양에 가운데 네모 구멍이 있었습니다. 동양의 고전적 우주관인 천원지방天圓地方설을 따른 것이지요. 동그란 모양은 하늘을, 네모난 구멍은 땅을 각각 표상하여 하늘과 땅 사이에서 널리 유통되는 보물이라는 뜻을 담았습니다. 돈은 가운데의 네모난 구멍에 끈을 꿰어 보관하거나 휴대했습니다. 이런 용도의 끈을 꿰미라 합니다. 돈을 꿰는 끈이 돈꿰미지요. 돈이 많아지면 이미 꿰미에 꿰어 있는 돈 사이의 간격을 '벌려서' 그 사이에 돈을 더 꿰어야 했습니다. 그래서 돈이 많아지는 만큼 돈꿰미의 무게는 무거워졌습니다.

19세기 말, 미화 1달러는 엽전 3,200개와 교환되었습니다. 10달러를 바꾸면 여섯 지게가 되었답니다. 옛날에는 돈이 많으면 짐도 많이 져야 한다는 것이 '상식'이었습니다.

고속도로의 속도감

'기름 값 왕창 올려서 아무나 차 끌고 나오지 못하게 해야 한다'

1974년 강변도로(지금의 강변북로)가 완공된 직후, 서울시의 한 공무원이 시험 삼아 김포공항에서 워커힐까지 이태리제 중고 코타나 승용차로 달려 보았습니다. 그가 세운 기록은 20분대 초반, 시속 100km 이상이었습니다. 물론 요즈음도 한밤중에는 이런 기록이 가능합니다. 그러나 그가 시험한 시간대는 러시아워였습니다.

경부고속도로가 놓인 직후에는 운전자의 기능과 자동차의 성능이 허락하는 한도에서 최고 속도를 낼 수 있었습니다. 그 시절에는 과속 단속 카메라도 없었습니다. 하지만 이제는 옛날 일이 되었습니다. 도로가 일부 넓어졌지만 자동차가 그보다 훨씬 많이 늘어났기 때문입니다.

고속도로가 처음 생겼을 때의 경이적인 속도감을 체험했던 사람들은 요즈음 고속도로가 '보장'하는 속도를 참지 못하고 '그때가 좋았다'는 말을 하곤 합니다. 그들은 심지어 '기름 값 왕창 올려서 아무나 차 끌고 나오지 못하게 해야 한다'는 말까지 합니다. 그러나 차가 밀리더라도 대다수 사람이 자기 차를 가질 수 있는 시대가 그렇지 못했던 시대보다 낫습니다.

경제성장에 대한 감각도 이와 비슷해서 '높은 성장률'을 기록했던 옛날이 좋았다고 하는 사람 많습니다. 하지만 이미 세계 10대 경제 강국으로 발전한 나라에서 '개발도상국' 수준의 경제성장률을 기대하는 것은 승용차가 별로 없던 시절로 되돌아가는 꿈을 꾸는 것과 같습니다.

인격자, 능력자

인격과 가치 대신
능력과 효율을 중시한 결과입니다

　최근 한 세대 사이에 사용 빈도가 급격히 줄어든 단어로 '권위자'가 있습니다. 요즘엔 그 대신에 '전문가'라는 말이 자주 쓰이는데, 지식이 세분화, 전문화하고, 모든 기성 권위가 회의懷疑의 대상이 되는 추세를 반영한 자연스런 현상일 것입니다.

　주로 교육자에게 쓰던 '인격자'라는 말도 근래에는 별로 들어본 적이 없습니다. 인격은 누구나 갖추고 있다는 인식이 확산된 결과이기도 하겠지만, 너나없이 능력과 효율에만 집착한 때문인지도 모릅니다. '인격자'라는 말을 덜 쓰는 대신 요즘에는 '능력자'라는 말을 자주들 씁니다. '인격 없는 능력'과 '인정 없는 효율'이 지배하는 세상을 만들어 놓고는 '정의'에 목말라 하고 있는 것도 앞뒤가 안 맞는 일입니다.

새 나라의 어린이

일찍 일어나는 것만
잘 지키고 있습니다

"새 나라의 어린이는 일찍 일어납니다. 잠꾸러기 없는 나라 우리나라 좋은 나라." 누구나 아는 동요, 〈새 나라의 어린이〉입니다. 해방 직후 '국민 만들기'의 일환으로 윤석중이 작사한 노래인데, 무려 5절까지 있습니다. 2절은 "새 나라의 어린이는 서로서로 돕습니다. 욕심쟁이 없는 나라 우리나라 좋은 나라"입니다. 노래도 1절만 기억하는 세상이 되어서 그럴까요? 지금 1절의 '부지런한 국민'은 엄청 많은데, 2절의 '연대하고 나누는 국민'은 그보다 훨씬 적습니다.

광복절 아침에 해방 직후 우리나라 사람들은 어떤 나라를 원했을까 생각해 봤습니다. 〈새 나라의 어린이〉에는 그 시대 사람들이 진정 원했던 독립국가의 모습이 담겨 있습니다. 국민 모두가 부지런히 일하고, 함께 나누고, 거짓말하지 않고, 서로 싸우지 않는 나라, 그렇게 무럭무럭 크는 나라. 그런데 요즘 사람들, 일찍 일어나는 것 말고는 그때의 소원을 지키고 사는 것 같지 않습니다. 서로 싸우다 나라를 반토막 내고, 남이야 죽건 말건 제 욕심만 채우면 그만이라는 생각이 넘치고, 거짓말은 '밥 먹듯'이 아니라 '숨 쉬듯' 하는 나라를 만들어 놓은 것은 아닌지, 반성합니다.

수우미양가와 양심

양심은 보통 사람의
그저 그런 마음씨입니다

학생 성적을 매길 때 쓰는 '수우미양가'는 일본 전국시대 때 사무라이들의 성적을 매기던 방식에서 유래했다는 '설'이 있으나 확실치는 않습니다. 대한제국 시기 신식 학교들에서는 성적을 우, 가, 낙의 세 등급으로만 매겼습니다. 우優는 우등이고 낙落은 낙제입니다. 가可는 '그 정도면 되었다'는 뜻입니다. 그러니 일반적으로 생각하는 것과는 달리 '가'보다 높으면 다 좋은 성적입니다. 수秀는 아주 빼어나다. 우는 뛰어나다, 미美는 아름답다입니다. 양良은 좋다는 뜻이나 좀 인색하게 평가하면 '가'보다 조금 나은 정도라고 할 수 있습니다.

양인이나 양민도 훌륭한 사람이 아니라 그저 그런 보통 사람입니다. 양심도 보통 사람의 그저 그런 마음씨이지요. 선심善心은 적극적, 능동적으로 베푸는 마음이지만 양심은 '사람다움'의 기준선을 겨우 넘는 마음입니다. 그러나 바로 그렇기 때문에 양심의 자유가 중요합니다. 양심에 어긋나는 일을 자꾸 하다보면 양심이 마비되고 종국에는 실종됩니다. 인간으로서는 '낙제 수준'이 되는 것이지요. 그러니 돈이나 힘으로 압박해서 남에게 양심에 어긋나는 일을 시키는 것은, 그의 인간성을 파괴하는 일입니다.

높낮이 없는 좌담

저만 말하는 것은
대화가 아니라 훈계입니다

신분제 사회에서는 신분에 따라 건물 기단의 높이가 제한되었습니다. 그래서 한자 문화권에서는 건물 형태를 취해 신분을 표시하는 관행이 생겼습니다. 폐하, 전하, 합하, 각하 등에서 '하下' 앞에 붙은 글자는 건물의 형식과 규모를 말합니다.

신분이 다른 사람들이 한 건물 안에 있을 때에는 앉고 서는 것으로 신분의 고하高下를 표시했습니다. 높은 사람은 앉고 낮은 사람은 서는 것이 원칙이었습니다. 그 대신 높은 사람은 앉은 상태에서도 선 사람보다 '높은 위치'를 점할 수 있도록 높은 곳에 의자를 두었습니다. 실내에 따로 높은 곳을 둘 수 없을 때에는 거꾸로 높은 사람이 서고 낮은 사람이 앉았습니다. 신분이 낮은 사람은 '지위(차지한 자리)'가 높은 사람을 우러러보게끔 공간을 조작했던 것입니다.

좌담이란 평등한 사람끼리, 평등하지 않더라도 평등하게 얘기하기 위해 자리의 높낮이를 없앤 채 둘러앉아 얘기하는 것을 말합니다. 그래서 좌담은 '격의 없는 대화'라는 뜻이기도 합니다. 그러나 근래에는 말로는 '좌담'이라 하면서도 '좌담'의 본래 취지를 모르는 '높은 분'들이 많은 듯합니다. 상대의 손을 묶은 채 세워 놓고 때리는 것은 대결이 아니라 구타입니다. 상대 입을 막은 채 앉혀 두고 저만 말하는 것도 대화가 아니라 훈계입니다.

산미증식계획
극소수 대토지 소유자와
대다수 영세 소작농으로 양극화합니다

조선총독부는 1920년 '산미증식계획'을 추진하면서 계획대로 되면 쌀 생산과 수출이 모두 늘어나 농민 생활이 나아질 것이라고 큰소리쳤습니다. 그러나 결과는 쌀 생산은 조금 늘고 수출은 많이 늘었으나, 농민들 밥상에서는 쌀이 사라졌습니다. 일부 학자들은 이를 '경제성장'이라고 주장합니다. 물론 전체적인 경제 규모는 커졌고, 지주들은 소유 토지를 늘렸습니다. 하지만 많은 자작농이 소작농으로 전락했으며, 소작농들의 경작지 규모는 더 줄었습니다. 농촌 사회는 극소수 대토지 소유자와 대다수 영세 소작농으로 '양극화'했습니다.

한미 FTA도 산미증식계획과 비슷한 결과를 낳을 가능성이 커 보입니다. 수출 대기업들에게는 몸집 불릴 기회가 늘어나겠지만, 중산층과 서민에게는 몰락할 길이 넓어질 듯합니다. '양극화 해소'가 시대적 과제라면, 양극화 해소를 위한 경제 정책에 먼저 집중하는 것이 옳지 않을까요?

몸 가꾸기

성인은 인류를 위해
현대인은 자신을 위해 단식합니다

석가모니는 생로병사의 악순환에서 해탈^{解脫}하고 중생을 구제하기 위해 스스로 고행 길에 나섰습니다. 예수는 인류를 구원하기 위해 광야에서 40일간 단식하며 악마의 유혹을 뿌리쳤습니다. 옛 성인은 이렇게 인류를 위해 고행을 하고 단식을 했습니다.

현대인들도 육체적 고통을 참으며 고행을 하고 배고픔을 견디며 단식을 하지만, 남을 위해서가 아니라 자기 자신의 건강과 아름다움을 위해서 합니다. 남을 위해 단 한 끼라도 굶는 사람은 '훌륭한' 사람이지요. 현대인에게 제 한 몸은 옛 성인의 우주만큼이나 중요한 셈입니다.

지난 한 세대 사이에 보통 사람의 일상생활에서 가장 많이 늘어난 시간은 아마 '몸 가꾸는' 시간일 것입니다. 몸을 가꾸는 데에 신경 쓰는 데에 반비례하여 마음을 가꾸는 데에 쓰는 시간은 줄어들었습니다. 제 몸에만 집중하고 제 마음을 돌보지 않는 것이 버릇이 되면 남을 대할 때도 같게 됩니다. 남의 마음을 이해할 줄 모르는 사람을 '사이코패스'라 합니다. 어쩌면 현대의 몸 중심 사고가 사이코패스들을 양산하는지도 모릅니다.

로또와 세금

희망은 욕망이 아니라 현실에서 출발합니다

만일 로또 1등 당첨금에 물리는 세금을 두 배로 늘리겠다고 한다면, 로또를 구입하는 사람들은 자기가 당첨될 가능성이 거의 없는 줄 잘 알면서도 화를 낼 것입니다. '종부세' 낼 정도로 부자가 될 가능성이 거의 없는 가난한 사람들이 이 세금에 분노한 것도 아마 같은 맥락일 것입니다. 사람들은 대개 현실보다 욕망에 충실합니다.

전 세계에서 '1%가 되기 위해 애쓰는 99%'가 아니라 '정당한 자기 몫을 찾는 99%'가 되자는 운동이 벌어지고 있습니다. 이 운동은, 욕망을 부추기고 욕망에만 충실한 세계가 어떤 폐해를 낳는지 뼈저리게 겪은 사람들의 자기반성이라고 할 수 있습니다. 세상을 보는 눈이 '욕망에서 현실로' 바뀌어야 더 많은 사람들이 '현실적으로 행복한' 세상을 만들 수 있을 것입니다. '희망'의 출발점은 욕망이 아니라 현실입니다.

무당이 미워한 종두의사

마마귀신을
화나게 한다고 믿었습니다

지석영이 종두법을 처음 소개한 이후 수십 년간, 무당들이 가장 미워한 대상은 '종두의사'들이었습니다. 그들은 종두의사들이 마마귀신을 화나게 해서 더 큰 재앙을 불러올 것이라고 주장했습니다. 그 말을 믿은 아기 엄마들은 시골 마을에 종두의사가 나타나면 아기를 들쳐 업고 산으로 뛰어 도망갔습니다.

1930년대까지는 복숭아나무 몽둥이에 맞아 죽은 '정신병 환자'가 많았습니다. 옛사람들은 여성의 성기와 비슷하게 생긴 복숭아에서 '생명의 원천'을 연상했습니다. 그래서 복숭아는 제사상에 올리지 않았고 복숭아나무로 때리면 귀신을 쫓을 수 있다고 믿었습니다. 복숭아나무에 '맞아 죽은' 사람의 가족은 복숭아나무보다 더 힘센 귀신을 원망할 수밖에 없었습니다.

종교는 인간 이성이 해결할 수 없는 문제들에 답을 주어야 합니다. 이성이 해결한 문제들에 엉뚱한 답을 제시하면 종교가 아니라 '미신'이 됩니다. '어떤 가수의 공연을 보면 동성애자가 된다'거나 '누가 당선되면 서울시청에 인공기가 걸린다' 따위의 말을 퍼뜨리는 사람은 옛날 무당보다 나을 것이 없습니다. 그런 사람에게 현혹되는 사람들도 마찬가지입니다. 21세기에 산다고 다 '문명 세계'에 사는 것은 아닙니다.

이름 석 자는
가문, 항렬, 개인을 나타냅니다

4

이름

이름 석 자는
가문, 항렬, 개인을 나타냅니다

　제가 본 이름 중 가장 특이한 이름은 '옥행'이었습니다. 어느 병원에 문병 갔다가 병실 명패에서 본 이름인데, 성은 '지'씨였습니다. 두 번째는 대학 때 같은 강의를 들은 학생인데 이름이 '수선'이었습니다. 처음에는 교수가 출석 부르다 "강의실 분위기가 왜 이리 어수선해."라고 하는 줄 알았습니다. 그 학생이 '어'씨였거든요.

　한국인의 이름 석 자는 각각 가문, 가문 내의 위치인 항렬, 개인을 표시했습니다. 항렬자를 쓰는 이름에 개인 몫은 한 글자밖에 없습니다. 또 출가외인이라 가문 내의 위치를 표시할 필요가 없었던 여성에게는 따로 이름을 주지 않았고, 가문이 없는 노비와 천민에게는 성이 없었습니다.

　이름도 유행을 탑니다. 민족주의가 고조된 1970년대 말부터 10여 년간은 한글 이름이 유행했고, 원정 출산 시대에는 영어 표기에 유리한 이름이 인기를 끌었습니다. 근래 항렬자를 지우고 개인에게 두 글자를 다 주는 경향이 일반화하고 있는데, 개성의 확장이라는 사회 현상을 반영하는 것이라 할 수 있습니다.

춘화와 음란물

지난 수백 년간 음란물은
부자들의 전유물이었습니다

조선시대에도 '춘화'라는 음란물이 있었지만 특별한 사람들이나 볼 수 있었습니다. 김홍도나 신윤복이 그린 수준 높은⑦ 춘화는 더했지요. 대한제국 시기에는 한국인을 모델로 한 포르노 사진이 유통됐는데, 역시 특별한 사람들이나 볼 수 있었습니다.

해방 직후 명월관 등 고급 요정에서 장안의 부자들과 기생들에게 미국산 포르노를 보여 주다 발각된 일이 있습니다. 당시 절대다수의 사람들은 그런 '요지경' 영화가 있다는 사실을 신문을 보고 알았지만, 역시 직접 볼 수는 없었습니다. 1970년대에는 미국산 포르노 비디오테이프가 들어왔습니다. 그러나 집에 '비디오 플레이어'를 갖춰 두고 그런 것을 볼 수 있는 사람은 거의 없었습니다. 지난 수백 년간, 음란물은 사실상 '부자들의 전유물'이었습니다. 그런데 부자들이 보는 음란물을 문제 삼은 적은 거의 없습니다.

음란물이 '대중화'한 것은 길게 잡아 30년이지만 확산 속도는 엄청났습니다. 음란물 확산 속도와 성범죄 증가율이 정확히 비례한다면, 옛날 성범죄자는 대부분 부자들이었을 테고 지금 감옥은 성범죄자들로 가득 차 있어야 할 것입니다. 음란물을 단속하지 말라는 이야기가 아닙니다. 아동 포르노 같은 것은 확실히 범죄로 다루어야 마땅합니다. 하지만 무슨 범죄든 확실한 근거 없이 '1번' 용의자를 찍어 두면, 진범을 찾기 어렵습니다.

덕수궁과 경운궁

덕수궁은 현대의 퇴임 대통령
사저에 해당합니다

덕수궁 이름을 대한제국 시기 정궁正宮의 이름이던 경운궁으로 되돌리자는 의견이 있었으나 논란 끝에 그냥 놓아두기로 결정이 되었습니다. 저는 그 논의 과정에 참여하지 못했지만, 일제에 의해 왜곡된 역사도 보존할 필요가 있다고 주장하는 사람이 다수였답니다. 그런데 저는 그분들이 미처 생각하지 못한 부분이 있다고 봅니다.

조선 초, 정종은 퇴위한 아버지를 위해 개성에 새 궁을 짓고 이름을 '덕수궁'이라 했습니다. 덕수궁이란 '퇴위한 왕이 거처하는 궁'이라는 뜻의 보통명사였습니다. 심하게 해석하면 '덕이나 쌓고 천수天壽나 누리는 궁'이란 뜻이 됩니다. 고종도 황제 자리에서 강제로 쫓겨난 뒤 경운궁을 순종에게 내주고 자기는 다른 곳으로 이사하려고 생각했습니다. 처음에는 안국동 안동별궁 자리에 새 궁을 지으려 했고, 나중에는 경희궁을 쓰려고 했지요. 그의 뜻대로 되었더라면 안동별궁이나 경희궁이 덕수궁이 되었을 것입니다. 그러나 일제가 순종을 창덕궁으로 옮겨 놓았기 때문에 이 구상은 실현되지 못했습니다.

덕수궁은 현대의 퇴임 대통령 사저에 해당합니다. 퇴임 대통령 사저를 다루는 사람들의 잣대가 참 불공정합니다. 차라리 퇴임 대통령이 원하는 곳에 똑같은 규모, 똑같은 양식의 집을 지어 주고 당대만 살 수 있게 하면 이런 문제는 해소될 수 있을 것 같습니다. 이름은 옛 관행을 따라 '덕수대'나 '덕수관'으로 하고 사후死後에는 그의 기념관으로 쓰는 것, 어떨까요.

장충단 　오늘날의 국립 현충원 격이었습니다

1900년, 군영軍營이던 남소영南小營자리에 장충단獎忠壇이 건립됐습니다. 을미사변 때 일본군과 낭인들에 맞서 싸우다가 순사殉死한 사람들을 기리는 제단이었습니다. 이듬해에는 여기에 개항 이후 순국한 인물 전부를 추가로 배향하고 매년 봄가을에 제사지냈습니다. 당시 장충단은 오늘날의 '국립 현충원' 격이었습니다. 장충은 충성을 장려한다는 뜻, 현충은 충성을 드러낸다는 뜻입니다.

1904년, 러일전쟁이 일어나자 대규모 일본군이 서울을 점령합니다. 만주의 전쟁터로 가는 일본군들도 서울을 경유했습니다. 서울의 일본인 거류민단은 일본군의 지원 아래 장충단 서쪽, 지금의 삼성제일병원과 동국대학교 사이의 땅을 헐값에 강제로 사들여 '거류민단 최초의 공익시설'을 만들었습니다. 바로 일본군과 일본인 독신 남성들을 위한 '신마치 유곽'이었습니다. 일제는 고종 사후 장충단을 공원으로 만들었고 1932년에는 그 동쪽에 이토 히로부미를 기리는 박문사를 지었습니다. 절의 정문은 경희궁 흥화문을, 부속 건물은 조선 역대 왕과 왕후의 영정을 봉안하던 경복궁 선원전 건물 등을 옮겨다 썼습니다. 일제가 신마치 유곽과 박문사를 그 자리에 설치한 것은 대한제국 시기 '반일'의 상징이던 장충단을 모욕하려는 의도였습니다.

지금 박문사 자리에는 신라호텔이 들어서 있습니다. 근래 신라호텔이 한복 입은 사람의 식당 출입을 금지하고 객실에 일본식 유카타를 비치한 일 등이 여론의 질타를 받은 적이 있습니다. 고객을 배려하는 것도 중요하지만, 자기 부지의 역사를 알았다면 차마 하기 어려운 일이었을 것입니다.

메뚜기와 토끼소녀   권력자의 지시로 바뀐 이름입니다

　우리나라의 신화적인 밴드 '산울림'은 1977년에 데뷔했는데, 그때는 듀엣과 그룹들의 '이름'이 수난을 겪던 때였습니다. 그전에는 영어나 프랑스어로 그룹 이름을 짓는 것이 일반적이었습니다. 그런데 이 무렵 최고 권력자의 갑작스런 지시에 따라 이들은 모두 한글 이름으로 바꿔야 했습니다. 그러다 보니 이상한 이름들이 생겼습니다.

　'어니언스'는 '양파들', '라나에로스포'는 '개구리와 두꺼비', '피버스'는 '열기들', '로커스트'는 '메뚜기', '바니걸스'는 '토끼소녀'가 되었습니다. 그 시절 권력은 잘 생긴 두 남자를 큰 양파, 작은 양파로 나누고, 멀쩡한 남녀를 개구리와 두꺼비로 변신시키는 위력을 발휘했습니다. '산울림'은 이런 시대 조류에 따라 아예 순 우리말 이름을 지었습니다. 비슷한 때 '논두렁 밭두렁', '물레방아', '국보자매' 등도 데뷔했습니다. 자기 검열을 통해 '토속적'인 이름을 지은 것이지요. 이 무렵에는 스포츠 용어도 순우리말로 바꿔 써야 했습니다. 페널티킥은 벌칙차기, 코너킥은 구석차기, 골키퍼는 문지기, 어시스트는 도움주기 등. 그런데 이들 용어는 북한 용어와 거의 같았습니다. 아마 요즘에 이런 용어를 쓰면 종북주의자라는 말을 들을지도 모릅니다.

　박정희정부는 가수 이름과 스포츠 용어를 '한글화'하는 한편 '영원한 적도 영원한 우방도 없다'는 말을 퍼뜨렸습니다. 인권 탄압 때문에 미국과 사이가 나빠지자 관제 민족주의를 고취하고 미국 견제 심리를 확산시키려 한 것입니다. 권력자에게는 권력 유지 자체가 '이념'입니다. 그러니 민족주의든 국가주의든 권력이 고취하는 이념에는 너무 깊이 빠져들지 않는 것이 좋습니다.

불쌍한 동무, 플란다스의 개

시대의 정서는 시대의 성격을 반영합니다

서양 명작 동화나 고전 소설이 번역, 번안되기 시작한 것은 일제강점기부터 였습니다. 그런데 그 시절의 번역 제목은 사뭇 '창의적'이었습니다. 《플란다스의 개》는 《불쌍한 동무》, 《레 미제라블》은 《아, 슬프다》였습니다. 식민지 원주민으로 일상적인 차별과 핍박 속에서 살아야 했던 사람들에게, '불쌍하다'와 '슬프다'라는 단어는 호소력이 아주 컸습니다.

근대적 대중가요도 일제강점기에 탄생했는데, 그 가사들 역시 대개 음울했습니다. 예컨대 〈황성옛터〉의 가사는 고요, 폐허, 가엾다, 헤매다, 허물어지다, 빈터, 허무, 외로움, 구슬픔, 눈물 같은 단어들로 가득 차 있습니다. 일제강점기 조선인들은 억울함, 쓸쓸함, 자기 연민, 적막함 같은 감성에 쉽게 공감했습니다.

시대의 정서가 시대의 성격입니다. 불쌍하고 슬픈 사람이 많아지면 사회가 활력을 잃습니다. 그런 사람들에게 희망을 주는 일이 죄가 되는 사회의 미래는 어둡습니다.

68혁명과 통기타 세대

통기타, 장발, 청바지는
68혁명의 표현 양식이었습니

1968년 3월, 프랑스 파리의 대학생들이 미국의 베트남 침공에 항의해 아메리칸 익스프레스 파리 사무실을 습격했습니다. 이들이 체포되자 5월부터 석방을 요구하는 학생들의 시위가 이어졌고, 여기에 노동조합 등 사회단체가 합류하면서 이 운동은 프랑스 국경을 넘어 유럽 전역으로 퍼져 나갔습니다.

나라마다 사정이 달랐던 만큼 요구 사항도 달랐지만, 핵심 슬로건은 '금지를 금지하라'였습니다. 이 운동에 참가한 사람들은 모든 기성 권위를 부인하고 '인간보다 물질을 앞세우는 사조'와 '인간에 대한 모든 억압'에 반대했습니다. 유럽을 휩쓴 '68혁명'은 미국으로 건너가 히피 문화를 만들어냈고, 일본에서는 전학공투회의全學共鬪會議(전공투)를 낳았습니다.

당시 한국 대학생과 청년들은 기계 부속품형 인간을 생산하는 대학 교육이나 물질 만능의 시대사조를 체감할 수 있는 '처지'가 아니었습니다. 그렇다 보니

68혁명의 이상보다는 그 표현 양식만 부분적으로 모방할 수밖에 없었습니다. 통기타, 장발, 청바지를 기성 권위에 대한 '저항 의식'의 상징으로 생각하는 젊은이들도 없지 않았으나, 그저 한때의 유행으로 생각하는 사람이 더 많았습니다. 당시 군사정권은 그조차 퇴폐적인 서구 사조에 대한 맹종이라며 탄압했지만요.

68혁명 당시 이탈리아 대학생들은 대형 강의실에서 진행하는 획일적 강의와 비싼 등록금 등을 '시정'하라고 요구했습니다. 등록금 대비 질 낮은 대학 교육은 요즘 우리나라 대학생들도 심각하게 느끼는 문제입니다. 그럼에도 이 문제를 함께 해결하려는 대학생은 그리 많지 않습니다. 어려서부터 더불어 사는 법을 제대로 배울 기회를 갖지 못한 때문인지도 모릅니다.

한남동 이슬람 사원

'아싸라비아'라는 말이
유행할 때 건립되었습니다

1973년 제1차 오일쇼크 이후 정부는 오일달러를 확보하기 위해 한국 기업과 노동자들의 중동 진출 정책을 수립했습니다. 이후 이른바 '중동 붐'이 불었고 남편을 중동에 보낸 부인들 일부의 비뚤어진 행태를 풍자하는 '아싸라비아'라는 말이 유행했습니다. '아빠 사우디아라비아 갔어요'라는 뜻이었지요.

중동 붐이 막 시작된 1976년, 서울 이태원동에 이슬람 사원이 건립되었습니다. 건축 부지는 한국 정부가 제공했고, 건립 비용은 사우디아라비아 등 이슬람 국가들이 냈습니다. 그런데 사원은 지었으나 교인이 없었습니다. 6·25전쟁 중 터키 군에게 감화를 받아 이슬람교도가 된 한국인이 몇 있었으나, 그들만으로 큰 사원을 유지할 수 없었습니다. 마침 저는 그 무렵 그 동네에 살았습니다. 제가 아는 어떤 분은 이태원 유지였는데 정부 권유로 교인이 되었습니다.

하지만 이제 우리에게 이슬람은 다른 나라의 종교가 아닙니다. 이주 노동자들, 한국인과 결혼한 이주 여성들의 삶 속에 스며들어 있는 종교입니다. 그럼에도 이슬람교를 함부로 모욕하는 사람들, 참 많습니다. 어울려 살기에 '인간人間'입니다. 내가 듣기 싫은 소리는, 남도 듣기 싫습니다.

욕설

저주형과 모욕형이 있습니다

요즘 세상에 욕설의 본뜻을 따지는 게 무슨 소용이냐고 하면 그것도 영 틀린 말은 아니겠지만 의미가 공유되지 않는 단어는 분란을 일으킬 수도 있습니다. 다른 말들처럼 욕설과 비속어에도 역사와 등급이 있습니다.

욕설은 저주형과 모욕형으로 나뉩니다.

저주형은 대개 '~ㄹ'로 끝납니다. 염병*할, 급살* 맞을, 육시*랄, 오살*할, 경*을 칠, 오라*질 등 장래에 천벌을 받거나 국법에 얽히기를 바라는 내용들입니다. 모욕형은 상대를 파렴치한이나 장애인으로 묘사합니다. 옛 욕설을 그대로 소개하자면 '제기랄 놈(년)', '지랄하네', '병신 육갑하네' 등 상대의 행위를 직접 비하하는 표현이 많았습니다. 물론 두 가지 모두 응용형이 많습니다.

옛날에는 욕설도 '죄에 상응'하게 구별해서 썼습니다. 포승줄에 묶인다는 뜻의 '오라질' 죄만 지은 상대에게 '육시랄'이라고 욕하는 것은 지나친 일이었지요. 이제 대다수 욕설이 뜻은 휘발하고 발음만 남았지만, 뜻을 아는 사람도 많습니다. 이런 것도 '알고 쓰자'고 하면 황당한 주장일까요.

* 염병染病: 장티푸스 또는 전염병을 속되게 일컬음.
* 급살急煞: 갑자기 들이닥치는 재앙.
* 육시戮屍: 이미 죽은 사람의 시체를 다시 목 베는 형벌.
* 오살五殺: 죄인의 머리를 찍어 죽인 다음 팔다리를 베는 사형 방법.
* 경黥: 얼굴이나 몸에 문신을 새기는 것.
* 오라 : 도둑이나 죄인을 묶을 때 쓰던 붉고 굵은 줄.

빈대떡

거지들에게 나눠주려고 만든
빈자떡에서 유래합니다

조선 후기 서울에는 거지들이 많았습니다. 왕경王京에서 굶어죽는 사람을 낼 수는 없다는 '왕도사상'은 구휼救恤제도에도 표현되었습니다. 서울에 가면 살 수 있다는 생각이, 지방 거지들의 발길을 서울로 향하게 했습니다. 서울 혜화문 부근과 용산에 있던 활인서에서는 지방에서 밀려오는 거지들에게 죽을 쑤어 나눠 주었습니다.

왕이 빈민을 구제하는데 돈 많은 신하들이 외면할 수는 없었습니다. 그들은 그들 나름으로 빈민들에게 먹을 것을 만들어 나눠 주었습니다. 민간에서 거지들에게 나눠 줄 목적으로 만든 떡을 '빈자貧者떡'이라 했는데, 이 말이 변하여 '빈대떡'이 되었습니다. 지금은 값싼 음식이 아니지만, 예전에 '돈 없으면 집에 가서 빈대떡이나 부쳐 먹지'라는 노랫말이 있었던 것을 보면, 이 음식이 본래 가난한 사람들을 위한 것이었음을 알 수 있습니다. '한식 세계화'도 필요한 일이기는 하겠지요. 그러나 그 전에, 끼니도 제대로 때우지 못하는 사람들을 생각하는 '빈대떡 정신'부터 배우고 시작할 일입니다.

아방궁

집주인이
방탕하고 호색한 느낌을 줍니다

'아방궁'은 웅장하고 화려한 것 때문만이 아니라 진시황이 엽색褻色 행각을 위해 지은 궁이라 더 유명했습니다. 아방궁에 퇴폐와 향락의 이미지가 새겨진 것도 이 때문입니다. 지금 인터넷 포털 사이트에서 아방궁을 검색해 보면 거의 모두가 퇴폐 술집이거나 모텔들입니다.

일제강점기 서울에도 '아방궁'으로 불린 집이 있었습니다. 옥인동에 있던 순종의 처삼촌 윤덕영의 집이었지요. 원이름은 '벽수산장'이었으나 당대 최고의 호화 주택이었던데다가 무엇보다도 윤덕영의 취미가 진시황과 같았기에 그런 별명이 붙었습니다. 당시 잡지들에는 "장안 기생과 미모의 여학생을 불러다 옆에 앉혀 놓고 엉덩이 두드리는 것이 윤덕영의 취미 생활"이라는 기사가 종종 실렸습니다.

어떤 집을 아방궁이라고 부르면, 그 집주인에게는 방탕하고 호색하다는 이미지가 저절로 따라 붙습니다. 정치적 이해관계에 따라 상대방을 비방하고 근거가 불명확한 의혹을 제기하는 것이야 늘 있는 일이지만, 그래도 최소한의 예의는 지켜야 하지 않을까요?

사냥개와 식용개

모든 현상에는
역사적 배경이 있습니다

옛날 사냥꾼들에게는 '개'가 가족이나 동료보다 소중했습니다. 개는 사냥할 때 누구보다 훌륭한 조수였으며 '생명의 보호자'였습니다. 사냥길에서 노숙露宿할 때, 도둑이나 맹수가 접근해도 옆에서 잠든 가족이나 친구는 아무 도움이 되지 않았습니다. 유독 개만 그 기척을 알아차리고 알려 주었습니다. 양치기들에게도 개는 아주 중요했습니다. 잘 훈련받은 개 한 마리는 장정 서너 명 몫을 하면서도 대우가 나쁘다고 불평, 불만을 늘어놓지 않았고 배신도 하지 않았습니다.

반면 농사꾼들에게 개는 별 쓸모가 없었습니다. 농촌 마을에 낯선 사람이 들어오면 까치가 먼저 짖어댔습니다. 수렵과 목축을 중요시한 문화권에서 '개'가 '특권적 동물'이 된 까닭입니다. 그래서 서양인들은 개와 고양이를 하나로 묶지만 우리나라 사람들은 개, 돼지를 하나로 묶습니다.

옛날 우리나라 사람들도 '식용개'와 '사냥개'는 구분했습니다. 사냥개에게는 '감각'을 유지시키기 위해 수시로 '고기'를 먹였습니다. 그러니 대군이나 공주, 대관 집이 아니고서는 '사냥개'를 키울 엄두를 내지 못했습니다. 현재의 기준에서 아무리 이상하게 보이는 문화라도 다 역사적 배경이 있습니다. 자기 문화의 역사를 알아야, 남의 문화도 제대로 이해할 수 있습니다.

금지곡

〈왜 불러〉는 반항기를 유발한다는
이유로 금지되었습니다

3·1운동 직후, 시골 어느 보통학교 학예회에서 있었던 일입니다. 맨 뒤에서 줄곧 행사 장면을 감시하던 일본 순사가 느닷없이 행사를 중단시켰답니다. 당황한 주최자들이 까닭을 묻자 이 순사 말하기를, "이번 순서가 '독창'인데, 이거 독립창가의 준말이 아닌가? 네놈들이 내가 조선말에 서툴다고 불온창가를 부르는 것까지 모를 줄 아는가?" 아무리 '혼자 부르는 노래'라고 설명해도 일본 순사는 자기 권위가 꺾이는 것을 용납하지 않았습니다. 이 일은 두고두고 일본 순사의 무식을 조롱하는 사례가 되었습니다.

박정희 시대에도 황당한 이유로 검열에 걸려 금지곡이 된 노래들이 많았습니다. 〈그건 너〉는 남 탓하는 풍토를 조장한다는 이유로, 〈거짓말이야〉는 불신 풍조를 부추긴다는 이유로, 〈왜 불러〉는 반항기를 유발한다는 이유로 각각 금지됐습니다. 심지어 〈물 좀 주소〉가 금지곡이 된 것은 물고문을 연상시킨다는 이유에서였답니다.

검열 당하는 쪽은 잠시 불쾌하고 때로 약간의 손해를 볼 뿐입니다. 그러나 검열에 대한 욕망을 다스리지 못하는 권력은, 두고두고 역사의 조롱거리가 되는 법입니다.

깍쟁이   본래 거지라는 뜻이었습니다

깍쟁이란 본래 거지라는 뜻이었습니다. 중세 유럽에 길드가 있었듯 조선시대 서울에도 '도중都中'이라는 동업자 조합이 있었습니다. 관리 이외의 직업을 가진 사람들은 모두 동업자 조합에 가입해야 했지요. 깍쟁이들도 자기들끼리 조직을 만들었는데, 그 두목을 꼭지, 총두목을 꼭지딴이라 했습니다.

영조 때 개천을 준설하면서 퍼낸 흙을 달리 처치할 길이 없어 동대문 양쪽에 쌓았습니다. 그 흙더미가 산을 이루었다고 해서 사람이 만든 산이란 뜻의 조산造山, 또는 가짜 산이라는 뜻의 가산假山으로 불렸습니다. 깍쟁이들에게 가장 좋은 주거지는 다리 밑이었지만 개천 다리 밑이 포화상태가 되자 많은 깍쟁이가 가산에 땅굴을 파고 살았습니다. 이들을 다리 밑 거지와 구분해서 '땅거지', 또는 '땅꾼'이라 불렀습니다. 땅꾼이 다리 밑 거지보다 많아진 뒤에는 땅꾼의 대표가 꼭지딴이 되어 서울 거지들을 호령했습니다. 영조는 '종합 범죄인'이 될 가능성이 있는 땅꾼들에게 성 밖에서 뱀을 잡아다 팔 수 있는 특권을 주었습니다. 그 뒤로 '땅꾼'이라는 말은 '뱀 잡이' 또는 '뱀 장사꾼'이라는 의미로도 쓰였습니다.

'서울깍쟁이'는 서울에 깍쟁이가 많아 생긴 말이었습니다. 이제는 깍쟁이라는 말의 본뜻을 아는 사람이 별로 없습니다. 요즘 사람들이 남 눈치 살피는 데 능하고 잇속 차리는 일이면 파렴치한 짓도 마다 않는 깍쟁이 기질에 거부감을 느끼지 않아서일지 모릅니다.

양아치

깡패와 거지의 중간쯤에 있는 자들입니다

일제강점기 자본주의 산업화가 진전되면서 분업과 협업 구조가 사회 전체로 확산됩니다. 거지 조직도 예외가 아니었습니다.

해방 무렵 거지 조직은 왕초, 똘마니, 날치기, 꽃제비, 장타령, 쓰레기, 구걸꾼 등으로 구성됐습니다. 하는 일 없이 부하들이 얻어 오는 것만으로 생활하는 자가 왕초, 왕초의 시종 노릇하는 자들이 똘마니였습니다. 날치기는 대놓고 빼앗는 자, 꽃제비는 몰래 훔치는 자였는데 조선 후기 소매치기의 후신입니다. 꽃제비에게는 범행 대상자의 이목을 어지럽히기 위한 바람잡이가 따라 붙었습니다. 장타령은 '각설이 타령' 등 싸구려 예능을 팔아 먹을 것을 구해 오는 자였고 쓰레기는 곧 넝마주이로 이름이 바뀌었습니다. 구걸꾼은 거지의 본령本領을 지키는 자로서 남의 집이나 가게 앞에 서서 "한 푼 줍쇼 예!" 하며 떼를 쓰는 자들이었습니다.

'양아치'라는 말이 생긴 것은 1950년대 후반인데 '동냥아치'가 변한 말로 추정됩니다. 그런데 이들은 구걸꾼보다는 해방 직후의 날치기에 가까운 자들이었습니다. 요즘에도 깡패와 거지의 중간쯤에 있는 자들을 양아치라 합니다. 양아치와 깡패는 그들 나름의 '품위'를 지키느냐에 따라 갈리는 듯합니다. 최소한의 염치도 돌보지 않고 제게 이익이 되는 일이라면 무엇이든 하는 사람이라면, 그 직함이 무엇이든 양아치입니다.

사막의 라이온

당신네 나라 수도 한가운데 있는
극장에 한 달 이상 걸어라

30년 전인 1981년, 카다피는 큰돈을 들여 리비아 독립전쟁을 다룬 영화를 만들었습니다. 앤서니 퀸 주연의 〈사막의 라이온〉이라는 영화였습니다. 압도적인 무기의 열세에도 굴하지 않고 싸우는 리비아 전사戰士들의 모습은 무척 감동적이었습니다. 일본의 식민 지배를 겪은 한국인들이었기에 이 영화 속의 이탈리아군은 일본군과 등치되었습니다. 멜 깁슨이 주연한 〈브레이브 하트〉(1995)는 마지막 장면이 이 영화와 똑같습니다. 침략자들에 맞서 싸우는 독립운동이 주는 감동은 동서양이 다르지 않은 듯합니다.

당시 전두환정부는 처음 이 영화 상영을 불허했습니다. 반제국주의 코드가 너무 강렬하다는 이유에서였습니다. 그런데 그때는 한국 건설회사들이 막 리비아 대수로 공사에 뛰어든 때였습니다. 카다피는 공사를 맡기는 대신 이상한 조건을 내걸었답니다. "사막의 라이온을 당신네 나라 수도 한가운데 있는 극장에 한 달 이상 걸어라." 그래서 지금 광화문 동화면세점 자리에 있던 국제극장에 이 영화가 걸렸습니다. 얼마 뒤 그 극장은 문을 닫았지만, 광화문 앞을 지나는 서울 시민들은 한 달 동안 '불온한' 영화 간판을 보고 다녔습니다. 이렇듯 한때 제3세계 반제국주의 운동의 기수旗手를 자처했던 무아마르 카다피는 추악한 독재자가 되어 비참하게 죽었습니다. 사람의 잘잘못은, 죽은 뒤 한꺼번에 정산해야 제대로 따질 수 있습니다.

황성옛터

작사가와 작곡가가 체포되자
비슷한 노래는 나오지 못했습니다

"황성 옛터에 밤이 드니 월색만 고요해……" 옛 노래 〈황성옛터〉의 첫 소절입니다. 원 제목은 일본어로 〈아라키노아토荒城の跡〉였지만, 이 노래를 듣는 조선인들은 '황성'에서 '대한 황성皇城' 곧 서울을 연상했습니다. 그들에게는 황성신문의 '황성'이 훨씬 익숙했지요. 개성 출생 작사가 왕평은 자기 고향 개성을 노래한 것이라고 했지만, 일제 경찰은 이 노래가 사용한 '중의법重意法'을 간파했습니다. 그들은 이 노래를 금지곡으로 지정했을 뿐 아니라 작사가 왕평과 작곡가 전수린을 체포하여 모질게 고문했습니다.

이 일이 있은 뒤, 〈황성옛터〉와 비슷한 노래는 나오지 못했습니다. 일제 경찰의 검열 기준에 맞지 않는 노래뿐 아니라 검열에 걸릴 '우려가 있는' 노래도 위험하다고 생각했기 때문입니다. 검열은 이렇듯, 권력이 직접 손대는 것뿐 아니라 그 주위의 별 관계없는 것들까지도 질식하게 만듭니다. 그렇기에 검열은, 절대로 남의 일이 아닙니다.

보리 문디

글공부하는 동자인 문동에서 문디가 되었습니다

출신지별로 사람들을 비하하는 말이 있습니다. 역사가 오랜 것도 있고 근래에 만들어진 것들도 있지요. 서울 깍쟁이, 강원도 '감자바우', 전라도 '개땅쇠', 경상도 '보리 문둥이' 등입니다. 보리 문둥이의 문둥이를 한센병 환자로 아는 경우가 많은데, 사실은 글공부하는 동자童子라는 뜻의 '문동文童'에서 온 말입니다. 조선시대에는 경상도 산골의 척박한 곳에서도 보리쌀로 학자금을 대며 공부시키는 사람들이 많았습니다. 그래서 이 말은 밥은 굶을지언정 자식 공부는 중단하지 않는 경상도 선비들의 교육열을 칭찬하는 뜻이었지요.

그런데 어느 사이엔가 이 좋은 뜻은 잊히고 한센병 환자로 이해하는 것이 상식화했습니다. 지금도 별로 달라지지 않았지만, 옛날 한센병 환자는 천형天刑을 받은 사람으로 취급되었습니다. 심상히 부르기에는 너무 끔찍한 별명이었지요. 아마도 근대화 과정에서 경상도 사람들 스스로 어린 나이에도 의젓했던 '문동文童'들보다는 그악스럽게 하루하루 살아가야 했던 '문둥이'들에게서 더 자신과 가까운 모습을 발견했기 때문인지도 모르겠습니다. 깍쟁이도 개땅쇠도 문둥이도 감자바우도 필사적으로 가난과 싸워야 했던 시절의 별명들입니다. 이제 새로운 별명들을 만들어 가야 할 때가 아닐까요? 그보다 먼저, 지역색을 표시하는 별명 자체를 없애야 할 듯도 합니다.

조심하는 설

설이란 말에는
삼가고 조심하는 마음이 담겼습니다

순우리말 해는 한자로 日(일)입니다. 그런데 우리말 '한 해'는 1년이고 한자어 '일일一日'은 하루입니다. 우리나라 태양의 수명은 1년이고 중국 태양의 수명은 1일日인 셈이지요. 옛날 사람들은 세상 모든 것이 나고 죽는다고 생각했습니다. 해, 산, 물, 돌, 달, 구름 등의 무생물이 십장생十長生에 포함된 것도 이 때문입니다.

'새' 해가 태어나는 날을 '설'이라 합니다. '설설 기다', '설익다', '낯설다'의 설로서, 덜 익다, 위태롭다, 위험하다, 조심하다 등의 뜻입니다. 옛날에는 영아 사망률이나 출산 중 사망률이 매우 높았습니다. 그래서 신생아를 받을 때에는 아주 세심한 주의를 기울였습니다. 지금도 아기의 출생을 기다리는 부모의 마음은 다르지 않습니다. 옛사람은 새로 태어나는 해를 맞는 마음 자세도 신생아의 울음소리를 기다리는 것과 똑같아야 한다고 믿었습니다. 설 전날 밤을 뜬눈으로 새우는 것도 같은 취지입니다. '설'이라는 말에는 그렇게 삼가고 조심하는 마음이 담겨 있습니다.

조심操心이란 마음을 다잡는다는 뜻입니다. 새 해의 아침이면 이런저런 결심을 하는 풍습도 설과 조심이 연관되어 있기 때문일 것입니다. 조심의 반대말이 '방심放心'입니다. 마음을 놓아서는 안 될 때 놓는 것이 방심이고, 마음 놓아도 될 때 놓는 것이 안심安心입니다. 세상의 많은 불행이 방심할 때와 안심할 때를 구별하지 못해서 생깁니다.

위인전

남다른 부모에게서 태어나
특별한 시련을 겪는다는 구조입니다

회고록, 자서전, 전기 따위 책들, 돌이켜보니 100권도 훨씬 넘게 읽은 듯합니다. 어려서 읽은 《소년소녀 세계위인전기전집》 같은 책들을 포함하면 얼마나 되는지 헤아리기조차 어렵습니다.

그런데 동화 작가가 쓴 위인전이든 전문 전기 작가가 쓴 위인전이든, 정치인에 관한 책이든, 탐험가에 관한 책이든, 위인전의 서술 기조는 대개 어슷비슷합니다. 남다른 부모의 특이한 아이로 태어나서 특출한 어린 시절을 보내고 특별한 시련을 겪은 뒤 위인이 된다는 빤한 스토리입니다. 그러니 요즘 아이들에게 위인전을 읽힐 때에는 각별한 주의가 필요합니다. 남다르지 않은 부모에게서 특이하지 않게 태어난 아이들을 일찌감치 좌절시킬 수도 있을 테니까요.

위인전만이 아니라 그리 특별하지 않은 사람의 전기, 회고록, 자서전 등에도 정도의 차는 있으나 비슷한 문제가 있습니다. 사람들은 누구나 자기가 겪은 역경은 과장하고 자기에게 닥친 행운을 과소평가하는 경향이 있습니다. 잘 되면 내 덕이고 못 되면 조상 탓이지요. 그러니 그런 책들 곧이곧대로 믿어서는 안 됩니다. 그런 사람들에게 배우라고 가르치는 책들도 마찬가지입니다.

키스데이

한자어로는 접문이라 했습니다

"날카로운 첫 키스의 추억은 나의 운명의 지침을 돌려놓고……" 만해 한용운이 〈님의 침묵〉을 발표한 1926년만 해도 '키스'라는 말의 뜻을 아는 사람은 아주 드물었습니다. 이 구절은 분명 여러 사람을 당황하게 했을 것입니다.

키스라는 말은 미국 영화가 본격 상영된 1930년대에야 대중적으로 사용됐는데, 한자어로는 '접문接吻'이라 했습니다. 입술을 맞댄다는 뜻이지요. 당시에는 이 행위가 낯설었던지 '접문 연구'라는 글도 나왔습니다. "나서부터 죽을 때까지 한 번도 뜨거운 키스 즉 입 맞추지 못하였던 것도 조선에서는 예사였던 사실이다. 더구나 활동사진 상에서도 엄금하였던 것이다."(박정월, 〈접문연구〉《삼천리》 6-1, 1934. 11.) 1930년대 서울의 고등보통학교(현재의 중학교)나 전문학교 학생 중에는 고향에 처를 두고 온 사람이 많았지만, 첫 키스는 대개 카페나 바의 '웨츄레스'(당시 표기법)들과 하는 경우가 많았답니다.

키스의 유래에 대해서는 석기시대 사냥에서 돌아온 남자가 자기 없는 사이에 여자가 음식을 축내지나 않았는지 검사하기 위해 시작했다는 설, 고대 로마인들이 여성의 음주 여부를 조사하기 위해 시작했다는 설 등이 있습니다. 이런 경우 에로틱하기는커녕 좀 추잡하다고 해야 할 것입니다.

키스데이, 희한한 세시풍속입니다만 〈님의 침묵〉이나 한번 읊조리면서 이성 말고 다른 영혼의 키스 상대를 찾아보는 것도 의미 있을 것 같기는 합니다.

술 귀신

주사는 술 탓이 아니라 사람 탓입니다

옛날 사람들은 술에 '신'이 들어 있다고 믿었습니다. 술은 사람의 오감을 두루 자극하고 예술적 충동을 일으키며 평소에 낼 수 없었던 용기와 힘을 주기도 합니다. 사람에 따라 정도의 차는 있지만 만취한 상태는 '신들린 상태'와 같습니다. 그래서 술에 취해 저지른 짓은 사람이 한 짓이 아니라 '신'이 한 짓이라고들 생각했습니다. 제례에 술을 쓰는 것도, 술이 가장 비싼 음식이 되고 술병과 술잔이 가장 비싼 그릇이 된 것도 이 때문입니다. 술을 마시기 전에 술잔을 '들어 올리는' 행위도 신을 찬양하거나 신에게 먼저 바친다는 의미입니다.

하지만 술에 귀신이 들어 있을 리 없습니다. 들어 있다면, 술 마시는 사람이 평소에 모시는 신이 들어 있겠지요. 그러니 '음주 범죄'는 본성의 마각이 드러난 것으로 보아야지 '실수'나 '귀신의 장난'이라 보아서는 안 될 것입니다. 그럼에도 음주 범죄에 매양 관대한 것을 보면, 우리나라 법관들은 아직도 술에 '귀신'이 들어 있다고 믿는 것 같습니다.

보신탕

개가 똥은 먹지만 돈은 벌지 않습니다

'보신탕'의 옛 이름은 '개장' 또는 '개장국'입니다. 보신탕은 본래 몸에 이로운 탕 전체를 의미하는 보통명사였는데, 해방 이후 사실상 개장국만을 지칭하는 고유명사가 되었습니다. 미국인들의 비난을 면하기 위해 그랬을 가능성이 높습니다. '개장'에 개고기 대신 쇠고기를 쓴 것이 '육개장'인데, 개고기를 천하게 여긴 일부 양반층 음식이었습니다. 옛사람이 개를 천하게 여긴 것은 '똥 먹는 짐승'이기 때문이었습니다. 그래서 개고기는 제사상에도 올리지 않았습니다.

88서울올림픽을 앞두고 유럽 각국에서 몇 가지 이유로 올림픽 보이콧 운동이 벌어졌습니다. 그때 전두환 정권의 인권 탄압에 항의하는 시위에는 고작 몇 사람씩만 참가했지만 한국의 '견권犬權' 옹호 시위에는 수백 명씩 참가했답니다. 그 때문에 보신탕은 큰길가에서 자취를 감추고 이름도 다시 사철탕, 영양탕이 됐습니다.

옛사람들은 '똥 먹는 짐승'을 천하게 여겼듯, '뇌물 먹는 관리'도 천하게 여겼습니다. 그래서 그들을 '더러운 관리'라는 뜻의 '오리汚吏'라 불렀지요. '개같이 벌어 정승같이 쓴다'지만, 개가 무슨 방법으로 돈을 벌겠습니까? 개같이 번다는 것은 '똥도 가리지 않고 먹는다'는 뜻이겠지요. 뇌물과 불법 자금, 부동산 투기 등으로 돈을 번 사람들은 아무리 부자라도 '천한 것'이라는 생각, 여전히 필요합니다.

경무대, 청와대

높은 곳에 펼쳐진 평지 또는
그런 땅에 지은 정자를 대라 합니다

경복궁 뒤 지금 청와대 자리에 '경무대'라는 이름이 붙은 것은 대원군이 경복궁을 중건한 뒤의 일입니다. '대'란 을밀대, 필운대, 침류대, 파총대, 태종대처럼 높은 곳에 펼쳐진 평지란 뜻입니다. 그런 땅 위에 지은 정자에도 같은 이름을 붙이는 경우가 많았습니다. 높은 언덕을 깎고 무너지지 않게 돌로 쌓은 곳을 축대라 하고, 높은 곳에 앉은 임금이 구경할 수 있게 높이 쌓아 올린 무대를 산대라 한 것도 같은 이유입니다. 평지보다 높은 곳에서 천문 현상을 더 잘 관측하기 위해 만든 것이 관상대나 관천대이고, 높은 곳에 올라 병사들의 훈련 장면을 굽어보기 위해 만든 것이 사열대입니다. 옛날의 사열대로 대표적인 것이 남한산성의 수어장대입니다.

1939년, 조선총독 미나미 지로南次郎가 경무대에 총독 관저를 짓습니다. 이 건물은 해방 후 미군 사령관 하지의 공관으로 사용되다가 정부 수립 후에 대통령 관저가 되었습니다. 정식 명칭은 '경무대 대통령 관저'였습니다. '삼청동 총리 공관' 할 때 삼청동이 지명이듯, 경무대도 지명이었습니다. 그런데 4·19 뒤 윤보선은 '경무대'라는 이름이 국민의 원성을 사고 있다는 이유로 이름을 '청와대'로 바꿉니다. 미국 백악관 이름을 벤치마킹한 것이야 그럴 수 있다 치더라도 지명을 건물 이름으로 착각한 것은 좀 심했습니다.

그러나 이미 말뜻을 모르는 사람이 많은데 아무려면 어떻습니까. 다만 이름이 '청와대'이니, 그 이름에 걸맞게 하늘을 우러러 천심天心을 살피고, 땅을 굽어 민심民心이라도 잘 살폈으면 하는데, 사심私心 때문에 그러기가 쉽지 않은 모양입니다.

전통주와 전통 축일

전통주 소멸은 아쉬워하지만
전통 축일 소멸에는 무심합니다

    을사늑약 이후 대한제국의 내정을 장악한 일제는 1909년 연초세, 가옥세, 주세酒稅의 세 가지 세목稅目을 새로 창설합니다. 이른바 '삼신세三新稅'라는 것이었지요. 조선인들은 이때부터 집에서 술을 담글 때에도 세금을 내야 했습니다. 일제 경찰은 집집마다 다니며 몰래 술을 담그지는 않는지 감시하곤 했습니다. 물론 그랬다고 전통주가 다 소멸하지는 않았지만 가문 단위로 전승되던 양조법이 많이 사라졌지요. 1963년에 쌀 소비 억제책으로 강력히 추진된 쌀 양조 금지는 그나마 남아 있던 전통주의 명맥을 완전히 끊어 놓다시피 했습니다.

    우리의 유서 깊은 전통주가 별로 남아 있지 않은 것을 애석해 하는 애주가들은 많습니다. 그러나 우리의 전통 축일과 민속놀이가 사라진 것을 안타까워하는 사람들은 거의 없습니다. 지금 전통 축일로 남아 있는 것은 설과 추석 정도지만 옛날에는 초파일과 단오도 그에 못지않은 축일이었습니다.

    어느 나라에서나 '전통 축일'은 다 종교 축일입니다. 이제 크리스마스는 기독교를 안 믿는 사람들에게도 축일이지만 초파일은 불교 신자들만의 축일이 되었습니다. 초파일 때마다 일부 교회의 반反불교적 행태가 사회적 물의를 빚곤 합니다. 종교 축일이라는 관념에 매달리지 말고 그냥 전통 축제라고 생각하면 좋지 않을까요.

어린이날 나이만 먹는다고 어른이 되지는 않습니다

　'얼간이'라는 말은 '간이 덜 밴 사람'이라는 뜻입니다. '싱거운 사람'과도 일맥 상통한다고 할 수 있습니다. '얼'은 모자라다, 덜 됐다는 뜻의 접두어입니다. 어리굴젓, 얼갈이, 얼치기 등에 쓰지요. 그러니 세종어제 훈민정음의 '어린 백성'은 요즘 식으로는 '모자란 백성'이라 해석해도 무방합니다.

　'어린이'라는 말을 처음 만든 사람은 방정환입니다. 덜 여문 사람, 아직 모자란 사람이란 뜻이지요. '어른'은 '어르다'라는 말에서 나왔습니다. 뜻은 '어루만지다'에 남아 있는데, '성 행위를 하다'입니다. 조선시대에는 '어른'만 상투를 틀었습니다. 생김새를 보면 금방 알 수 있듯, 상투는 '어른 남성'의 상징이었죠. 평범한 한국인들이 1895년의 단발령에 반발했던 것도 '일본인들이 조선 남자를 다 거세하려 든다'고 생각했기 때문입니다.

　옛날에는 나이만 먹는다고 '어른'이 되지 않았습니다. 특별한 행위와 절차를 거친 다음에야 어른이 됐지요. 지금은 일정한 나이만 되면 바로 어른 대접을 합니다만 나이는 많아도 생각이 덜 여문 사람도 있고 그 반대도 있는 건 옛날과 다르지 않습니다.

　방정환이 '어린이날'을 만든 취지는 이 날만이라도 어린이를 '작은 어른' 취급하지 말고 '특별한 사람'으로 대우하자는 것이었습니다. '어린이'라는 말의 본뜻에 맞게 이 팍팍한 세상을 헤쳐 나가기에 힘이 부치는 사람, 조금 모자란 사람들에게도 힘을 주는 날이었으면 좋겠습니다.

아리고 쓰린 아리랑

한과 해학이 함께 담겨 있습니다

흔히 '원한'으로 묶어 쓰지만 '원怨'은 되돌려 줄 수 있는 억울함을, '한恨'은 되갚을 수 없는 억울함을 의미합니다. 그래서 원수怨讐는 갚는다고 하지만 한은 스스로 푸는 수밖에 없다고들 하지요. 부모, 자식, 국가나 사랑하는 사람에게 받은 억울함이 한입니다.

〈아리랑〉은 사랑하는 사람에게 버림받은 억울함에 관한 노래입니다. 아리랑의 '아리'와 쓰리랑의 '쓰리'는 아리고 쓰린 통증이라고 합니다. 그러니 이 노래에는 자기는 참기 어려운 아픔을 느끼면서도 사랑하는 사람에게는 차마 벼락 맞으라 할 수 없어 발병 수준의 가벼운 저주만 퍼붓는 한과 해학이 함께 담겨 있는 셈입니다.

일제강점기 이전 한국에 온 서양인들이 〈아리랑〉을 한국의 대표적 민요로 인식했다는 증거는 찾지 못했습니다. 그들은 주로 궁중음악에 대해 기록했습니다. 1902년에 우리나라 최초의 상설 극단으로 만들어진 협률사의 공연 레퍼토리에도 아리랑은 없었습니다.

아리랑을 세계화한 사람은 님 웨일즈였던 듯합니다. 그가 장지락의 일대기를 기록한 책, 《아리랑》이 영어권에 아리랑을 널리 알리는 계기가 되었습니다. 그 시대는 한국인들 사이에 '한'에 대한 공감대가 가장 넓었던 시대이기도 합니다. 식민지 시대는 말 그대로 '한의 시대'였지요. 국가권력은 백성의 한을 풀어 주는 마지막 의지처여야 하는데 아직도 먼 일인 듯합니다.

도교 흔적의 운니동   땅의 역사는 땅 이름에 새겨집니다

서울 종로구에 있는 운니동은 일제가 1914년에 구름골[운동]과 진골[니동]을 합쳐 새로 만든 지명입니다. 대원군이 살았던 운현궁은 운동 고개[구름재, 雲峴]에 있다 해서 붙인 이름입니다. 운동은 조선 초기 천문관측 관서인 '서운관'에서 유래한 이름인데, 서운관이 '도교식' 이름이라 해서 관상감으로 바뀐 뒤에도 관상동으로 바뀌지 않고 수백 년간 그 이름으로 지속되었습니다. 심지어 총독부가 만든 '운니동'에도 이름의 흔적은 남아 있습니다.

지명은 땅의 역사를 가장 잘 드러내는 요소입니다. 조선총독부조차 지명을 통째로 바꾸지는 않았는데, 요즘 새로 붙인 새 길 이름에는 전통 지명이 대거 빠졌습니다. 불교와 관련된 이름이라 없애는 것이라는 소문도 돌았습니다. 그렇다면 유교와 관련된 이름도 남겨 둘 이유가 없겠지요. 행정 편의를 위한 역사 파괴, 개발을 명분 삼은 역사 파괴에 이어 종교적 이유로 인한 역사 파괴까지 진행되는 것 같습니다. 원효로, 인사동, 청량리, 미아리, 진관동, 불광동, 도선동 같은 지명을 다 없애고 나서 무엇으로 '역사도시'를 주장하려는지요? 불교식 지명을 없애기보다는 차라리 새 길에 기독교 선교와 관련된 이름을 넣는 게 나을 것 같습니다. 알렌 로, 스크랜튼 길, 아펜젤러 길, 언더우드 길, 홀 길, 소망로 같은 길 이름들을 만들면 후대인들이 어느 시대에 어떤 이유로 생긴 이름인지 바로 알 수 있을 것입니다.

아서원

한국인 계모가 주인 몰래
재벌에게 팔아 넘겼습니다

1970년까지 지금 서울 을지로의 롯데호텔 주차장 자리에는 아서원雅敍園이라
는 중화요릿집이 있었습니다. 1907년에 개업한 이래 서울 최고의 중화요릿집으
로 군림했습니다. 일제강점기에는 여러 역사적 행사들이 이 음식점에서 치러졌
고, 해방 후에도 아서원에서 결혼식 피로연을 치러야 부자 소리를 들었답니다.

그런데 1970년, 주인의 한국인 계모가 주인 몰래 아서원을 모 재벌에게 헐값
에 넘겨버렸습니다. 주인은 바로 소송을 냈으나 2심에서 승소하고 3심에서 패
소했습니다. 후일 주인의 측근은 배후에 법보다 무서운 권력의 음모가 있었던
것 같다고 회고했습니다.

이 땅에 수십 년간 대대로 터 잡고 살다가 빈손으로 떠난 화교들 참 많습니
다. 한국 법원은 그들에게 냉담했습니다. 그런데 법적인 관점에서는 판결로 사
건이 종결되지만 역사적 관점에서는 판결도 사건의 일부가 됩니다. 당시 법원
의 판결은 '화교 억압사'의 한 장면일 뿐입니다.

한글과 반글

세간에선 반글로 불리다
주시경이 처음으로 한글이라 했습니다

세종대왕이 창제한 것은 한글이 아니라 '훈민정음訓民正音'입니다. 백성을 가르치는 바른 '소리'라는 뜻이지요. 바른 글자라는 뜻의 '정자正字'가 아니라 바른 소리라는 뜻의 '정음正音'이라는 사실에 주의할 필요가 있습니다.

훈민정음이 창제된 뒤에도 오랫동안 세간에서는 언문, 반글, 암클 등으로 불렀습니다. 훈민정음은 19세기 말이 되어서야 공식적으로 '국문國文'이 되었다가 일제에 강제 병합된 뒤에는 다시 '조선문'이 되었습니다. 일제강점기의 '국문'은 일본 '가나'였습니다.

'한글'이라는 이름은 1913년에 주시경이 처음 썼습니다. '반글'에 상대하여 '온전한 글', '큰 글', '한국의 글'이라는 다중적 의미를 담은 말입니다. 그러나 1920년대 중반까지는 한글이라는 이름은 널리 알려지지 않았습니다. 1926년 11월 4일, 조선어연구회가 '훈민정음 반포 팔회갑* 기념식'을 열었는데, 이때 훈민정음 반포일을 '가갸날'로 하기로 정했습니다. 일본문日本文이자 당시의 국문인 '가나'와 구별하기 위해서였을 것입니다. '한글날'이라는 말은 1930년경부터 쓰입니다.

해방 이후에야 한글은 '국문'의 자리를 되찾았고 한글이라는 이름도 일반화했습니다. 그러나 지금은 알파벳이 '한글'이 되고 한글은 다시 '어린 백성들'이나 배우는 '반글'의 지위로 밀려난 것이 아닌지 생각해 볼 일입니다.

*팔회갑八回甲: 60갑자가 8번째 돌아오는, 480년째 해임.

문화재에 대한 관점

도시 문화재에 대한 관점은
대략 셋입니다

농촌 땅과 도시 땅이 다르듯 농촌 문화재와 도시 문화재도 다릅니다. 도시 문화재를 유지, 관리하는 데에는 돈이 많이 듭니다. 그래서 도시 문화재에 대한 관점은 대략 셋으로 나뉩니다. 전문가의 관점, 일반 시민의 관점, 문화재 주변 지주의 관점입니다.

전문가들은 보호주의, 일반 시민은 절충주의, 지주는 파괴주의라 할 수 있을 것입니다. 이들 중 지주의 힘이 가장 세서 지난 몇 년 사이에 국도극장, 스카라 극장, 명동 증권거래소, 옛 건국준비위원회 청사 등 아까운 건물들이 다 사라져 버렸습니다. 지주들의 관점에서 문화재는 토지 가격의 상승을 막는 장애물일 뿐입니다. 남대문이 불탄 뒤, 이제 서울에는 지은 지 200년 넘은 건물도 몇 개 남지 않았습니다.

몇 해 전부터 서울을 역사문화도시로 만든다는 구호는 거창했는데, 오히려 서울의 유서 깊은 문화재와 유적들은 가장 많이 파괴됐습니다. 물론 행정가들의 관점도 문제입니다. 행정가들이 지주들과 같은 관점을 가지면 남아나는 문화재가 없을 것입니다.

청계천 판석

복원 공사에서 판석은 제대로 되살리지 못했습니다

1918년, 일본인들이 청계천을 준설하다가 개천 바닥에서 큰 '판석板石'들을 발견합니다. 영조 때 준설 기준점을 표시하기 위해 묻어 놓은 것들이었습니다. 당시 일본인들은 "공사 담당자들이 모두 놀랐다."고 표현했습니다. 그들은 청계천 돌다리들이 아니라 하천 바닥에 놓인 판석들에서 조선인들의 하천 관리 기술이 자기들보다 뛰어났다는 사실을 발견했습니다. 청계천 양안兩岸에 석축石築을 쌓고 하천 바닥에 판석을 묻은 영조도, 이 일을 자기 치세 52년간 가장 잘한 일로 꼽았습니다. 청계천 석축과 판석은 서울 성곽에 버금가는 문화재였습니다. 청계천을 복원할 때 그를 최대한 되살리려 노력했다면 지금의 뚜껑 없는 지하도 같은 청계천으로 '복원復元'되지는 않았을 것입니다.

청계천을 복원할 때 각 분야에 '시민위원회'가 구성됐습니다. 그때 역사문화 분과도 있었습니다. 역사학자들은 모두 석축과 판석, 교량을 복원하는 '역사적 복원'을 주장했는데, 그냥 '복원 반대자'로 취급됐고 결국 대다수가 사퇴해 버렸습니다. '찬성이냐 반대냐'만 따지면, '조건부 찬성'은 주모자 마음대로 '찬성'도 됐다 '반대'도 됐다 합니다. 그러나 '하는 것'보다 '잘 하는 것'이 훨씬 중요합니다. 아무리 필요한 일이라도 엉터리로 하는 것은 안 하느니만 못합니다.

빨간책

검열을 피하기 위해
〈김일성의 여인들〉과 같은 제목을 붙였습니다

1970년대에는 '빨간책'이라는 포켓 만화책이 있었습니다. '음란 만화책'을 가리키는 일종의 은어였지요. 개중에는 검열을 거치지 않고 유통되는 불법 출판물도 있었지만, 대개는 당당하게 '검열 필' 도장을 찍은 책들이었습니다. 물론 표현 수위에는 차이가 있었습니다.

검열을 통과한 음란 만화책들은 장면도 내용도 제목도 다 비슷비슷했습니다. 〈김일성의 침실〉, 〈김일성의 여인들〉, 〈여간첩의 최후〉 같은 제목만 붙이면 음란성은 문제가 되지 않았습니다. 그러면서도 당시 검열 당국은 공식적으로는 청소년에게 악영향을 끼치는 것을 막기 위해 '검열'이 필요하다고 주장했습니다.

권력은 언제나 '청소년의 정신건강'이나 전래의 '미풍양속'을 해로운 '사조'와 '정보'로부터 지켜야 한다는 핑계로 검열을 자행했습니다. 그러나 정작 그들이 지키려 한 것은 자기 자신의 '권위'였고, 감추려 한 것은 자기 자신의 '치부恥部'였습니다. 그러나 그렇게 억지로 권위를 세우고 치부를 감추는 권력은 반드시 부패했습니다. 검열이 청소년의 정신건강을 지키는 데에 얼마나 도움이 되었는지는 알기 어렵지만, 국가와 사회 전반의 건강을 해치는 데에 큰 구실을 해 온 것은 분명합니다.

세종로의 충무공

충무공 뒤의 세종대왕은 궁여지책이었습니다

1968년 애국선열조상건립위원회라는 단체가 '애국선열' 동상을 '대량생산'할 때
에는 길 이름과 동상 위치를 가급적 일치시키려 했습니다. 세종대왕 동상은 세종
로에, 충무공 동상은 충무로에, 을지문덕 동상은 을지로에 세울 계획이었지요.

몇 해 전 이 내용을 논문으로 썼더니 몇몇 신문과 방송이 "세종로에 왜 충무
공이?"라는 식으로 보도를 했습니다. 그 뒤 서울시에서 세종대왕과 충무공 동
상을 제자리에 갖다 놓는 문제로 여론조사를 했는데, '절대다수' 시민이 반대했
습니다.

충무공 동상을 다른 곳으로 옮기려는 것은 '다른 속셈'이 있기 때문일 것이
라고 의심하는 사람이 많았답니다. 그래서 궁여지책으로 충무공 동상 뒤에 세
종대왕 동상을 새로 세웠습니다. 이미 죽은 사람의 '기득권'이 인정된 셈입니다.
박정희 전 대통령을 좋아하지 않는 사람도 그의 정치 철학이 담긴 '세종로의 충
무공'은 당연하게 받아들입니다. 충무공이 우리 역사상의 '1등' 위인이라는 것은

이제 아무도 부정하지 않습니다. '10월 유신' 직후에는 학교 조회 시간에 '보라, 우리 눈앞에'로 시작하는 〈충무공찬가〉를 불렀습니다. 이 노래를 부를 때만 해도 충무공의 지위가 지금 같지 않았는데, 어느새 죽은 사람에 대해서도 '1등만 기억'하는 세상이 됐습니다.

그런데 우리나라에서 제일 무거운 동상은 충무공 동상이 아니라는 속설이 있습니다. 그때만 해도 동상 두께를 외부에서 측정할 수 있는 기술이 없었기 때문에 동을 정량대로 썼는지 확인할 길이 없었습니다. 그 무렵에는 동 값도 만만치 않았습니다. 다른 동상을 만들 때에는 후손들이 '만들어주는 것'만도 고마워했지만, 백범 김구 동상을 조성할 때에는 그의 '숭배자'들이 제작 과정에 '입회'했답니다. 그래서 김구 동상이 가장 무거워졌다더군요. 순국선열유족회 등에서 떠돌던 이야기입니다. 믿거나 말거나.

양반 족보

대개 자신은
양반의 후손이라고 믿고 있습니다

한국 사람 열에 아홉은 자기가 '양반의 후손'이라고 믿습니다. 무슨 공파 몇 대손인지까지는 몰라도 조상이 양반임은 분명하다고들 생각합니다. 한때 '족보도 없는 놈'이라는 욕이 유행한 적이 있는데, 그래서인지 요즘에도 국립중앙도서관 족보실이나 서울대학교 규장각에서는 옛날 족보를 찾으려는 노인들을 드물지 않게 볼 수 있습니다. 그분들 중 다수는 '6·25 때 족보를 잃어버렸다'는 부모 말을 아직 믿고 있습니다.

그러나 안타깝게도 그분들이 정상적인 방법으로 목적을 이룰 가능성은 아주 적습니다. 6·25 때 많은 족보가 불 타 없어진 것이 아니라 6·25를 계기로 족보 없어도 양반 후손 행세할 수 있는 시대가 열렸다고 보는 것이 옳습니다. 신분제의 잔재를 거의 완전히 소멸시킨 것은 6·25전쟁과 뒤이은 인구 이동이었습니다. 일부 지역에서는 1970년대까지도 혼사 때나 선거 때 '양반 상놈' 따지는 문화가 남아 있었으나 그럼에도 한국에서 신분 의식이 소멸한 속도는 세계 제일입니다.

모두가 '양반의 후손'이라고 생각하는 이 엄청난 '집단적 착각'이야말로 한국의 '고속성장'을 이끈 진정한 힘이 아니었을까 생각합니다. 이 착각이 '분수分數'를 지켜야 한다'는 중세적 자포자기 관념을 극복하게 해 주었으니까요. 그러니 '성장'에 집착하면서 다른 한편 '신분제'를 사실상 부활시키려는 것은 어리석은 짓입니다.

우리말 표준어

기준이 된 중류층은
중인에 해당했습니다

빅토리아 시대 영국인들이 '셰익스피어는 인도와도 바꾸지 않겠다.'는 칼라일의 말에 동의한 것은, 그의 작품이 지닌 예술성보다도 '표준 영어'를 만든 공적을 평가했기 때문이라고 합니다. 표준 영어가 없었다면 '위대한 영국인'도 없었다는 생각이었겠지요.

우리말 표준어는 1907년 대한제국 학부 산하의 국문연구소가 처음 지정하려 한 듯한데, 곧 나라가 망해서 유야무야되었습니다. '조선말 표준어'는 1936년에야 '비공식적'으로 지정되었습니다. '비공식'이란 총독부가 공인하지 않았다는 의미입니다. 일제하 표준어는 '서울에 사는 중류층이 두루 사용하는 조선어'였는데, '중류층'은 당시 서울 주민의 구성으로 보자면 '중인'에 해당했습니다. 양반이나 상인, 천민의 언어는 배제된 것입니다. 최남선, 이광수 등 우리 근대문학의 개척자들 상당수가 중인 출신이었습니다.

'표준'의 제정은 통일성과 효율성을 높여주지만 '표준'에서 배제된 것들을 차별하게 만듭니다. 표준에 맞지 않는 제품이 '불량품'이듯 '사투리'도 비슷하게 취급됩니다. 사투리가 심한 사람은 온전한 '직업 선택의 자유'를 누릴 수 없습니다. 아나운서 같은 직업을 가지려면 '표준어권' 사람에게는 불필요한 '언어 교정' 작업을 거쳐야 합니다.

'순혈 민족주의'와 '언어 단일화를 향한 충동'은 뿌리가 같을 것입니다. 민족주의가 향토어를 차별한 것처럼 세계화 이데올로기는 영어 아닌 언어들을 차별합니다. 차별은 억압으로, 억압은 소멸로 이어집니다. 우리말을 제대로 보존하려면 향토어부터 살려야 할 것입니다. 이제 TV 뉴스에서 사투리 좀 써도 되지 않을까요.

야합

1970년대 후반부터 야하다라는 말이 일상생활에서 쓰였습니다

일상생활에서 '야하다'라는 말이 쓰이기 시작한 것은 1970년대 후반 이후로 보입니다. 현행 국어사전에는 '천하게 아리땁다', '깊숙하지 못하고 되바라지다'라는 뜻으로 나와 있지만, 그런 뜻으로만 쓰이는 것 같지는 않습니다. 그보다는 외설적이다, 문란하다, 노출이 심하다, 성적으로 자극적이다, 섹시sexy하다 등의 의미가 강합니다. 음란 동영상을 '야동'이라는 약자로 부르기 시작한 지도 벌써 꽤 되었습니다.

'야하다'의 '야'는 '풀무질 야冶'를 쓰기도 하고 '들 야野'를 쓰기도 합니다. 앞의 야는 '달아 오르게 하다'라는 뜻이고 뒤의 야는 '가리지 않고 다 드러내다'라는 뜻일 터인데, 주로 성적 자극과 관련된 말로 쓰다 보니 구별할 이유가 없어진 듯합니다.

사마천은 《사기》에 "숙량흘은 안씨의 딸과 야합野合하여 공자를 낳았다."고 썼습니다. 문자 그대로 '들판에서 통정通情'했다는 뜻입니다. 이에 대해서는 여자 나이가 49세가 넘거나 남자 나이가 64세가 넘어 결혼하는 것을 야합이라 했다는 해석도 있습니다. 어느 경우든, 야합은 정상적이지도 정당하지도 않은 결합입니다.

종편 방송사 출범 전에 정부를 향해 추파를 던지는 언론의 모습은 너무 노골적이었습니다. 언론과 야합하려는 권력과 그에 맞춰 스스로 야해진 언론사들의 결합은 그저 야하고 천할 뿐입니다.

성(性)의 수사법

성은 신비와 저속의
양 극단을 순간 이동합니다

'신비'와 '저속'의 양 극단을 중간 단계도 없이 순간 이동하는 단어로 '성性' 말고 다른 것이 있는지 잘 떠오르지 않습니다. 삶의 일부이고 인류 재생산의 유일한 방법임에도 '성'에 관해 말하는 것은 순간 이동 기계를 타는 것만큼이나 위태롭고 위험합니다. 조선시대가 그 이전 시대보다 '성' 자체를 더 억압했다고 단정할 수는 없지만, 성에 '관해' 이야기하는 것을 억압한 것만은 분명합니다.

근대 이전에는 정도의 차이는 있지만 동서양 모두에서 성에 관해 말하는 것은 일종의 금기였습니다. 성에 관한 '담론'이 금기시되다 보니 자연히 '수사법修辭法'도 발전하지 못했습니다. '성적性的 수사'는 정치적 수사나 사회적 수사에 비하면 훨씬 유치합니다. 그렇다고 이에 관한 이야기들을 금기의 영역으로 다시 몰아넣을 수는 없을 것입니다. 근대 이후 문학이 성적 수사법들을 크게 늘리기는 했지만, 일상에서 그 수사법을 함부로 응용했다가는 손가락질 받기 십상입니다. 그러나 정치적 수사법도 처벌을 겪으면서 다듬어졌습니다. 돌팔매 맞다 보면 성적 수사법도 차츰 나아질 것입니다.

어처군과 어처구니

지금도 어처군이 필요한 곳이 있습니다

'어처구니'의 뜻에 관해서는 두 가지 설이 있습니다. 하나는 '맷돌 손잡이'라는 설이고 다른 하나는 궁궐 용마루에 올린 '잡상*'이라는 설입니다. 이 잡상들이 '임금의 거처를 지키는 군사'라는 뜻의 '어처군御處軍'이라는 것이지요. '어이없다'의 '어이'에 대해서도 '맷돌 손잡이의 다른 말'이라는 설과 임금의 옷이라는 뜻의 '어의御衣'가 변한 말이라는 설이 있습니다. 어처군의 짝으로는 '어의'가 더 잘 어울립니다.

어처구니와 어이를 모두 '임금'과 관련된 것으로 볼 경우, 어처구니없다는 '궁궐 구경시켜 준다더니 어처군이 없는 집을 보여줄 때', 또는 '임금 뵙게 해 준다더니 어의 없는 사람을 데리고 나올 때' 쓰는 말이 됩니다. 어처군은 삼장법사, 손오공, 저팔계, 사오정 등으로 구성된 부대입니다. 악귀와 잡신을 쫓는 무적의 군사들이지요.

권력기관에 근무하는 사람들이 별 잡스런 범죄들을 저지르는 일이 드물지 않습니다. 권력기관 청사들에 어처군을 배치해서 밖에서 들어오는 잡귀가 아니라 내부에 있는 잡인들을 단속해야 할 것 같습니다.

* 잡상雜像: 궁전이나 전각의 지붕 위 네 귀에 여러 가지 신상神像을 새겨 얹는 장식 기와

서울 고종 어극 40년 칭경기념비전

그까짓 거 헐어버리지 뭘 그러느냐

광화문 네거리 교보빌딩 옆에는 사적 171호 '서울 고종 어극 40년 칭경기념비'의 전각이 있습니다. 1902년 고종황제 즉위 40년과 망육순(51세)의 양대 경축일을 기념하기 위해 만든 비석을 안치한 전각殿閣입니다. 비석을 보호하기 위해 세운 다른 건물들은 다 비각碑閣이라 하지만 이 건물만 비전碑殿입니다. 황제를 위한 비석은 그만큼 격이 높았던 것이지요. 격도 격이지만, 이 건물은 20세기 벽두 우리 전통 건축 기술의 정화라 할 수 있는 아름다운 건물입니다.

1966년, 광화문 지하도를 팔 때의 일입니다. 당시에는 지하도 굴착 기술이 지금 같지 않아 이 건물 때문에 공사에 애를 먹었답니다. 공사 관계자가 기념비전 때문에 차질이 생겨 예정한 기일 내에 완공이 어렵다고 보고하자, 당시 시장이 "그까짓 거 헐어버리지 뭘 그러느냐"고 했답니다. 마침 이 건물의 문화재적 가치를 알아본 사람이 있어 겨우 헐리는 것을 막을 수 있었다는 '전설 아닌 전설'이 전해 옵니다. 그 시절의 역사의식이 얼마나 천박했는지를 보여주는 사례라 할 수 있습니다.

학교에서 역사도 제대로 가르치고 문화재 탐방 프로그램도 늘어난 덕에 요즘 사람들의 역사의식은 그 시절과 비할 수 없이 높습니다. 그래도 새 건물 짓는 공사판에서 문화재는 여전히 '걸림돌'일 뿐인 듯합니다. 우리나라에서 가장 유서 깊은 건물을 가진 명동성당조차 재건축을 위해서는 문화재 파괴쯤 아무렇지 않게 생각하니 말입니다. 한 나라의 문화재는 그 나라 사람들의 '혼'이 담긴 재산입니다. 문화재를 우습게 알면 '혼'도 날아갑니다. 그런 것을 '혼난다'고 합니다.

청계천의 옛이름, 개천

자연 하천을 파내 변경한 뒤
개천이라 불렀습니다

"청계천은 그 이름만 들어서는 작은 배라도 띄울 수 있는 아름다운 하천처럼 생각하기 쉽지만, 실상은 쓰레기 천지의 더러운 개천이다." 1932년에 일본인이 만든 경성 안내 책자의 한 구절입니다. 청계천은 1914년에 일본인들이 처음 붙인 이름입니다. 그전에는 그저 개천開川이라고만 불렀습니다. 자기들이 이름 붙여 놓고 이름과 실체가 어울리지 않는다고 홍보하는 격이었습니다.

개천이란 본래 시내를 파서 넓고 깊게 하는 일이라는 뜻입니다. 조선 태종 때 서울로 재천도한 이후 도성 한복판을 흐르는 자연 하천을 파내고 일부 수로를 변경했는데, 그 일을 담당한 부서가 '개천도감'이었습니다. 그런데 '개천'한 하천도 그냥 '개천'이라고 불렀습니다.

'4대강 살리기'라는 대규모 토목 사업으로 4대강이 자연의 원래 모습을 많이 잃었으니, 이제 강 이름들도 바꿔야 할 듯합니다. 천川을 개천開川으로 바꿔 부르던 옛 방식을 따르면 강은 '개강開江'이 됩니다. 한개강, 낙동개강.

짜장면과 짬뽕

한국식 중화요릿집의 대표 음식입니다

미국에는 간판에 '차이니즈 레스토랑 Chinese Restaurant'이라 써 놓고 그 아래에 따로 '한국식 Korean Style'이라고 부기한 중국 음식점들이 있습니다. 한국에 살다가 미국으로 이민한 중국인이나 한국에서 중화요릿집을 하다가 미국에 건너간 한국인들이 경영하는 음식점들입니다. 미국에서 짜장면이나 짬뽕을 먹고 싶으면 이런 집에 가야 합니다. 정통 '차이니즈 레스토랑'에서는 짜장면과 짬뽕을 먹을 수 없습니다.

짜장면은 20세기 초에 일자리를 찾아 한국에 들어온 가난한 중국인 노동자들을 위해 인천의 한 중화요릿집에서 개발한 음식이랍니다. 짬뽕은 19세기 말 일본에 유학한 가난한 중국인 유학생들을 위해 나가사키의 중국인 요리사가 개발한 음식이구요. 일본인들도 짬뽕을 '이것저것 뒤섞는다'는 뜻의 동사動詞로 쓰지만, 그래도 짜장면과 짬뽕은 '한국식' 중화요릿집의 대표 음식입니다. 중국인이 한국과 일본에서 각각 자기 나라 사람을 위해 개발한 짜장면과 짬뽕이 한국에서, 한국인들에게 가장 대중적인 음식이 되었습니다. 이들 음식은 근대 동아시아 교류의 산물입니다. 한 나라만 바라보는 태도는 사대주의이지만 여러 나라와 함께하려는 태도는 개방성입니다. 사대주의는 '모방'만을 낳지만, 개방은 '창조'를 낳습니다.

유명무실 도교
삼청동과 도포에만
자취가 남아 있습니다

　서울 삼청동은 조선 초기 도교道敎사원이던 삼청관三淸館에서 유래한 이름입니다. 삼청이란 원시천존, 태상도군, 태상노군을 말합니다. 고구려 때 중국에서 전래된 도교는 조선 전기까지 명맥을 유지했습니다. 조선왕조는 유교 국가를 표방하면서도 오랫동안 전승되어 온 도교적 국가 의례를 다 폐지할 수 없어 도관道觀을 국립으로 운영했습니다. 도교의 사제를 '도사'라 했는데, 이들은 그저 국가가 주는 '녹'을 받으면서 저희들끼리 도를 닦았습니다. 유교 사대부들이 그들을 무시했기에 시간이 갈수록 수도 줄어들었습니다.

　임진왜란이 일어나자 도사들도 피란避亂했는데, 전쟁이 끝난 뒤 아무도 돌아오지 못했답니다. 도사가 사라지자 왕조 정부는 부득이 도교 의례를 폐지했습니다. 그랬다고 아쉬워하는 사람 별로 없었습니다. 이로써 천 년 넘게 지속된 도교의 명맥은 완전히 끊겼고, 그 자취는 '삼청동'이라는 지명과 '도포'라는 옷 이름에만 남았습니다.

　요즘 우리나라 인문학이 꼭 조선시대 도교 꼴인 듯합니다. 대중과 어울리지 못하고 저희끼리 고담준론이나 나누면서 정부 지원만 바라다가는 얼마 안 가 맥이 끊이거나 사이비 학문이 될지도 모릅니다. 그리 돼도, 아쉬워하는 사람 없을 것입니다.

터무니　　땅에 새겨진 무늬입니다

　　구석기시대 사람들은 어느 한 곳에 정착하지 못하고 계속 떠돌아 다녔습니다. 그들은 몇몇 동굴 벽화나 조개 무덤을 제외하고는 땅 위에 거의 흔적을 남기지 않았습니다. 다른 동물들도, 구석기시대 사람들이 남긴 흔적만큼은 남겼습니다.

　　인류가 일정 기간이나마 특정한 장소에 정착하게 된 것은 신석기시대 농경農耕이 시작된 이후의 일입니다. 그들은 밭을 일구고 집을 지었습니다. 지금도 간혹 신석기시대 집터나 농경지 터가 발견되곤 합니다. 이렇게 사람이 땅에 남긴 무늬를 '터무니'라고 합니다. 인류 문명은 터에 무늬를 새기는 일로부터 시작되었습니다.

　　'터무니없다'는 말은 근거 없다, 허황하다 등의 뜻입니다. 사람이 땅에 발을 딛고 사는 존재이기에 이런 말이 생겼을 것입니다. 그런데 강바닥에 무늬를 남기는 일은 무어라 불러야 할지 모르겠습니다.

공신당, 장충단 그리고 국립 현충원

어디에 묻히느냐
어떻게 기억되느냐

　옛날에도 나라에 공을 세운 사람들을 추모하는 시설이 있었습니다. 조선왕조 역대 왕의 신위神位를 모셔 놓은 종묘宗廟에는 부속 건물로 공신당功臣堂이 있어 역대의 공신功臣 83명을 배향했습니다. 대한제국 시기에는 남산에 장충단獎忠壇을 설치하여 개항 이후 순국한 신하들을 배향했습니다. 그러나 지금 종묘 공신당에 어떤 사람들이 배향되어 있는지 아는 사람은 거의 없습니다. 아니 대다수 사람들은 종묘에 공신당이 있는지조차 모릅니다. 제사가 폐지된 지 100여 년밖에 안 된 장충단은 더합니다. 사람들은 가수 배호의 〈안개 낀 장충단공원〉은 알지만 이 장충단이 대한제국의 '국립 현충원'이었다는 사실은 대개 모릅니다.

　우리 후손들도 우리 같다면, 국립 현충원의 운명도 크게 다르지 않을 것 같습니다. 우리가 이 시설을 어떻게 다루느냐에 따라 이 시설의 운명도 결정될 것입니다. 최근 6·25 당시에 '역사적인 패배'를 기록했던 장군이나 12·12 군사 쿠데타의 주역이었던 사람이 잇따라 국립 현충원에 '안장'됐습니다. 이렇게 국립 현충원의 '거룩함'을 스스로 훼손하면, 같이 안장된 다른 분들에게도 누가 될 것입니다. 중요한 것은, 어디에 묻히느냐가 아니라 후손들에게 어떻게 기억되느냐입니다.

모닝커피

담배꽁초 우려낸 물과 섞은 '코피'에
계란 노른자 띄워 마셨습니다

중국 사람들이 '가짜 계란'을 비롯해 온갖 '가짜'를 만들어 파는 일이 심심치 않게 화제가 되고 있습니다. 필요가 발명을 낳는다고, 자본주의 시장경제에 가장 기민하게 대응하는 것이 비양심적 '발명가'들인 듯합니다. 1950~70년대 우리나라에도 이런 비양심적 발명가들은 많았습니다. 벽돌을 가루 내어 고춧가루에 섞기도 했고, 구두 뒤축을 얇게 잘라 설렁탕 고기로 쓴다는 소문도 돌았습니다.

가장 흔한 '가짜'는 '코피'였습니다. 코에서 나오는 피가 아니라 커피를 코피라 부르던 시절의 '가짜 커피'를 말합니다. 인스턴트 커피에 담배꽁초 우려낸 물을 적당히 섞어 파는 다방이 많았습니다. 그런 커피에 맛을 들인 사람들은 오히려 '순수한' 커피를 맛이 너무 순하다고 의심하기도 했습니다.

담배꽁초 우려낸 물과 섞은 코피에 계란 노른자 띄워 '모닝커피'라고 마시던 일이 엊그제 같은데, 지금은 고급 커피 전문점이 무서울 정도로 빠르게 늘고 있습니다. 주택가 골목에도 하루가 다르게 커피숍이 늘어납니다. 게다가 커피 한 잔 값이 어지간한 밥 한 끼 값에 육박합니다. 우리나라 사람들, 커피 값 대다가 코피 터지겠습니다.

도깨비

매력에 이끌리다가는
엎어지기 십상입니다

산천과 목석의 정령精靈으로 이루어진 도깨비들을 '이매망량'이라 합니다. 매력魅力이란 물도깨비가 홀리는 힘을 뜻합니다.

도깨비의 깨비는 성냥개비, 담배개피의 개비, 또는 개피와 같은 말입니다. '작고 가느다란 막대기'라는 뜻이지요. 있지도 않은 것이 막대기처럼 보이는 것이 헛개비(허깨비), 막대기에 다른 게 덧씌워 보이는 것이 덧개비(도깨비)입니다. 옛날 설화들 중에 빗자루가 도깨비로 변한다는 내용이 많은 것은 이 때문입니다.

사람은 인품과 인격을 보고 사귀어야지 매력만 쫓다가는 물에 빠지거나 빗자루 위에 엎어지기 십상입니다. 스스로 도깨비에 홀려 패가망신하면 누구 원망할 수도 없습니다. 자기 심지心志를 굳혀야 도깨비의 헛된 매력에 홀리지 않을 수 있습니다.

낭만

남의 개념을 자기 것으로
바꾸는 건 쉽지 않습니다

'낭만浪漫'이 본래 한자어인 줄 아는 분들이 있는데, 일본인들이 자기들 개념에 없던 'romance'를 일본식 한자음으로 표기한 것입니다. 이 단어가 다시 중국으로 건너가 요즘은 중국인들 중에도 본래 자기 말인 줄 아는 사람이 많습니다.

서양 세력이 아시아에 모습을 나타낸 이후, 한자 문화권에서는 중국과 일본이 '경쟁적으로' 번역에 매달렸습니다. 조선인들은 이 두 나라에서 번역한 단어들을 그때그때 편리한 대로 가져다 썼습니다.

예전 중국에서 '기차미용중심汽車美容中心'이라는 간판을 보고 궁금했던 적이 있습니다. 가서 보니 세차장이더군요. 우리나라와 일본에서 자동차라 부르는 것을 중국에서는 기차라 합니다. 우리나라와 일본에서 기차汽車라 부르는 것을 중국인들은 화차火車라 합니다.

남의 개념을 자기 것으로 바꾸는 것은 무척 어렵고 고통스런 일입니다. 그런데 근래에는 영화 제목이든 신발 명품이든 외국어를 그대로 쓰는 게 일반적입니다. 번역은 남을 내 안에 집어넣어 내 것을 더 풍부하게 만드는 일입니다. 번역을 포기하면, 우리 문화가 위축됩니다.

전쟁 같은 축구

본래 잘하는 것과
어쩔 수 없어 잘하게 된 것은 다릅니다

올림픽을 평화의 제전이라고들 하지만, 그보다는 완화된 전쟁이라고 하는 것이 더 적절할 듯합니다. 올림픽과 근대 체육의 본질은 '근대 5종' 경기에서 가장 잘 드러납니다. 이 종목은 사격, 펜싱, 수영, 승마, 크로스컨트리로 구성되는데, 말 타고 달리다 강을 만나면 헤엄쳐 건너고, 다시 달려서 목적지에 도달해서는 총으로 싸우다가 총알이 떨어지면 칼싸움을 하는 일련의 전투 행위를 스포츠화한 것입니다. 지금 올림픽 종목들도 구기 종목들과 리듬체조, 수중발레 정도를 빼면 모두가 전투 행위입니다.

속성이 이렇다 보니 스포츠는 흔히 국가와 민족의 '우열'을 가리는 도구로 이용되었습니다. 일제강점기 일본인들은 스포츠를 통해 조선 민족이 모든 면에서 일본 민족에 비해 열등하기 때문에 일본 민족의 지배를 받는 것이 당연하다는 논리를 유포시키려 했습니다. 그런데 스포츠 경기력은 경제력에 큰 영향을 받습니다. 대부분의 종목에서 조선인이 열세일 수밖에 없었습니다. 그렇다 보니 조선인들 스스로 일본인과 경쟁이 되는 종목, 돈이 덜 들거나 안 드는 종목에 집중하는 경향이 있었습니다. 마라톤과 축구가 대표적이었습니다.

1926년, 조선에서 난다 긴다 하는 선수들로 조선축구단이 결성되어 일본에 원정한 일이 있습니다. 당시 언론들은 이를 일대 사건이라고 보도하면서 '조선인은 보편적으로 축구에 장기가 있다'고들 썼습니다. 하지만 본래 잘하는 것과 어쩔 수 없어 잘하게 된 것은 다릅니다. 지금 우리가 일본보다 잘하는 종목은 축구 말고도 많습니다.

불길한 낙서

예술과 법의 싸움에서
시간은 언제나 예술 편이었습니다

여백을 그냥 두고 보아 넘기지 못하는 것이 사람 본성이어서인지 아니면 종이가 귀하던 시절이어서인지는 알 수 없으나, 예전에는 동네 담벼락마다 아이들 낙서로 빼곡했습니다. 붉은색 페인트로 나름 격식을 갖추어 쓴 '낙서금지'라는 '근엄한' 글자들과 흰색 분필로 세로로 휘갈겨 써내려간 'W X Y'가 나란히 붙어 있는 담벼락도 많았습니다. 그 시절에는 많은 아이들이, 낙서로 자신을 표현하고 예술적 감수성을 길렀습니다.

2010년 서울에서 개최된 G20 홍보 포스터 위에 쥐 그림 낙서를 한 사람에게 벌금형이 선고되었습니다. 검찰은 피고를 기소하면서 '불길^{不吉}한 쥐 그림'이라는 표현을 썼습니다. 그러나 십이지신의 첫째, 천귀성^{天貴星}, 부귀영화의 상징, 미키마우스, 마이티마우스, 톰과 제리, 라따뚜이 등 쥐 그림이 사용된 사례들을 보면 쥐가 '불길한 존재'라는 말은 보편타당하지 않습니다. 더구나 '불길'은 법으로 재단할 수 없는 전근대의 망령입니다.

낙서가 예술인지 범죄인지 장난인지 '작품'만으로는 단정하기 어렵습니다. 다만 세계적으로는 '그래피티 아트'라는 장르로 인정하는 추세인것 같습니다. 예술과 법률이 싸운 역사는 아주 길지만, 시간은 언제나 예술 편이었습니다.

경복궁 조영

왕의 궁궐도
하늘이 만든 자연의 선을 해치지 않았습니다

삼국시대 이래 우리는 수도 조영造營에 산성山城, 도성都城, 궁성宮城의 '삼중성' 체계를 지켜왔습니다. 중국이나 일본과는 다른 우리만의 특징이었습니다. 산성과 도성은 전쟁용이었지만, 궁성은 의장용에 가까웠습니다. 경복궁 담장에는 전쟁 설비가 없습니다.

경복궁은 백악, 근정전, 광화문으로 이어지는 시각적 위계에 따라 조영됐습니다. 지금 이순신 장군 동상 자리쯤에서 광화문을 바라보면 광화문 뒤로 근정전 지붕이, 다시 그 뒤로 백악 능선이 보입니다. 땅에서 하늘로 올라가는 중간 위치쯤에 왕권이 있다는 것을 상징적으로 표현한 것입니다.

경복궁을 '인간적' 궁궐이라고 하는 것은, 한 걸음 더 나아가 우리 문화가 '인간적'이라고 하는 것은 왕의 궁궐이라도 하늘이 만든 자연의 선을 해치지 않았다는 의미입니다. 우리 선조들은 하늘이 만든 선을 사람이 함부로 해쳐서는 안 된다고 생각했습니다. 조선시대 경복궁 조영이 오늘의 우리에게 전하는 핵심 메시지의 하나는 '인간은 자연에 겸손해야 한다'는 점입니다. 강산을 마구 파헤치는 일은, 우리 후손에게 부담을 주는 일일 뿐 아니라 우리 선조에게도 미안한 일입니다.

테니스장에 비켜난 종친부

원래 왕족의 출입문인
건춘문 바로 밖에 있었습니다

지금 종로 정독도서관 구내에는 '종친부' 건물이 있습니다. 서울에 남아 있는 조선시대 관청 건물로는 가장 온전한 건물로 서울특별시 유형문화재로 지정되어 있습니다. 조선 왕조의 법궁法宮인 경복궁은 궁궐 조영과 관리의 '원칙'에 충실한 건물이었습니다. 궁궐의 가운데 축선을 따라 근정전, 사정전, 강녕전, 교태전 등 주요 전각이 들어섰고, 그 동편과 서편을 각각 궁역宮域과 궐역闕域으로 나누었습니다. 왕과 왕족의 사생활 공간이 궁역, 왕과 신하들의 정무政務 공간이 궐역입니다.

정문인 광화문은 왕의 출입문이자 의전용 문이었습니다. 서문인 영추문은 신하들과 궐내각사闕內各司 하예下隷들의 출입문이었고, 동문인 건춘문은 왕족들의 출입문이었습니다. 그래서 왕족들을 관리하는 책임을 맡은 종친부는 건춘문 바로 밖에 두었습니다. 지금 국군기무사령부가 있는 자리입니다.

종친부 건물이 지금의 자리로 옮겨 온 것은 1981년, 당시 군사정권 실세들이 국군기무사령부 안에 테니스장을 만들었기 때문입니다. 그래서 종친부 건물은 자기들의 '오락'을 위해서라면 문화재를 옮기는 것쯤 아무렇지도 않게 생각했던 군사정권 실세들의 '몰상식'을 입증하는 역사 자료이기도 합니다. 공과 사를 구분하지 못하고 자기 사익私益을 위해 공공의 재산을 함부로 훼손하는 높은 사람들, 아직도 많습니다. 그런 사람들은 역사에도 흠집을 냅니다.

침채와 김치　　서울 토박이들은 '채'를 '치'로 발음했습니다

　김치는 침채沈菜가 변한 말이라는 것을 모르는 사람은 없지만, 배추가 '흰 나물'이라는 뜻의 백채白菜에서 온 말이라는 것을 아는 사람은 드뭅니다. 1920년대까지도 신문이나 잡지 기사에서는 '배채'라고 썼습니다. 다른 채소들도 마찬가지여서 상추는 상채, 시금치는 서금채였습니다.

　주로 잎을 먹는 채소를 뜻하는 '채菜'를 서울 토박이들은 '치'로 발음했습니다. 1933년, 조선어학회가 '서울 중류층 사람들이 두루 쓰는 말'을 표준어로 정한 뒤 배치, 상치, 시금치가 표준어가 되었다가 배치만 배추로 다시 변했습니다. 상추가 상치를 밀어내고 표준어가 된 것은 그리 오래되지 않았습니다. 지금 표준어는 김치와 시금치를 짝지워 놓고 배추, 상추, 고추, 후추를 짝이 되게 만들어 놓았습니다. 국어학자들이 충분히 논의했겠지만, 소리 나는 대로 적는다는 원칙에 따라 '어원語源'을 알 수 없도록 만드는 게 옳은 방향인지는 모르겠습니다. 우리말 어원 찾기가 어려운 것도 문제지만, 그보다 '잘못된 길이라도 많은 사람이 가면 그냥 따른다'는 태도가 이런 '학문적 판단'에도 작용하는 것은 아닌가 하는 생각이 듭니다. 더 많은 사람들의 선택이 항상 더 옳지는 않습니다.

홍도야 우지 마라

억울한 인생이 많으면
신파가 인기를 끕니다

　오래된 대중가요 〈홍도야 우지마라〉는 연극 〈사랑에 속고 돈에 울고〉의 부주제가였습니다. 이 연극은 1936년에 처음 상연됐는데, 해방 전 한국 연극사상 가장 많은 관객을 동원한 작품입니다. 특히 기생들이 이 연극에 매료되어 눈물 젖은 손수건을 짜면서 몇 번씩이나 봤다고 합니다. 내용은 단순합니다. 오빠의 학비를 벌기 위해 기생이 된 홍도가 오빠의 친구와 결혼했다가 쫓겨나고 정신이 이상해져 남편의 '새 여자'를 죽인 뒤, 자기 덕에 순사가 된 오빠에게 잡혀간다는 스토리지요.

　'죄 없는 자가 겪는 비극적 운명'을 소재로 한 연극, 영화들은 해방 후에도 오랫동안 인기를 끌었습니다. 1968년에 개봉되어 공전의 히트를 기록했고, 이후 여러 차례 리메이크된 〈미워도 다시 한번〉은 유부남을 '사랑한 죄'로 불행을 겪는 여성의 이야기였습니다.

　신파는 본래 극의 형식을 말하는 것이지만, 사람들은 흔히 '눈물 짜내는 스토리'로 이해합니다. 결말이 빤한 이런 이야기들에 대중이 오랫동안 빠져든 것은, 우리 근현대사가 너무나 많은 '억울한 인생'들을 만들어냈기 때문일 것입니다. 성공을 위해서는 도의도, 염치도 주저 없이 내팽개치는 '막장 캐릭터'들이 '막장 드라마'의 인기를 견인하는 요즘, 혹시 '막장시대'는 아닐는지요.

원조 밀가루 부대

박물관용으로
한 장에 수십만 원에 거래됩니다

2010년은 한일 강제병합 100년, 6·25전쟁 60주년, 4·19 50주년, 광주민주화운동 30주년이 겹치는 해여서 공·사립 박물관들이 관련 유물을 경쟁적으로 사들였습니다. 게다가 정부가 추진하는 대한민국역사박물관 건립 사업도 겹쳐서 근현대 유물 값이 폭등했습니다.

1950년대의 원조 밀가루 빈 부대 한 장에 몇 십만 원씩 합니다. 유물 시장에 나온 것 대다수는 삭아서 밀가루를 담을 수도 없습니다. 그 따위 물건들을 비싸게 사서 어디에 쓰냐고요? 한 시대의 증거물로 박물관에 고이 모셔두기 위해서 삽니다.

더는 밀가루를 담을 수 없는 '원조 밀가루 부대' 같은 것들, 요즘도 자주 눈에 띕니다. 이름에 '자유'를 걸어 놓고 정작 '자유'는 억압하려 드는 단체들이 대표적이겠지요. 1950년대식 자유가 바로 그랬습니다. 이런 것 또한 박물관에 들어가 있어야 할 것들입니다.

두려운 동상

누가 해코지할까 두려운 동상은
세우지 않는 편이 낫습니다

옛사람이 부모 묘 옆에 초막을 지어놓고 3년간 시묘살이를 한 것은, 시체가 썩기 전에 부모 생전의 원수가 찾아와 해코지할까봐 그랬다는 설도 있습니다. 실제로 조선 말기에는 굴총적掘塚賊이라 불린 하급 화적火賊들이 있었습니다. 이들은 부잣집 묘를 파서는 두개골만 잘라 가져간 뒤, 그 후손에게 편지를 썼습니다. "내가 네 아버지의 두개골을 가지고 있으니 언제까지 어디에 돈 얼마를 갖다 놓거라. 그리 하지 않으면 네 아버지의 두개골은 영영 못 찾을 줄 알아라." 요즘에도 납골당에서 유골을 훔치는 도둑이 있는데, 죽은 조상이 편안해야 후손이 잘 된다는 생각을 갖고 있던 옛사람에게는 조상 무덤이 훼손되는 것은 무척이나 두려운 일이었습니다.

많은 이들의 반대를 무릅쓰고 남산에 새 이승만 동상을 세워 놓고서는 누가 해칠까 두려워 경찰 1개 소대가 24시간 지키고 있습니다. 동상이 다 썩어 없어질 때까지 지키려면 몇 천년은 각오해야 할 것입니다. 김상옥 의사 동상은 마로니에 공원 한 편에, 나석주 의사 동상은 을지로 외환은행 뒷골목에 기단도 없이 서 있습니다. 염상섭 동상은 종묘공원 옆 벤치에 앉아 있습니다. 그래도 해코지하는 사람 없습니다. 누가 해코지할까 두려운 동상은 세우지 않는 편이 훨씬 낫습니다.

수석합격과 우리말

조선어는 조선인이 대학에
진학하는 데 방해가 되었습니다

1924년 경성제국대학 예과 제1회 입학시험 결과가 공개되었습니다. 합격자 125명 중 조선인은 45명뿐이었으나 수석 합격자는 조선인 유진오였습니다. 그는 곧바로 '조선의 3대 천재' 중 한 명으로 공인되었습니다. 경성제국대학은 일본제국 전체 판도 안에서는 상대적으로 처지는 대학이었지만, 그래도 조선인이 합격하기는 아주 어려웠습니다. 말로는 조선인을 위한 대학이라 했지만, 이후 해방될 때까지 조선인 합격자는 늘 1/4선에 머물렀습니다.

일제강점기 조선인에게는 '조선어'가 가장 큰 약점이었습니다. '조선어'는 '조선인'이 대학에 진학하는 데 방해만 되었습니다. 대학 시험에 조선어 과목이 아예 없었으니까요. 그래서 대학 진학을 목표로 하는 '조선인 학생'들은 조선어 공부를 아예 제쳐두었습니다. 그렇다 보니 경성제국대학이나 일본 내 다른 대학을 졸업한 조선인 중에는 우리말을 거의 못하는 사람도 많았습니다. 해방 이후 정부 고위층이 된 '대학 졸업자' 중에도 우리말을 잘 못하는 사람이 많았고, 이런 풍토에서 우리말을 천시하는 문화도 지속되었습니다.

요즘에도 영어 스트레스 때문에 차라리 '국어'가 없으면 살기가 좀 편할 거라 생각하는 학생들이 있답니다. '한글 논문'에 대해 문법과 맞춤법의 잘못을 지적하면 괜한 트집 잡는다고 생각하는 '학자'도 많습니다. 우리말 잘 못하는 게 흉이 되지 않은 지 오래입니다. 지금 우리 사회 지식인의 '자국어에 대한 태도'가 일제강점기와 얼마나 다른지 모르겠습니다.

명동성당 재개발

그곳의 신성성과 역사성이 함께 지워집니다

도시는 권력이 자신을 표현하는 공간입니다. 넓은 광장, 긴 도로, 기념비적인 건조물 등, 도시를 구성하는 거의 모든 요소에는 자신의 존엄과 권위를 표시하려는 권력의 의지가 담겨 있습니다. 그 권력이 신성 권력이든, 세속 권력이든, 자본 권력이든.

사람들은 권력이 설계하고 건설한 길 위로만 걸어 다닐 수 있고, 그 길 위에서 권력이 세운 건축물을 보아야 합니다. 건축물들 외벽에는 직설적이거나 은유적인 메시지를 담은 현수막, 포스터 등이 붙기도 합니다. 권력은 그렇게 도시 주민의 시선과 동선을 통제하면서 그들에게 자신의 실존을 알립니다. 한 시대의 권력이 사라져도, 그 권력이 남긴 구조물들은 도시에 남습니다. 그래서 세계 어느 곳을 가든지 문화유적의 대부분은 과거 권력의 유물입니다. 그중 반 정도를 신성 권력의 기념물인 종교 건축물들이 점합니다. 당장 우리나라만 해도 대다수 문화재가 '종교 유산'들입니다.

종교는 역사입니다. 종교가 자기 역사를 지우는 것은 자기 본질을 무너뜨리는 것과 같습니다. 명동성당 재개발은 명동성당 부지의 신성성과 역사성을 한꺼번에 지우는 일입니다. 문화재가 밥 먹여주느냐고 생각하는 분들 의외로 많습니다. 그러나 밥만 먹여주면 되는 것은 가축입니다. 오직 인간만이, 문화재를 만들고 남기고 보존합니다.

3S 정책

이제 프로 스포츠는
일상에서 빼놓을 수 없는 요소입니다

　　사북사태, 광주민주화운동, 삼청교육대 등으로 사회 전체가 얼어붙어 있던 1982년, 프로야구가 시작되었습니다. 이듬해인 1983년에는 프로씨름과 프로축구도 시작되었습니다. 같은 때에 에로 영화의 전설 〈애마부인〉과 〈차탈레 부인의 사랑〉도 개봉했습니다. 이른바 Sex, Sports, Screen을 통한 3S 우민화 정책이었습니다. 정치에 신경 쓰지 말고 더 열심히 놀라고 통행금지도 해제했습니다.

　　그러나 3S 정책에도 불구하고, 또는 그와 무관하게 전두환 정권은 시민 항쟁으로 무너졌습니다. 대중을 정치적 무관심 상태에 묶어 두기에는 정권의 야만성이 지나쳤습니다. 그리고 3S 정책은 어느 나라에서나 단기적 효과밖에는 거두지 못했습니다. 자극은 언제나 더 강한 자극을 요구하기 때문입니다.

　　어쨌거나 이 땅에서 프로 스포츠 역사가 벌써 30년이 되었습니다. 그것이 3S 정책의 소산이었다 하더라도, 이제 프로 스포츠는 사람들의 일상에서 빼놓을 수 없는 요소가 되었습니다. 더불어 스포츠를 보는 관중과 시청자의 수준도 아주 높아져서 심판의 편파적이고 불공정한 판정을 알아보지 못하는 사람은 별로 없습니다. 그러나 민주주의 역사는 60년이 넘었는데도 아직껏 '편파적 심판'을 몰라보는 사람이 너무 많습니다. 프로 스포츠를 빼고 현대인의 삶을 논하기는 어렵지만 그래도 사는 데에는 민주주의가 더 중요합니다. 사람들이 프로 스포츠에 쏟은 관심의 1/100만 정치에 기울였다면, 민주주의가 지금보다 훨씬 더 발전했을 것입니다.

음울한 명시

밝은 곳에 등불을 켤 이유는 없습니다

몇 해 전 인문학 각 분야의 학제學際 포럼에 참석했을 때 일입니다. 어떤 분이 한국인들이 사랑하는 명시名詩들이 대체로 음울하고 비판적인 이유는 무엇일까라는 질문을 던지고는 스스로 간단히 답했습니다. "시인들이 가난하기 때문"이라고. 그는 거대 언론의 기사가 대개 체제 순응적이고 권력 지향적인 것도 같은 맥락이라고 말했습니다. 기자들에 대한 처우가 좋은 편인데다가 그들이 주로 '가진 사람', '있는 사람'들을 만나다 보니 저절로 기득권층의 편이 된다는 것이었습니다.

아주 부정할 수 없는 말이기는 했습니다. 그러나 그는 그 한마디로 김소월, 이육사, 이상화, 윤동주 같은 시인들을 세상을 빗대 자기 신세 한탄이나 한 사람들로 만들어 버렸습니다. 그는 세상에는 부자보다는 가난한 사람이, 아직도 밝은 곳보다는 어두운 곳이 훨씬 많다는 사실을 잊은 모양입니다. 가난하지 않으나 가난한 자의 편에 서려는 예술인도 언론인도 많습니다. 밝은 곳에 등불을 켤 이유는 없습니다. 등불은 어두운 곳에 있어야 주위를 밝히고 스스로도 빛납니다. 시도, 기사도 어둠을 밝히는 글이어야 합니다. 밝은 곳에서 등불을 켜드는 것은 바보짓입니다.

털가죽 옷

문명 발생 후
털가죽 옷은 야만의 상징이었습니다

인류가 옷을 만들어 입기 시작한 탓에 털이 적고 짧고 성긴 쪽으로 진화했는지, 아니면 그런 '역진화' 때문에 옷을 입게 되었는지는 알기 어렵습니다. 구약성서에는 인류가 처음 옷을 입은 것은 '수치심' 때문이었다고 기록되어 있습니다. 수치심 때문이든 추위를 이기기 위해서든, 인류가 처음 몸에 걸친 옷은 털가죽[모피]이었을 것입니다.

문명이 시작될 때, 견絹, 면綿, 마麻, 모毛의 4대 섬유도 함께 탄생했습니다. 그 뒤로 오랫동안 털가죽 옷은 '야만'의 상징이었습니다.

털가죽 옷에서 '부귀'를 연상하는 사람도 있고 '야만'을 떠올리는 사람도 있습니다. 자랑으로 여기는 사람도 있고, 수치로 아는 사람도 있습니다. 털가죽 옷만큼 '야만적 부귀'라는 정글 자본주의의 이미지에 걸맞은 옷도 없을 듯합니다. 다른 동물의 고기를 먹는 건 살기 위해서지만 그 털가죽으로 제 몸을 치장하는 것은 겉치레를 위해서입니다. 치장을 위해 다른 동물의 고통스런 죽음을 외면하는 마음, 그런 마음이 다른 '사람'에게 향할 수도 있지 않을까요?

치마와 바지

여선생님의 해고 사유는
청바지 복장이었습니다

제가 중학교 다닐 때 국사 담당 여선생님 한 분이 갑자기 학교를 그만두셨습니다. 그때도 국사 과목을 좋아했기에 무척 서운했지요. 나중에 해고 사유가 '청바지' 입고 출근했기 때문이란 것을 알고서 모두들 분개했던 기억이 납니다. 1970년대 히피 문화의 여풍으로 여성 '청바지'가 유행했을 때, 당대 '남성 기성세대'의 반응이 이런 정도였습니다. 1980년대 중반에도 어떤 신문사는 '여기자'들을 경찰서에서 밤새게 하면서도 '치마'만 입으라고 강요했습니다. 남자는 바지, 여자는 치마라는 전통적인 의복 관념은 이제 많이 희석되었으나 아직 남자가 치마 입는 것은 '세상에 이런 일이'에나 나올 일입니다.

'남성 지배 시대'에 차별화 수단으로 만들어진 것들 중에는 '남성들 사이에서만 통용된다는 전제하에 만들어진 것들이 많습니다. '욕설'에 그런 것들이 특히 많았지요. 요즈음엔 사춘기 여학생들이 '남성 전용' 욕설을 입에 달고 다닙니다. 청바지 입은 여성을 백안시하던 세대라 그런지는 몰라도 그 욕설의 본래 뜻을 알고도 저런 말을 쓸 수 있을까 싶을 때가 많습니다.

구동존이

같은 것을 함께 추구하되
다른 점은 남겨두는 것입니다

요즘의 의복은 사람의 개성을 표현하는 일차적인 수단이지만, 역사적으로 보자면 오히려 '집단성'을 표현하는 수단이었습니다. 우리 민족을 '백의민족'이라고 하는 데에서 알수 있듯, 조선시대 사람들은 거의 모두가 '흰옷'을 입었습니다. 옷의 디자인은 신분에 따라 달랐지요. 그래서 옷차림은 사람의 개성이 아니라 신분을 표시했습니다.

옷이 개성 표현의 도구가 된 것은 근대 이후, 유행이 출현한 뒤의 일입니다. 그런데 자기와 똑같은 옷을 입은 사람을 보았을 때 남자는 동질감을, 여자는 적개심을 느낀다는 말이 있습니다. 다른 사람들과 어느 정도로 같아야 하고 어느 정도로 달라야 할지를 '선택'하는 일에는 매우 미세한 감각이 필요합니다. 현대인은 어려서부터 그런 감각을 키우는 훈련을 받은 사람들이지만, 그래도 자기에게 정말 잘 어울리는 차림새를 갖추기란 쉬운 일이 아닙니다.

같은 것을 함께 추구하되 다른 점은 남겨 둔다는 뜻의 '구동존이求同存異'는 유행을 따르면서도 개성을 유지하는 능력과 비슷합니다. 이 말은 현대 중국의 외교 원칙으로도 잘 알려져 있지요. 그런데 이에 비추어 보면 우리나라 외교의 패션 감각은 수준 이하인 듯합니다. 그리 '세계적 추세'만 따르려 드니.

과거는
과묵합니다 5

과거와 현재의 대화   과거는 과묵합니다

"모든 부부 싸움은 아내의 말로 끝난다. 만일 아내의 말이 끝난 뒤에 남편이 입을 연다면, 그것은 싸움의 끝이 아니라 새로운 싸움의 시작이다." 부부 싸움에 관한 잘 알려진 유머입니다. '역사란 과거와 현재 사이의 끊임없는 대화'라는 E.H. Carr의 정의는 현대 역사학의 본질을 간명하게 설파한 명언으로 잘 알려져 있으나 이 '과거와 현재 사이의 대화'도 부부 싸움과 비슷합니다. 먼저 말을 거는 쪽은 언제나 '현재'입니다. 과거는 너무 과묵해서 부인 속 터지게 만드는 남편과 비슷합니다. 현재가 여러 차례 말을 걸고 쿡쿡 찔러야 마지못해 대답하는 것이 과거입니다.

현재가 만족스러우면 과거를 대하는 태도도 상냥하고 온화해집니다. 현재가 불만족스러우면 과거를 대하는 태도도 거칠어집니다. 그럴 때마다 과거의 반응이 달라질 수는 있으나 과거가 근본적으로 바뀌는 것은 아닙니다. 현재의 삶이 좀 나아졌다고 과거를 좋은 쪽으로만 해석하는 것은 그래서 위험합니다. 식민 지배와 군사독재는 그저 식민 지배와 군사독재일 뿐입니다. 현재의 살림이 조금 피었다고 과거의 식민 지배와 군사독재가 '문명 정치'나 '민주주의'로 바뀌는 것은 아닙니다.

배신의 트라우마

역사가 길면
기억도 많고 걱정거리도 많습니다

"사람에게 본성이란 없다. 오직 역사가 있을 뿐이다." 스페인 철학자 호세 오르테가 이 가세트의 말입니다. 역사가 길면 기억하는 것도 많고 걱정하는 것도 많습니다. 미국인들은 한미 FTA에서 '을사늑약'을 연상하는 일부 한국인을 이해하지 못할 것입니다. 그들에게는 그런 경험이 없기 때문이지요. 사람과 사물을 대하는 태도, 즉 문화는 바로 역사가 만듭니다. 선조와 인조가 서울을 지키며 마지막 순간까지 싸우다 죽었다면, 나라가 망할 때 고종이 자결이라도 했다면, 이승만이 서울 시민 다 피난시킨 뒤에 마지막으로 한강 다리를 건넜다면 오늘날 한국인이 '권력자'들을 대하는 시선은 지금과는 많이 달랐을 것입니다. 한미 FTA 반대는 반미운동이라고 단정하는 사람들이 있습니다. 한국인들이 강대국과 조약을 맺는 일에 두려움을 갖는 것은 개항 이후 식민지가 되기까지의 역사가 남긴 트라우마 탓일 수 있습니다. 그런데 기득권층과 권력자들의 배신으로 인한 트라우마는 그보다 훨씬 더 심각합니다. 과거의 권력자들은 '끝까지 함께할 테니 믿으라'거나 '나 혼자 살겠다고 백성들을 배신하진 않겠다' 고 하고서는 번번이 배신했습니다. 그런 배신의 트라우마에서 벗어나지 못한 사람들을 협박으로는 결코 안심시킬 수 없습니다. 정말 국민 대다수를 더 행복하게 하는 한미 FTA라면 설득할 방법과 시간은 많습니다. 예나 지금이나 힘 없는 백성들은 권력자들에게 무리한 일을 요구하지 않습니다. 권력자들이 백성들을 거짓말로 안심시켜 놓고 몰래 도망쳐 살 궁리만 하지 않으면 됩니다. 우리의 뒤틀린 역사를 바로잡는 첫걸음은, 권력자들이 솔직해지는 것입니다.

인문학

인간다움을 탐구하는 학문입니다

'인문학人文學'은 일본인들이 'Humanities'를 번역해 만든 말인데, 썩 잘된 번역으로 보이지는 않습니다. 동양에서 천문天文에 상대되는 말은 지리地理와 인심人心이었습니다.

천문이란 말 그대로 하늘의 무늬, 즉 별자리를 뜻합니다. 옛사람들은 하늘이 별자리와 별의 움직임을 통해 자기 뜻을 드러낸다고 보았습니다. 지리는 땅을 구획하는 것을 말합니다. 그런데 유감스럽게도 사람에게는 별자리 같은 무늬가 없습니다. 사람의 본질은 눈에는 보이지 않는 '마음'에 있습니다. 그러니 인문학이라 번역하기보다는 인간학이나 인심학이라고 번역하는 것이 더 나았을 듯도 합니다. 그랬다면, 인문학이 무엇하는 학문인지 고민할 필요가 없었을 것입니다.

고용노동부 장관이 '청년 실업률이 높은 것은 인문학 과잉 탓'이라고 한 적이 있습니다. 인간다움을 탐구하는 학문이 과잉이라는 생각은, 대학을 '기계 부품형 인간'을 생산하는 공장으로 보는 태도와 맞닿아 있습니다. 그러나 대학과 우리 사회에 진정 부족한 것은 '인간다움'이지 '기계적 요소'가 아닙니다. 장관의 언어 능력, 역사 인식, 윤리 의식 수준을 보면 인문학이 결코 과잉이 아님을 알 수 있습니다.

계몽 지식인의 의병 비판

'의병에게 지식이 아니라
지식인에게 용기가 필요하다'

을사늑약이 체결되자 전국 각지에서 의병이 봉기했습니다. 그들 대다수는 무식한 농민들이었습니다. 그러자 일본군보다 먼저, 유식한 계몽주의적 지식인들이 그들을 나무랐습니다.

을사늑약에 비분강개하여 "시일야是日也 방성대곡放聲大哭"이라며 울부짖었던 장지연마저도 '지금은 헛되이 목숨을 버리고 나라를 혼란스럽게 만들 때가 아니라 차분히 본업을 지키면서 실력을 길러 후일을 기약할 때'라고 했습니다.

'의병에게 지식이 필요한 것이 아니라 지식인에게 용기가 필요하다'고 생각한 사람은 극소수였습니다. 자기 전 재산을 팔아 만주로 이주하여 독립군 양성 기관을 세운 이회영 형제들을 비롯하여 이동휘, 신채호, 김동삼, 이상룡 등은 지식인들이 의병의 정신으로 무장하는 것이 의병을 지식으로 깨우치는 것보다 먼저라는 사실을 알았습니다. 우리 독립운동의 산 역사를 채운 것은 바로 이들입니다. 당시 의병을 비웃었던 사람들 대다수는, 결국 일본의 힘 앞에 속절 없이 굴복하고 말았습니다. 용기가 뒷받침하지 않는 지식은 쉽게 변질합니다.

과거 예찬

종묘 앞을 지나노라면 가끔 노인들끼리 나누는 대화를 듣게 될 때가 있습니다. 한 분이 "요즘 젊은 것들은 패기도 없고 하면 된다는 의지도 없다."며 이래 가지고야 어떻게 북괴와 맞서겠느냐고 언성을 높였습니다. 그 옆에 앉은 분은 "12시 국민체조부터 부활시켜야 한다."고 맞장구를 쳤습니다. 일사불란의 정신을 기르는 데에는 12시 국민체조가 최고였다며. 다시 그 옆에 앉은 분이 덧붙였습니다. "너무 자유를 많이 주어서 국민의 정신 상태가 해이해졌어. 한국놈들은 박정희 전두환처럼 재건대도 보내고 삼청교육대도 보내고 그렇게 강력히 다스려야 해. 그래야 나라가 발전해."

노인들만 1970~80년대식 리더십을 그리워하는 것은 아닙니다. 그러나 그 시대의 리더십과 그 시대의 생활 방식은 하나로 묶여 있었지 결코 떨어져 있던 것이 아닙니다. 과거를 돌아보는 것은 지금 옳은 방향으로 가고 있는지를 가늠하기 위해서이지 결코 과거로 되돌아가기 위해서가 아닙니다. 지금 1970년대의 리더십을 그리워하는 사람들에게는 아프리카 체험 학습이 도움이 될 것입니다. 장기 독재 아래에서 한국보다 빠른 성장률을 보이는 나라 많습니다.

세대 차이

역사상 윗세대가 아랫세대를
탐탁하게 여긴 적은 없습니다

"너도 나중에 자식 낳아 키워보면 이 마음 알 거다." 자라면서 종종 듣던 얘기입니다만 아직도 그 마음 다는 모릅니다. 마음의 크기를 눈으로 볼 수 있다면 부모, 자식, 나에게 배분하는 비례가 세대에 따라 달라졌음을 금세 알 수 있을 것입니다. 보통은 예나 지금이나 사람은 다 똑같고 상황만 변한다고들 생각합니다. 그러나 사람 자체가 변합니다. 생각만 변하는 것이 아니라 외모도 변합니다. 사람이 변하는 속도는 세상의 변화 속도에 비례합니다. 사진 속의 100년 전 한국인은 지금의 한국인과 아예 다른 인종처럼 보일 정도입니다. 20대 시절의 지금 60대와 지금의 20대는 '다른 사람'들입니다. 같은 또래 한국인과 일본인이 비슷한 점이 더 많습니다. 나이든 사람이 젊은이들에게 자기 젊었을 때처럼 살라는 건 한국인이 일본인에게 '우리처럼 살라'는 것보다 더 무리한 요구입니다.

1920년, 16살의 장지락은 독립운동을 하겠다고 혼자 만주로 갑니다. 1960년, 18살의 김주열은 3·15부정선거에 항의하다 목숨을 잃었습니다. 1980년대에는 많은 20대가 열사가 됐습니다. 나이에 대한 생각도 세월 따라 변합니다. 박정희는 45세에 쿠데타로 정권을 잡았습니다. 김종필은 36세에 중앙정보부장이 됐습니다. 그들 밑에는 더 젊은 사람들이 있었습니다. '그 시절의 30대'들이 지금의 30~40대를 보고는 '철없어 아무것도 모른다'고들 합니다. 역사상 윗세대가 아랫세대를 탐탁하게 여긴 적은 없습니다. '젊은것들이 저밖에 모른다'는 말은 오래전부터 반복되었지만, 어쨌거나 세상은 조금씩 나아졌습니다.

민족성

민족이라는 이름으로
함께 겪은 역사가 있을 뿐입니다

1921년, 경성의학전문학교 해부학 교실에서 실습용 두개골 하나가 사라졌습니다. 일본인 교수 구보 다케시久保武는, '조선인은 해부학적으로 열등하며, 민족성이 저열하기 때문에 범인은 틀림없이 조선인 학생 중에 있다'고 다그쳤습니다. 분개한 조선인 학생들은 구보에게 '조선 민족성의 문제를 역사적, 인종 해부학적 증거를 토대로 학리적으로 강의해 줄 것'을 요구하며 동맹휴학에 돌입했고, 구보는 형식적 사과로 사태를 마무리했습니다.

그러나 경성의학전문학교와 경성제국대학 의학부에서는 이후에도 조선 민족의 열등성을 '해부학적'으로 입증하려는 연구가 계속됐습니다. 조선인 학생들은 조선인이 일본인보다 '열등'하다는 증거를 찾아야 좋은 성적을 받을 수 있었습니다. 조선 민족의 '열등함'을 인정하고, 일본인에게 자발적으로 '동화'하려 노력하는 사람들에게는 모든 분야에서 '상응한 포상'이 따랐습니다. '조선 민족은 민족성 자체가 열등하다'는 주장이 일부 엘리트를 넘어 사회 전체로 확산되는 메커니즘이었지요.

'조선과 조선인에 고유한 것'을 찾아내려는 의지는 식민 지배자뿐 아니라 그에 반대한 '민족주의 지식인'들에게도 높았습니다. 한쪽은 '조선 민족은 본래 열등하다'였고 다른 쪽은 '조선 민족은 본래 우수하다'로 결론만 달랐습니다. 자연히 '민족성 이론'이 확산되는 지적 풍토가 만들어질 수밖에 없었습니다. 그러다 보니 지식의 시야에서 '보편 인간'이 사라졌습니다.

우리 민족성을 개조해야 한다고 주장하는 사람들, 아직 많습니다. 그러나 그들이 제시하는 모델은 대개 다른 민족의 '민족성'입니다. 그런데 사람마다 다 다른 개성을 민족성이라는 이름으로 묶을 수 있을까요? 있다면 민족이라는 이름으로 함께 겪은 역사가 있기 때문일 것입니다.

그러니 역사를 바꿀 수 없는 것과 마찬가지로 우리의 '민족성'을 다른 민족의 '민족성'으로 대체할 수는 없습니다. 우리에게 진정 필요한 일은 우리 '민족성'을 개조하는 것이 아니라 우리 각자가 '인간성'을 재발견하고 회복하는 것입니다.

단군신화   신화는 허구 속에 사실을 감추고 있습니다

단군신화는 금속 문명이 석기 문명을 대체하는 과정을 상징하는 은유들로 채워져 있습니다. 천신天神의 아들 환웅은 금속 문명을 지니고 이동해 온 외지인 집단을, 곰이 변신한 웅녀는 석기 문명에서 벗어나지 못한 토착민 집단을 각각 표상합니다. 또 둘의 결합은 청동기시대에 시작된 '천신' 숭배가 석기시대의 동물 토템을 흡수하는 과정을 표상합니다. 단군은 이 통합 과정으로 출현한 새로운 지배 권력을 대표하는 존재입니다.

단군신화를 황탄무계하여 믿을 만한 구석이 하나도 없다고 생각한 사람들은 옛날에도 많았습니다. 근대에 이르러 신화적 은유를 해석하는 방법을 알아낸 뒤에야 허구 속에 숨은 사실들을 재발견할 수 있었습니다. 단군신화뿐 아니라 모든 신화가 허구 속에 사실을 감추고 있습니다. 달리 말하면, 사실의 일부를 담은 허구들로 가득 찬 이야기들입니다.

내가 믿는 신에 관한 이야기는 단 한 점의 허구도 없이 오직 '진리'만을 담고 있지만, 남이 믿는 신에 관한 이야기는 전부 황당무계하다는 생각도 옛날부터 있었습니다. 그런 생각에서 벗어나야, 자기 신화가 전하는 참 의미도 제대로 알 수 있습니다.

일선동조론

아주 먼 옛날의 혈연보다
가까운 과거의 역사가 더 중요합니다

얼마 전 유전학과 언어학에서 동아시아 원시 농경민족의 이동을 분석한 흥미로운 연구들이 발표됐습니다. 요점은 '한국인과 일본인의 뿌리는 같다'는 것인데, 사실 이런 주장이 새로운 것은 아닙니다. 100여 년 전에도 일본인 학자들은 같은 주장을 폈습니다.

이른바 식민사관은 세 가지 줄기로 이루어졌습니다. 하나는 조선인은 유사 이래 자기 운명을 스스로 결정한 적이 없는 타율적 역사를 만들어왔다는 '타율성론'이고, 또 하나는 조선 사회는 고대 노예제 상태에서 정체되어 자력으로 근대화할 수 없다는 '정체성론'이었습니다. 마지막 하나가 '일선동조론日鮮同祖論'이었는데, 그 요점이 바로 '한국인과 일본인의 조상이 같다'는 것이었습니다.

그런데 이 일선동조론은 그 시대를 지배했던 진화론과 결합하여 묘한 논리로 이어졌습니다. '침팬지와 인류의 조상은 같다. 그러나 하나는 진화에 실패해서 침팬지가 되었고, 다른 하나는 진화에 성공해서 인간이 되었다'는 식이었습니다. 진화에 성공한 일본인이 진화에 실패한 한국인을 도와 '진화시켜' 주는 것이 같은 조상을 둔 양 민족의 우의友誼에 합당하다는 주장이었지요.

'일본인의 조상은 한국인'이라는 말을 중요시하는 사람이 많은데, 과거 일본인의 논리대로라면 이런 것이 무슨 소용이 있겠습니까? 아슴푸레한 흔적만 남은 먼 옛날의 혈연보다는 가까운 과거의 역사가 더 중요합니다.

10월 3일 개천절

대종교가 음력 10월 3일로 추정했지만
날짜는 그리 중요하지 않습니다

　우리나라 4대 국경일 중 하나인 개천절은 단군이 나라를 세운 날이 아니라 환웅이 하늘에서 내려와 태백산 신단수 아래에 도읍한 날입니다. 양력 10월 3일이죠. 그 날짜를 어떻게 알았을까요? 환웅이 하늘에서 내려왔다는 것 자체가 '허구의 사실'이니 당연히 날짜도 '허구'입니다.

　1900년 종교운동을 통해 민족의 힘을 기를 목적으로 창설된 대종교가 이 날을 음력 10월 3일로 추정했습니다. 그 뒤 대종교와 임시정부에서 매년 음력 10월 3일을 개천절로 기념해 왔습니다.

　1919년 3·1운동이 있던 해 대한민국 임시정부 기관지 독립신문의 개천절 경축사는 이랬습니다. "음력 10월 3일은 우리 대한민족의 첫 시조이신 천제天帝 단군이 개천開天한 경절慶節이라. 오늘날 우리 이천만 형제자매가 다 신성광명神聖光明한 충의忠義의 피로써 부도不道한 악마를 배척하고 독립만세의 기초를 쌓으려 함은 실로 우리 첫 시조가 남기신 영혼의 위력으로 활동함이니 우리들이 이 날을 당하여 더욱 넓은 은혜를 기념하고 송축^{頌祝}하지 않을 수 없도다." 개천절은 대한민국 정부가 공식 수립된 이듬해인 1949년, 〈국경일에 관한 법률〉을 제정할 때에 양력으로 바뀌었습니다.

고대의 제천행사가 주로 10월에 있었다는 것, 10월을 '상달'이라 한다는 것, 이 달에 가정에서는 고사를 지내고 씨족에서는 시제를 지내며 동리에서는 대동굿을 벌인다는 것 등이 당시 대종교가 개천절을 10월로 추정한 이유입니다. 날짜를 3일로 한 것은 환인, 환웅, 단군의 3위를 기념하고, 삼신할미, 삼신단 등 3자와 관련된 민간신앙 요소가 많아서라는 것이 정설이지만 대종교 창설에 가담한 운양 김윤식의 생일이 10월 3일이었기 때문이라는 '어불성설'도 있습니다.

개천절에 정말 환웅이 내려왔는지, 그 날이 정말 10월 3일이었는지는 중요하지 않습니다. 이런 믿음이, 공동체 의식을 강화하기도 한다는 사실을 아는 게 중요합니다.

임진왜란과 역사 용어

같은 의미, 같은 이름으로
기억하기 어렵습니다

교육과학기술부가 2012년부터 동아시아사 교과서에서 '임진왜란'과 함께 '임진전쟁'이라는 표현을 쓸 수 있게 했습니다. 그에 따라 이미 '임진전쟁'으로 표기한 교과서들이 나왔습니다. '임진왜란'이라는 표현에 반대하는 사람들은, 이 표현이 '동아시아 공동체'를 촉진하는 데에 방해가 되고, 동아시아 전체가 공유하는 객관적 역사 용어일 수 없다고 주장해 왔습니다. 참고로 우리는 '임진왜란', 일본은 '문록경장의 역文祿慶長の役', 북한은 '임진조국전쟁', 중국은 '항왜 원조전쟁抗倭援朝戰爭'이라 쓰고 있습니다.

평생을 함께 산 부부도 같은 사건에 대한 기억이 달라 다투는 경우가 종종 있습니다. 하물며 침략 전쟁의 가해자와 피해자가 그 전쟁을 같은 의미, 같은 이름으로 기억하기란 거의 불가능합니다. 먼 훗날 언젠가, 동아시아 공동 역사 교과서에 "조선 청년 안중근이 일본 유력 정치인 이토 히로부미를 '암살'했다."는 표현이 쓰일지는 모르겠습니다. 그러나 아직 동아시아는 역사 공동체를 형성할 단계에 이르지 못했습니다. 한국인들이 역사공동체를 이루고 살아 오면서 온축蘊蓄해 둔 역사에 관한 기억을, 특정 정치 세력의 이해관계에 따라 함부로 바꾸려 해서는 안 될 것입니다.

자료의 객관성

객관적이라는 통계자료에도
감정과 시선이 담깁니다

한국 근대사 학계의 원로 한 분은, 일제강점기 역사를 연구하면서도 일본인들이 남긴 기록을 주 자료로 쓰지 않았고 제자들에게도 그렇게 가르쳤습니다. 일본인들이 남긴 관변 자료를 주 자료로 해서 논문을 쓴 제자들은 혼쭐이 났답니다. 통계 자료든 조사 자료든 대다수가 일제 권력이 남긴 것들뿐이고 조선인이 남긴 자료는 정확도가 떨어지는 것이 많아서 일견 말도 안 되는 주문 같았습니다.

그러나 그분은 이렇게 말씀하셨답니다. "일본인들이 남긴 자료만 가지고 역사를 보면, 저도 모르게 일본인들의 시선과 관심을 따라가게 된다. 일본이 식민 지배를 합리화하기 위해 만든 자료들을 가지고, 어떻게 식민사관을 극복할 수 있다는 말이냐?"

요즈음 일부 뉴라이트 학자들은 일제가 만든 통계는 행정력을 동원해 작성한 것이니 믿을 만하고, 한국인들의 기록이나 피해자들의 증언은 감정이 섞여 있어 믿을 수 없다고 주장합니다. 그러나 피해자와 약자를 외면하는 차가운 심장을 갖는 것이 '객관성'에 이르는 유일한 길은 아닙니다. 객관적이라는 통계 자료에도 감정과 시선이 담깁니다. 피해자의 처지와 '거리'를 두고 객관적, 중립적으로 판단한다는 말은 실제로는 '가해자에게 공감한다'는 뜻인 경우가 많습니다. 역사에서도, 현실에서도.

위정벽사와 위정척사

적개심은 자신감에
반비례하는 경우가 많습니다

'위정벽사衛正闢邪'와 '위정척사衛正斥邪'는 같은 뜻으로 쓰기도 하지만 실제로는 중대한 차이가 있습니다. 앞의 말은 '바른 것을 잘 지키면 삿된 것이 힘쓰지 못한다'는 의미가 강하고, 뒤의 말은 '삿된 것을 물리쳐야 바른 것이 살아남는다'는 의미가 강합니다. '위정벽사'가 자기 사상에 대한 자신감의 표현이라면, '위정척사'는 다른 사상에 대한 두려움의 표현이라 할 수 있습니다. 조선 성리학자들은 19세기 무렵부터 '위정척사'를 내세우면서 주자 성리학 말고는 모두 사교이고 이단이니 강력히 억압해야 한다고 주장했습니다. 그런데 다른 '생각들'에 폭력적이고 신경질적으로 반응하는 태도의 배후에는 대개 자기 생각이 옳지 않을 수도 있다는 불안감이 있습니다. 사실 위정척사는 '사필귀정事必歸正'에 배치되는 말입니다. 사필귀정이란 옳은 것은 굳이 지키려 하지 않아도 번성하고 그른 것은 굳이 배척하지 않아도 사라진다는 뜻이니까요.

조선 성리학자들이 이단 배척에 열을 올린 것은 15세기에 유럽 가톨릭이 마녀사냥에 열을 올린 것과 비슷합니다. 그들은 자기 생각과 다른 생각을 가진 사람들을 모두 없애 버려야 세상이 평온해진다고 믿었습니다. 그러나 정작 시대착오적 사상이 되어 역사의 뒤편으로 사라진 것은 중세 가톨릭과 조선의 위정척사론이었습니다. 역사상 모든 사상과 종교가, '다른 생각들'에 신경질적인 반응을 보이는 순간부터 몰락하기 시작했습니다. 다른 것들을 받아들일 줄 알아야 '진리'도 풍부해집니다.

풍산개는 잘 짖지 않는답니다. 두려운 상대가 없기 때문에. 적개심은 자신감에 반비례하는 경우가 많습니다.

독립신문

'독립'에 대한
생각을 나누려 했습니다

4월 7일은 신문의 날입니다. 우리나라 최초의 근대적 신문은 1883년 음력 10월 1일에 창간호를 발행한 한성순보이지만, 우리나라 신문계는 굳이 독립신문이 창간된 4월 7일을 신문의 날로 정했습니다. 독립신문을 서재필이 창간한 최초의 민간 신문이라고들 하지만, 사실 서재필은 자기 돈 한 푼 들이지 않았습니다. 독립신문은 창간비 전액이 국고에서 지급된 국영 신문이었습니다. 신문 발행의 목적도 정부와 백성 사이의 '소통'이었습니다.

독립신문 창간사 첫머리는 이렇게 시작합니다. "우리 신문이 한문은 쓰지 않고 한글로만 쓰는 것은 상하귀천이 모두 보게 하려는 것이다." 세종이 훈민정음을 창제한 취지와 꼭 닮았지요. 정부가 독립신문을 통해 백성들과 나누려 한 것은 '독립'에 대한 생각이었습니다.

'자주독립'은 한 단어처럼 쓰이지만 엄밀하게는 자주와 독립이 다릅니다. '자주'는 '주권의 이동을 스스로 결정한다'는 뜻으로 '왕위를 독자적으로 계승한다'는 의미였습니다. 청일전쟁 이전까지 조선은 형식상 중국의 '속방屬邦'이자 '자주지방自主之邦'이었습니다. 청일전쟁으로 중국과 사대관계를 단절하면서 조선은 대내외에 '독립국' 지위를 천명했습니다. 독립신문에 영문면을 넣은 것도 독립국 자격으로 세계와 소통하려는 의지를 담은 것이었습니다.

지금 '소통 수단'은 그 시절에 비할 수 없을 만큼 늘어났지만, '불통'은 더 심한 듯합니다. 독립한 인격으로 대우받기 위해서는 남도 독립한 인격으로 대우해야 한다는 평범한 사실을 잊고 사는 때문은 아닌지요.

항구 3곳과 완전 개방

1876년의 강화도조약 때에 일본은 조선에 부산과 그 밖의 두 항구를 개방하라고 요구합니다. 조선 정부는 그 요구를 들어줬습니다. 조약에 따라 1881년에 원산이, 2년 뒤인 1885년에는 인천이 개항됐습니다. 이 세 항구에는 일본인 거류지인 '조계租界'가 설정되었습니다. 일본인들은 조계 안에서 자유롭게 집을 구입하고 살 수 있었습니다. 조계 안에서 발생하는 민형사 사건의 재판권도 일본 영사가 가졌습니다. 그러니까 세 항구의 조계는 조선 안의 일본 영토였던 셈입니다. 조약은 또 조계 밖 10리 이내에서는 일본인들이 자유롭게 왕래할 수 있다고 규정했습니다. 임오군란 이후에 체결된 제물포조약에서는 이 거리가 50리로 늘어났고, 그 2년 뒤에는 다시 100리로 늘어났습니다.

1882년, 조선 정부는 청 군대의 힘을 빌려 임오군란을 진압했습니다. 청은 그 대가로 서울을 개방하라고 요구했습니다. 이에 따라 청과 '상민수륙무역장정'이라는 조약을 맺었습니다. 조약문에는 서울을 청에 개방하는 것은 청과 조선의 특수 관계에 따른 것으로 다른 나라와는 관계없다고 명시하기까지 했습니다. 그러나 1885년 영국 정부는 조선과 통상조약을 체결하면서 '최혜국 조항'에 따라 서울을 영국 상인에게도 개방해야 한다고 주장했습니다. 조선 정부는 결국 굴복했고, 일본을 비롯한 다른 나라들에도 예외를 둘 수 없었습니다. 개항 도시는 계속 늘어났고 외국 상인들이 자유롭게 나다닐 수 있는 거리도 확대되어 얼마 후엔 전국이 다 개방된 셈이 됐습니다. 조선 관리들은 '일본인들은 개항장 한구석에 몰려살 것이니 나라 전체에 미치는 영향은 거의 없을 것'이라 생각했지만, 역사는 그들이 어리석었음을 입증했습니다.

유사시 출병

일본은 유사시 출병 조항을 근거로
조선에 군대를 파견해 전쟁을 일으킵니다

갑신정변 이듬해인 1885년, 일본과 청은 텐진天津에서 갑신정변 당시 청일 양국 군대의 충돌 문제를 해결하고 조선에 대한 양국의 권리를 조정하기 위해 조약을 체결합니다. 일본 대표는 이토 히로부미, 청 대표는 이홍장이었습니다. 당시 청은 조선 정부를 실질적으로 장악한 상태였기 때문에 아쉬울 것이 별로 없었으나, 이토 히로부미는 이홍장을 구슬러 청일 양국 군대가 동시에 조선에서 철수하고, '유사시'에는 서로 통지한 후 출병한다는 조항을 집어넣었습니다. 그로부터 9년 뒤, 조선에서 농민전쟁이 일어났습니다. 조선이 청에 구원병을 요청하자 청은 군대를 파견하면서 텐진조약에 따라 일본에 통지했습니다. 일본은 조선 정부의 의사는 묻지도 않고 텐진조약을 구실로 대군을 파견하여 청일전쟁을 일으키고 농민군을 학살했습니다.

일본이 2011년 방위백서에 '유사시' 독도를 관할할 부대를 지정했습니다. 한반도에 '유사시'가 생기면 곧바로 독도를 '점령'하겠지요. 일본 우파들 중에는 일본이 '전범국가'의 지위에서 벗어나 '정상국가'가 되려면 한반도에 '유사시'가 필요하다고 생각하는 사람도 있을 것입니다. 일본이 독도 영유권 주장을 철회하지 않는 한, 일본 안에 한반도의 '긴장 고조'를 바라는 사람들이 있는 한, 일본과 군사적 협력 관계를 맺어서는 안 됩니다. 역사는 한 번 가르쳐 준 것을 잊어버리는 자에게 매우 가혹합니다.

미국인 콜브란과
탑승거부운동

시민운동으로 손해를 입었다며
지분의 반을 양도받았습니다

1902년은 고종의 즉위 40년, 망육순^{望六旬}(51세)이 되는 해였습니다. 고종은 이를 기념하여 국제적 '축전'을 치르려 했습니다.

축전 준비에 거액을 쏟아 붓느라 황실 금고가 말라버린 사실을 안 미국인 콜브란은 고종 소유의 한성전기회사에서 받을 '외상값'을 잔뜩 부풀려 갑자기 청구했습니다. 황실이 액수를 따져 보자고 하자 이번에는 전차에 '성조기'를 달고 운행했습니다. 국제 행사를 앞둔 황실을 압박하려는 의도였지요. 이에 분노한 서울 시민들이 전차 탑승거부운동을 벌였습니다. 그러자 미국 공사관은 '시민의 탑승거부운동'으로 콜브란이 손해를 입었다며 그 손해배상까지 요구했습니다. 결국 한성전기회사는 지분의 반을 콜브란에게 양도할 수밖에 없었고 회사 이름은 '한미전기회사'가 되었습니다. 을사늑약 이후 콜브란은 고종의 지분을 무시하고 회사를 일본인에게 팔아치운 뒤 떠나버렸습니다.

조약에 ISD(투자자 국가 소송제도) 규정이 없던 1902년에도, 미국 공사관은 시민의 '탑승거부운동'을 막지 못했다고 한국 정부에 책임을 물었습니다. 한미 FTA가 발효된 지금, 불매 운동, 이용거부운동 같은 소비자 운동에도 비슷한 어려움이 닥칠지 모릅니다.

도망간 마이어

애리조나 주지사의 허가를 내세워
투자금을 모아 미국으로 도망갔습니다

1908년, 미국인 마이어가 한미 간의 수출입 무역에 종사한다는 명목으로 '한미흥업주식회사'를 설립한 뒤 미국 애리조나 주지사의 허가를 얻었다고 대대적으로 홍보합니다. 우리나라 사람들이 '회사'라는 이름의 기업 조직을 만들기 시작한 것은 1880년대부터였습니다. 그런데 새 이름을 받아들인다고 관행까지 바뀌는 것은 아니어서 초기의 회사들은 전통적인 동직자 조합인 '도중都中'과 비슷했습니다. 도중은 서양 중세의 길드에 해당합니다. 그런 관행에 익숙한 사람들에게 미국 애리조나 주지사의 허가를 받았다는 말은 미국 정부로부터 특권을 받았다는 말처럼 들렸습니다. 더구나 당시는 일본인들이 한국인들의 회사 설립을 억압하던 때였습니다. 회사를 설립하거나 회사에 투자하고 싶어도 그럴 수 없었던 한국인들 다수가 이 회사에 투자했습니다.

수천 명의 투자자가 모였고, 그들은 자기 돈으로 미국에 수출할 특산품들을 구입하기까지 했습니다. 그러나 마이어는 투자자들의 투자금과 수출 상품을 몽땅 챙겨서는 미국으로 도망갔습니다. 한국 외교를 대행하던 통감부는 한국인들의 피해를 구제하는 데에는 아무 관심도 없었습니다. 그들은 한국인 피해자 수천 명보다 미국인 범죄자 한 사람을 더 중요하게 여겼습니다. 100여 년 전에도 'BBK 사건' 비슷한 것이 있었습니다.

3·1운동과 냉철한 지식인

냉철한 지식인이 모두
훌륭한 지식인은 아닙니다

해방되던 날, 사람들은 너나없이 거리로 뛰쳐나와 "대한독립 만세"를 외쳤습니다. 홍수환 선수가 세계 챔피언이 되었을 때, 그의 어머니는 "대한국민 만세"를 외쳤습니다. '만세'는 본래 황제에게 만년 동안 살라고 축수祝壽하는 구호이고 왕에게 축수하는 말은 '천세'입니다. 좋은 일이 있으면 황제 덕으로 돌리는 문화 때문에 '만세'는 신명 나서 주체할 수 없을 때 저도 모르게 외치는 환호성이 되었습니다.

3·1운동 때에도 사람들은 "만세"를 외쳤습니다. 총칼 앞에서 무엇이 그리 기뻤을까요? '자칭 민족대표 33인'은 독립을 선언했고, 학생들은 고향에 돌아가 독립했다고 외쳤습니다. 그 말에 '속은' 대중은 환호했습니다.

1918년은 토지조사사업이 끝난 해이자 유례가 드문 흉년이었고 그해 겨울부터는 일명 '스페인 독감'이 유행해 수만 명이 죽었습니다. 1919년 초에는 고종이 서거했습니다. '무식'했던 대중은 이 모든 일을 일제 통치와 연결해 이해했습니다. 교과서와는 다르게 3·1운동을 규정할 수 있습니다. 3·1운동은 일부 지식인의 기만적 선동과 대중의 무지가 결합하여 일어난 무모한 운동이라고. 당시 일본과 친일 귀족뿐 아니라 일부 '냉철한' 지식인들도 3·1운동을 이렇게 규정했습니다.

3·1운동 때 냉정하게 사태를 직시하고 '경거망동하지 말라'고 대중을 꾸짖은 지식인들과, 스스로 흥분하여 결과적으로 대중을 기만한 지식인들 중 누구 손을 들어줘야 할지, 역사 공부 30년을 했지만 아직 결정하기 어렵습니다. "지식이 없으니 값없는 희생을 치를 수밖에." 염상섭은 3·1운동을 이렇게 혹평했습니다. 많은 지식인들이 사태의 결말을 정확히 예측했고, 3·1운동의 실패로 그들의 '선견지명'은 입증됐습니다. 그러나 그들을 훌륭한 지식인이라고 평가하기는 어렵습니다.

일본군 위안부에 대한 사료주의자의 주장

피해자의 고통을 외면하면
진실과 대면하기 어렵습니다

'일본군 위안부' 문제, 유엔 인권위원회가 권고하는 표현으로는 '조선인 일본군 성노예' 문제에 대해 일본 정부와 뉴라이트 학자들이 주장하는 바는 현상이 본질을 은폐하는 사례 중 하나입니다. 그들의 주장을 요약하면 이렇습니다.

'① 조선총독부나 일본군이 위안부를 모집하는 데 직접 개입했다는 사실을 입증하는 '사료적 증거'는 없다. ② 위안부는 일본인을 포함한 '다국적'이었으며, 조선인 여성이라 해서 특별히 차별받았다는 증거도 없다. ③ 취업 사기 등으로 끌려간 여성이 있었을 가능성을 배제할 수는 없으나, 위안부는 기본적으로 직업적 성매매 여성들로 구성되었다. ④ 따라서 일본 군부와 총독부에 도의적 책임을 물을 수는 있으나 직접 책임을 물을 수는 없다. ⑤ 일본의 도의적 책임을 따지기 전에 세계 최대 규모의 성 산업을 유지하고 있는 한국인들이 먼저 자신을 성찰해야 한다.'

그런데 이 주장에 따르면 '군 위안소'를 설치하고 취업 사기, 강제 연행 등의 불법행위를 '고의로' 눈감아 주거나 지원해 준 일본군과 총독부 관리들의 책임은 은폐되고, '조선인 일본군 성노예'의 실체는 증발해 버립니다. 일본군과 조선 총독부, 묶어서 일본 제국주의가 조선인 여성들에게 행한 조직적, 제도적 폭행이라는 측면이 사라지고 성매매 일반의 반도덕적, 비인도적 측면만 남아 '세계 최대 규모의 성 산업국인 한국은 일본에 책임을 물을 자격이 없다'는 결론으로 이어지는 것이지요.

그러나 '문서'만 증거가 아니고, 구체적으로 지시한 것만 책임이 아닙니다. 권력이 저지르는 범죄는 문서 증거를 남기지 않는 경우가 많습니다. 그래서 피해자들의 절규에 감동하지 못하는 죽은 마음으로는, 역사적 진실과 대면하기 어렵습니다.

거액의 손해배상, 방곡령

함경도 관찰사와 일본은
다르게 해석했습니다

1888년은 큰 흉년이어서 조선 정부는 일본 쌀을 긴급 수입해야 할 정도였습니다. 제생회사라는 회사에 쌀 수입을 전담시켰는데 그래도 쌀 부족 현상을 해소할 수는 없었습니다. 1889년에 함경도 관찰사는 방곡령을 선포했습니다. 쌀이 함경도 밖으로 나가는 것을 막아 도내의 굶주린 백성들을 먼저 살리자는 뜻이었습니다.

그러나 일본 공사관은 자국 상인들이 대처할 시간이 부족하여 손실을 입었다는 이유로 조선 정부에 거액의 손해배상을 요구합니다. 몇 년에 걸친 실랑이 끝에, 조선 정부는 액수만 조금 깎아 물어주고 규정대로 처리한 함경도 관찰사는 징계했습니다. 다른 지방관들은 이 조치를 자기 백성을 굶겨 죽이는 한이 있어도 일본 상인에게 손실을 입혀서는 안 된다는 의미로 받아들였습니다. 조선이 자국민의 생명조차 지켜주지 못하는 나라가 된 것은 통치자가 나빴기 때문만은 아니었습니다. 조선과 일본이 체결한 조약에는 '방곡령을 실시할 경우 한 달 전에 예고한다'는 규정이 있었습니다. 함경도 관찰사는 이 조항을 지켰습니다. 그런데 일본은 '한 달'이란 '자국 상인이 알게 된 시점을 기준으로 해야' 한다고 우겼습니다. 이런 '사소한' 문제가 거액의 손해배상과 나라 망신으로 이어졌습니다.

120년 전에는 자국민의 목숨보다 남의 나라 기업가의 이익을 앞세워야 했습니다. '사소한 문구'에 대한 해석 차이로 거액을 배상해야 했습니다. 이런 역사를 알았다면, 우리 정부가 한미 FTA의 ISD(투자자 국가 소송제)를 그토록 허술히 다루지는 못했을 것입니다.

제국주의의
투자 순위

식민지에는
덜 좋은 것, 실험적인 것들을 투자합니다

이른바 '식민지 근대화론자'들은 제국주의의 식민지 지배가 후진後進 지역을 개발하고, 그 지역의 원주민들에게 근대적 문물과 제도를 학습할 기회를 줌으로써 전 세계를 '문명화'하는 데 크게 기여했다고 주장합니다. 이 주장에 반대하는 사람들은, 제국주의가 식민지를 개발한 것은 수탈하기 위해서이기 때문에 그들은 자기들이 투자한 것 이상을 수탈해 갔다고 봅니다. 또 제국주의는 식민지에 문명을 수출한 것이 아니라 수탈의 편의를 위해 오히려 낙후한 사회관계나 정치의식을 온존시키는 데에 힘을 기울였다고 봅니다. 그들은 또 식민지 사회에 민주주의나 인도주의 같은 근대적 사조가 퍼진 것은, 제국주의 덕분이 아니라 제국주의의 방해에도 불구하고 독립운동이 그러한 사조를 원했기 때문이라고 주장합니다.

그런데 제국주의와 식민지 사이의 관계에는 '수탈이냐 개발이냐'나 '문명화냐 반문명화냐'와는 다른 차원의 역사적 문제도 포함됩니다. 제국주의는 경제적 자원이든 문화적 자원이든 본토에는 최선의 것을, 식민지에는 그보다 못한 것을 투자했습니다. 제국주의가 식민지에 먼저 투자한 것은 '실험적인 것들'이었고, 안정성과 유용성이 '검증'된 뒤에야 본토에 투자했습니다. 그런 경험을 되풀이하다 보니 '위험성'에 대해 한국인이 일본인보다 더 무감각해졌는지도 모르는 일입니다.

일본식 연대와 독도 문제

제국주의 침략에 대한
역사 인식 문제입니다

근래 일본은 방위백서와 교과서에 "독도는 일본 땅"이라는 주장을 계속 싣고 있습니다. 일본 안에서도 이 주장에 동조하는 사람들이 늘고 있다고 합니다. 이 주장에 따르면, 한국은 66년간 독도를 불법 점거하고 있는 셈입니다. 그런데 이 주장은 가해와 피해의 관계를 뒤바꿔 버리는 짓입니다. 일본 정부는 아직 자기들이 한반도를 35년간 불법 점거했다는 사실을 공식 인정하지 않았습니다. 하긴 일제의 식민통치를 고맙게 여겨야 한다고 주장하는 한국인도 있으니, 일본 정부가 뻣뻣하게 구는 것도 무리는 아니겠지요.

독도 문제는 한일 양국 사이의 영토 문제를 넘어 일본 제국주의 역사 전반에 관한 문제이며 인류 양심에 관한 문제입니다. 일본 정부는 과거의 침략 전쟁으로 아시아와 태평양 지역 주민들에게 견디기 어려운 고통을 준 사실에 대해 말로는 여러 차례 반성했습니다. 그러나 그 반성이 진실한 마음에서 나온 것임을 입증하기 위해서는 그들이 1894년 청일전쟁 이후에 '획득'했다고 주장하는 '영토들'을 확실히 포기해야 합니다. 조선과 대만은 연합국이 일본 영토에서 분리시킨 것이지 일본 스스로 포기한 것이 아닙니다.

일본이 독도를 자국 영토에 '편입'한 시점은 한국을 '보호국'으로 만든 시점과 대략 일치합니다. 그들이 을사늑약은 '국제법상 합법'이라고 주장하는 것과 '독도는 일본 땅'이라고 주장하는 것은 동전의 양면입니다. 그러니 '독도는 일본 땅'이라는 생각의 싹을 일본인들 스스로 자르지 않으면, 언젠가는 '한반도도 일본 땅'이라는 생각으로 자랄 수 있습니다.

2010년, 강제병합 100주년을 맞아 일본 산케이신문 기자가 저를 찾아왔습니다. 제 책 《서울은 깊다》를 읽었다면서, 그 책에서 1904년의 경운궁 화재가 일본군 소행일 가능성이 높다고 추정한 구체적인 이유를 알고 싶다고 하더군요. 몇 가지 정황 증거를 이야기했더니 그는 독일에서 결정적인 반증이 나왔다며 은근히 제 주장을 수정했으면 좋겠다는 뜻을 밝혔습니다. 그 반증이라는 것은 독일 공사가 본국에 보낸 비밀 보고서였습니다. 경운궁 화재는 고종의 자작극일 가능성이 있다는 내용이었습니다. 저는 당시 독일 공사가 수집한 정보가 일본군의 '역선전'일 가능성도 있지 않느냐고 되물었습니다. 그리고 '경운궁 화재'는 일본이 한국을 점령하는 과정에서, 그리고 그 이후에 저지른 일들에 비하면 '아주 사소한 일'이라고 말했습니다. 일본 기자의 '취재 의도'는 100년이 지났으니 과거는 잊고 진정한 '아시아의 동반자'가 되는 길을 모색하자는 것이었습니다. '일본인들의 만행', 이제 그만 이야기하라는 뜻이었습니다. 저는 진정 그러길 바란다면 '독도' 이야기나 꺼내지 말라고 했습니다.

EU가 출범한 뒤, 일본인들이 동아시아의 연대와 통합 가능성을 심각하게 고민하고 있다는 인상을 받았습니다. 일본인들은 한 세기 전에도 이 문제를 고민했고, '아시아연대'니 '대동아공영권'이니 하는 논리를 만들어 냈습니다. 그러나 일본식 '아시아연대'와 일본식 '대동아공영권'을 체험한 주변 민족들은 이 주장의 파괴적 결과를 아직 생생히 기억합니다. 일본이 '아시아연대'의 새 깃발을 다시 올리고 싶다면 먼저 '욱일승천기'를 내려야 합니다.

조선귀족

도리를 저버리고 얻은 지위는
아무리 높아도 치욕입니다

조선시대에는 왕족을 제외하면 공식적으로 '귀족'이라는 친족 집단은 없었습니다. 왕족도 여러 대를 지나 왕과 혈연관계가 멀어지면 평민이 되었습니다. 그래서 '전주 이씨' 중에도 '상한常漢'(양인 또는 상인의 다른 말) 또는 상놈이 많았습니다. 조선 후기에 안동 김씨나 풍양 조씨, 반남 박씨, 대구 서씨 등 몇몇 가문이 '세도가문勢道家門'으로 지목되기는 했으나 그 세도가 영원히 계속되리라 본 사람은 없었습니다.

일본은 메이지유신을 단행하면서 폐번치현廢藩置縣(봉건영주 다이묘의 영지인 번을 폐지하고 지방 부, 현으로 통일한 개혁)이라 해서 다이묘大名들의 자치에 맡겼던 지방 행정을 중앙정부에 귀속시키고 그 대신 유력한 다이묘들에게 귀족 작위를 주었습니다. 일본은 한국을 강제 병합한 후 자기 나라의 귀족제도를 조선에 적용하여 '조선귀족령'이라는 법을 만듭니다. 이 법에 따라 대한제국의 황족과 고관 출신으로 일본 덴노(일왕)에게 충성스러운 자들을 세습 귀족으로 임명했습니다.

일제강점기 조선 귀족이 된다는 것은 자기가 '매국노'일 뿐 아니라 '배반자'이기도 하다는 사실을 드러내는 일이었습니다. 그들 스스로는 '귀족'이라고 으스댔지만, 자기 나라를 팔아먹고 자기 주군을 배신한 사람들을 마음으로 존경하는 사람은 없었습니다. 사람의 도리를 저버리고 얻은 지위는, 아무리 높아도 치욕입니다.

반민특위와 나치 부역자

식민지 미화론은 자존을 훼손하는 논리입니다

1949년 6월, 일제 고등계 형사 출신으로 당시 서울시경 사찰과장이던 최운하가 반민특위에 체포되자 중부경찰서장 윤기병이 지휘하는 경찰대가 반민특위를 습격하여 특경대원들을 체포했습니다. 경찰이 국민의 대표기관인 국회가 구성한 특위를 공공연히 습격할 수 있었던 것은 당시 권력 핵심의 사주를 받았기 때문이겠지요. 이 사건으로 반민특위는 사실상 해체되었고, 친일 부역 행위자 처벌도 유야무야되었습니다.

지난 반세기 넘게, 우리 국민 대다수는 '나치 부역자'들을 철저히 청산한 프랑스를 참 많이 부러워했습니다. 그런데 이제는 그들을 부러워할 필요가 없게 된 듯합니다. 역사 교과서를 "일제강점기는 근대 국민국가를 세울 수 있는 사회적 능력이 두텁게 축적된 시기"라고 주장하는 뉴라이트 학설 중심으로 재편하라고 요구하는 교과부가 있으니 말입니다. 이들의 주장대로라면 "과거에 매달려 나치 부역자들의 능력을 활용하지 못한 바보 같은 프랑스놈들"이라고 해야 옳습니다. 교과부의 이 지시는 제2의 반민특위 습격 사건이라고 해도 지나치지 않을 것입니다.

이제 우리는 일본 각료들이 "일본의 통치가 한국인들에게 큰 혜택을 주었다"는 '망언'을 해도 절대로 화를 내서는 안 됩니다. 그들은 이렇게 대응할 것입니다. "너희 역사 교과서에 있는 내용대로 말한 것뿐이다."

친일파 후손의 재산 소송* 송병준의 후손이
소유권 소송을 제기합니다

이른바 '친일 매국노' 중에서도 가장 악질이라는 지탄을 받는 송병준은 민영환 집 '겸인' 출신입니다. 겸인은 요즘으로 치면 '가내 비서'나 '집사'에 해당합니다. 몇 해 전까지 미군 기지가 있다가 지금 공원화가 진행되고 있는 부평 땅은 본래 민영환 명의의 땅이었는데, 실소유주는 고종이 아니었나 추측합니다. 민영환이 자결하자 가족들은 대궐에서 부평 땅을 '들이라고' 할까 걱정했답니다. 당시 일본군을 등에 업고 기세가 등등하던 송병준은 그 땅을 자기 명의로 돌려 놓으면 대궐에 들이지 않아도 될 거라고 속이고는 민영환의 전 재산을 탈취했습니다. 이 사건은 당시 각 신문에 대서특필됐고, 신채호는 송병준을 '주인을 무는 개'라고 꾸짖었습니다. 나중에 민영환 유족들은 송병준을 상대로 토지반환 청구소송을 냈지만, 일본 재판부는 송병준의 손을 들어 주었습니다. 송병준이 죽자 그 가족과 처첩들은 송병준의 소유 토지를 '전부' 팔아 나눠 가졌습니다. 그런데 미군 기지가 이전한다는 보도가 나오자 송병준 후손이 바로 그 땅의 소유권을 주장하면서 국가를 상대로 반환 소송을 제기했습니다.

이런 보도를 접한 저는 도저히 그냥 있을 수 없어 모 신문 기자에게 옛날 일을 알리고 관련 자료를 전달했습니다. 송병준 후손이 소송을 제기한 땅이 본래 민영환 땅이었을 가능성이 높다는 보도가 나가자 이번에는 민영환의 후손들이 저를 찾아왔습니다. 민영환 땅도 아닐 가능성이 높다고 말했지만, 그분들은 애국지사의 땅을 친일파에게 넘길 수 없다며 도와달라고 하더군요. 그래서 당시 토지 소송 판결문이 국가기록원에 있을 테니 찾아보라고 알려줬습니다. 그분들은 판결문 사본을 구해 저에게 보내 주었습니다. 생각했던 대로, 당시 일본 재판부는 송병준의 주장만을 받아들였습니다.

이 사건을 지켜보며 심각한 문제라 느꼈던 것은, 일제의 '사법적 결정'을 우리 법원이 인용하는 태도였습니다. 일제 재판부가 '살인범'이나 '폭력범', '사상범'으로 처벌한 사람들 중에는 해방 후 '독립유공자'가 된 사람들이 많습니다. 그런데 일제 재판부가 '친일파'들에게 일방적으로 유리하게 판결한 '민사 재판의 결과'는 친일파 후손들에게 유리하게 인용되어 왔습니다. 친일파들이 '합법적'으로 취득했다고 주장하는 재산 중에는, 송병준의 재산처럼 일제 사법부의 비호 아래 강탈한 재산도 많았을 것입니다.

일제가 '유죄'로 판정한 사람들이 '독립유공자'가 되는 게 옳은 일이라면 일제가 '패소'로 판정한 재판 결과도 재심해야 마땅했을 텐데, 우리 사법부는 그러지 않았습니다. 물론 더 근본적으로는 반민특위를 해체하고 친일파 재산을 그대로 둔 것이 문제였습니다. 더구나 6·25를 겪으면서 일제강점기 토지대장 중에 일부가 소실됐습니다. 토지 브로커들은 그 땅들을 집중적으로 노렸습니다. 송병준 명의의 땅은 '취득 자료'는 있는데 '매도 자료'는 소실된 경우였습니다. 요즘 사람은 죽어 '이름 ' 대신 '재산'을 남깁니다. 그만큼 재산에 대한 애착이 커진 시대입니다만, 우리 근현대사를 돌아보면 '대규모 토지 재산에 관한 한 '정정당당하게' 취득한 것이 과연 얼마나 될지 의심스럽습니다.

* 2011년 대법원은 송병준 후손이 국가를 상대로 제기한 소송을 기각했습니다.

안중근의 동양평화론과 일본의 아시아연대론

상대를 복속시키면서
연대할 수는 없습니다

안중근 의사의 '동양평화론'은 '황인종이 연대하여 서세동점西勢東漸에 대처하자'고 한 후쿠자와 유키치福澤諭吉의 초기 '아시아연대론'과 골격이 비슷합니다. 그러나 후쿠자와는 조선에서 갑신정변이 실패한 뒤 '탈아입구론脫亞入歐論'(아시아를 벗어나 서구를 지향한다는 이론)으로 생각을 바꿨습니다. 일본은 아시아의 일원이라는 생각에서 벗어나 유럽 국가들처럼 아시아를 침략의 대상으로 삼아야 한다는 논리였습니다.

제국주의 시대 일본은 '아시아연대론'과 '탈아입구론'을 편리한 대로 바꿔가며 사용했습니다. 유럽을 주 무대로 한 제1차 세계대전에는 '탈아입구론'의 논리에 따라 연합국에 가담했고, 미국과 유럽 국가들을 상대로 한 아시아태평양전쟁 때에는 '아시아연대론'의 다른 이름으로 '대동아공영권' 건설을 표방했습니다. 그런데 그들이 내세운 '아시아연대'의 전제는 '일본 맹주론'이었습니다. 그래서 아시아연대론과 탈아입구론이 내용은 다르지만 모두 주변 아시아 국가들을 복속시키려는 정책으로 표현됐습니다.

안중근의 의거는 입으로는 '아시아연대'를 말하면서 마음으로는 '탈아입구'로 치달리던 일본에 대한 경고였습니다. 안중근 의사의 '동양평화론'은 100여 년 세월이 흐른 지금, 우리가 다른 '아시아인'들을 어떻게 대하고 있는지 묻는 글이기도 합니다. 100여 년 전 우리가 일본인에게서 느꼈던 감정을, 지금 동남아시아나 중앙아시아의 가난한 사람들이 우리에게서 느끼고 있지는 않을까요?

기미독립선언서의 철학   인간은 짐승과 다릅니다

"우리는 이에 우리 조선이 독립국임과 조선인이 자주민임을 선언하노라. 이로써 세계만방에 고하여 인류평등의 대의^{大義}를 분명히 밝히며 이로써 자손만대에 고하여 민족자존의 정당한 권리를 영원히 보유케 하노라……인류적 양심의 발로에 기인한 세계 개조의 대기운에 순응하고 함께 나아가기 위하여 이를 제기함이니 이는 하늘의 밝은 명령이며 시대의 대세^{大勢}며 전 인류 공존동생권의 정당한 발동이라……위력의 시대가 가고 도의의 시대가 오도다. 과거 전세기에 연마 장양된 인도적 정신이 바야흐로 신문명의 서광을 인류의 역사에 투사하기 시작하도다……."

기미독립선언서는 인류평등의 대의를 발견한 것이 인류적 양심이라고 설파했습니다. 위력의 시대를 야만의 시대로 규정하고 도의의 시대를 신문명의 시대로 정의했습니다. 인도적 정신이 세계를 개조하는 현실적 힘이 되기를 열망했습니다.

그러나 기미독립선언서가 기대했던 '도의의 시대'는 100년 가까운 시간이 흐른 지금까지도 올듯 올듯 오지 않았습니다. 그런데 지금은 우리가 '위력'이 아니라 '도의'에 목마른 시절이 있었다는 사실을 다들 잊고 사는 듯합니다. '생존 경쟁'을 진화의 유일한 동력으로 이해하고 오직 '힘'만을 숭배한 사회진화론은 세계대전과 인류 문명의 파괴를 낳았습니다. '인도주의'는 그에 대한 뼈저린 반성이었습니다. 오늘날의 신자유주의는 사회진화론이 이름만 바꾼 논리입니다. 인간성 회복을 위한 '신인도주의'를 다시 고민해야 할 때인 듯합니다.

순국선열의 명예

아프고 괴로운 일은
역사의 교훈이 됩니다

    지금 서울시 마포구 성산동 성미산 자락에 설립된 '전쟁과 여성인권 박물관'은 처음 서대문 독립공원 안에 둘 계획이었습니다. 대한민국 헌법 전문에 '유구한 역사와 전통에 빛나는 우리 대한국민은 3·1운동으로 건립된 대한민국 임시정부의 법통과 불의에 항거한 4·19 민주 이념을 계승하고'라 되어 있고, 국가 기념일마다 순국선열에게 묵념을 드리지만 정작 우리나라의 수도 서울에는 독립운동의 역사를 기념하는 장소가 별로 없습니다. 물론 안중근, 김구, 윤봉길 같은 분들의 동상과 기념관은 있지요. 그러나 독립운동사 전반을 기억하는 기념관은 충청도 천안에 있고 그나마 1983년에야 건립되었습니다.

    지금의 서대문 독립공원이 문을 연 것은 1992년이었습니다. 저는 속칭 '위안부박물관'을 이 자리에 두는 것은 일제의 침략 만행과 그에 맞서 싸운 사람들을 함께 기억하기에 좋은 선택이라고 생각했습니다. 그러나 뜻밖에도 광복회에서 '순국선열'을 추모하는 곳에 '위안부'를 기념하는 시설을 두는 것은 좋지 않다고 반대했습니다. 순국선열의 명예를 훼손하는 일이라나요.

정작 독립운동가의 명예를 심각하게 훼손하는 것은, '위안부박물관'이 아니라 일제 침략이 한국 발전에 보탬이 되었다고 주장하는 '뉴라이트 역사관'입니다. 뉴라이트 역사관이 교과서에 침투할 때에는 별로 크게 반대하지 않다가 '위안부박물관'은 안 된다고 하는 것은 앞뒤가 한참 바뀐 일입니다.

자기를 '바보'라고 하는 사람 보고는 헤벌쭉 웃으면서, 잘했다고 칭찬하는 사람에게 화를 낸다면 그야말로 진짜 바보겠지요. 광복회가 진정으로 독립운동가의 명예를 생각한다면, 스스로 '위안부박물관'을 지어 '일본군 위안부 강제 동원은 없었던 일'이라느니 '식민지 지배가 한국 발전에 보탬이 되었다'느니 하면서 독립운동을 역사 발전에 저항한 '바보짓'으로 몰아가려는 사람들에게 보여 주어야 할 것입니다.

좋은 일, 즐거운 일은 자랑거리가 되지만, 아픈 일, 괴로운 일은 교훈거리가 됩니다. 자랑은 현재에 속하나 교훈은 미래에 속합니다. 그래서 '역사에서 교훈을 얻지 못하는 민족에게는 미래가 없다'고 합니다.

외국 상인과 경쟁하기

조약 체결 몇 년이 지나서 피해를
실감하고 정부에 요구를 합니다

서울에 외국 상인들이 들어오기 시작한 것은 1882년에 청과 상민수륙무역 장정商民水陸貿易章程을 체결한 뒤부터입니다. 1885년의 조영조약朝英條約 이후에는 일본과 다른 나라 상인들도 들어왔습니다. 당장 이들이 서울에 상점을 내고 영업을 시작하자 수입품을 취급하던 조선 상인들이 큰 타격을 받습니다. 더구나 조선 상인들은 '국역國役'이라 해서 요즘으로 치면 세금을 내야 했는데, 일단 관세를 문 상품에 대해서는 세금을 물리지 않는다는 조약 규정에 따라 외국 상인들은 세금을 내지 않았습니다. 수입 원가에서 이미 불리한 조건에 있었던데다가 세금까지 내야 했으니 조선 상인들이 외국 상인들과 경쟁해서 이기지 못하는 것은 당연했습니다.

그런데 조선 상인들은 막상 조약이 체결될 때에는 아무 반응도 보이지 않았습니다. 앞으로 어떤 일이 벌어질지, 어떤 피해가 생길지 예상하지 못했던 것이지요. 조선 상인들이 외국 상인들을 서울에서 쫓아내 달라는 운동을 벌인 건 상민수륙무역장정이 체결되고 5년 뒤, 조영조약이 체결되고 2년 뒤인 1887년부터입니다.

그들은 '장정'과 '조약'이 무엇인지도 모르고 있다가 죽을 지경에 내몰려서야 비로소 거리로 나섰습니다. 정부는 이들의 요구에 따라 외국 상인들을 서울에서 내보내기 위해 협상을 시작했으나 외국 상인들이 엄청난 배상금을 요구하자 없던 일로 해 버렸습니다.

1898년에도 서울 상인들이 모두 모여 외국 상인을 성 밖으로 내쫓아 달라는 운동을 벌입니다. 그러나 독립신문은 "이미 조약을 맺었는데 무슨 수로 외국 상인들을 내쫓겠는가, 그러지 말고 실력이나 길러라."라고 꾸짖었습니다. 그 10여 년 뒤 나라가 망했습니다.

똥인지 된장인지 꼭 먹어봐야 아는 것 아닙니다. 그럼에도 100여 년 전 '장정'이 무엇인지도 모르고 손 놓고 있다가 망한 장사꾼들이 걸었던 길을, 아무 생각 없이 따라가려는 사람들이 참 많은 듯합니다. 어쩌면 한미 FTA에 반대한 사람들에게 욕하고 손가락질하던 사람들이, 4~5년 뒤에는 FTA 때문에 죽겠다고 거리로 나서게 될지도 모릅니다. 그러나 후회는 아무리 빨라도 늦습니다. 미래는 과거를 통해서만 보입니다.

만보산사건

분노는 만만한 상대가 아닌
당사자에게 터뜨려야 합니다

1931년 7월, 한반도 전역에서 조선인들이 화교華僑들을 공격하는 폭동이 일어났습니다. 중국 만주 만보산에서 농수로 문제로 중국 농민들과 다투던 조선인들이 죽거나 다쳤다는 오보에 자극받아 일어난 폭동이었습니다. 중국인 127명이 죽고 393명이 다쳤습니다. 일본인들이 간토대학살로 수천 명의 조선인을 학살했을 때에는 꼼짝도 않던 사람들이, 중국에서 한 명의 조선인이 죽었다는 '헛소문'에는 느닷없이 민족의식이 끓어올라 중국인 상점을 습격, 약탈하고 중국인들을 때려 죽였습니다. 그런데 조선에 사는 화교보다 중국에 사는 조선인이 훨씬 많았습니다. 중국인들도 자기 땅에 사는 조선인들에게 보복하기 시작했습니다. 바로 그때, 일본군은 만주로 침략해 들어갔고 조선인들은 환호했습니다. 일본이 만보산 관련 오보를 내게 한 건 사실 이런 반응을 노렸기 때문입니다.

예전 국어 교과서는 이 폭동 뒤에 나온 김동인의 소설 〈붉은 산〉을 민족주의 소설이라고 가르쳤습니다. 그러나 이 소설이 담은 것은 일제의 중국 침략에 동조한 사이비 민족주의일 뿐입니다. 정작 조선인을 가장 많이 박해한 일본인은, 이 소설에 나오지 않습니다.

살면서 가장 자주, 가장 많이 억제하는 감정이 아마 분노일 것입니다. 부당한 대우를 받을 때마다 속으로 꾹꾹 눌러 분노의 폭탄을 만들어 놓고는 정작 그 폭탄을 다른 만만한 상대에게 터뜨리는 경우가 많습니다. 정당한 분노라면 당사자에게 터뜨리는 게 옳습니다.

비단장수 왕서방

'왕서방'들은 속으로 눈물 흘리면서
겉으론 웃으며 따라 불러야 했습니다

"비단이 장사 왕서방 / 명월이한테 반해서 / 비단이 팔아 모은 돈 / 퉁퉁 털어서 다 줬소 / 명호와 명호와 돈이가 없어서도 명호와 / 명월이 하고 살아서 왕서방 기분이 좋구나 / 우리가 반해서 하하하 비단이 팔아도 명호와." 작고한 '국민 가수' 김정구가 중일전쟁 이듬해인 1938년에 발표하여 선풍적인 인기를 끌었던 노래 〈왕서방 연서〉의 가사입니다. 그 무렵 일제 권력은 한국인들의 '반중국 의식'을 고취하여 침략전쟁을 정당화하고 전쟁에 한국인들을 동원하려 했습니다. 이런 '시의성'에 '적절히' 편승한 노래가 바로 〈왕서방 연서〉입니다.

이 노래가 나온 뒤 거의 모든 재한 중국인 남성이 '왕서방'이라는 별명을 얻었습니다. 당시 '왕서방'들은 속으로 눈물을 흘리면서도 겉으로는 웃으면서 이 노래를 따라 불러야 했답니다. 한국인들은 이 노래를 부르면서 일본인들에게 받은 멸시와 수모를 중국인들에게 떠넘겼습니다.

'내가 존중받는 것'과 '남을 멸시하는 것'이 같은 맥락이라고 생각하는 사람들이 있습니다. 그러나 '멸시'는 언젠가는 '원한'으로 되돌아옵니다. 우리 과거를 돌아보면 역지사지가 될 터인데, 다른 아시아인들에게 너무 가혹하게 구는 사람이 많은 듯합니다.

시베리아 횡단 열차

서울역에서 기차 타고
파리까지 가는 상상을 해 봅니다

1930년대 초에 서울에 다녀간 어느 프랑스인의 유품 컬렉션을 볼 기회가 있었습니다. 그는 여행하면서 보고 들은 바와 감상을 꼼꼼히 기록했을 뿐 아니라, 기차표, 호텔 숙박권, 수하물 꼬리표 등 여행 과정에 으레 따라붙게 마련인 '문서'들까지 빼놓지 않고 다 모아 두었습니다.

그중 기차표 몇 장이 눈길을 끌었습니다. 그 기차표들을 이으니 그가 파리에서 출발해 모스크바와 하얼빈, 봉천(지금의 심양)을 거쳐 게이조(서울)에 왔다는 사실을 알 수 있었습니다. 그 시절에는 전자 제어장치 비슷한 것도 없었지만, 경성역(지금의 서울역)에서 봉천까지 가는 기차표를 팔았습니다. 봉천에서는 다시 시베리아 횡단철도를 이용해 유럽으로 직행할 수 있었지요.

통일이 된다면, 아니 남북관계가 좋아지기만 해도, 서울역에서 파리 행 기차표를 살 수 있을 것입니다. 영화 〈닥터 지바고〉에서 보았던 시베리아 철도 횡단의 환상이 현실로 다가오겠지요.

흔히 일본인의 성격을 '섬나라 기질'이라고 비하하곤 합니다. 그러나 대륙과 완전히 단절된 '반도'는 섬나라보다 못합니다. '통일 안 하는 게 낫다'는 분들, 서울역에서 기차 타고 파리까지 가는 상상을 해 보면 어떨까요.

6·25전쟁 증오의 전쟁이 탐욕의 전쟁보다 무섭습니다

AP통신에서 희귀 사진들을 입수한 서울역사박물관이 사진전을 준비하면서 제게 해제 원고를 의뢰했습니다. 사진들을 훑어보다가 한 장면에 눈길이 멎었습니다. '미 해병대와 한국군이 서울을 다시 점령하는 동안 한 서울 주민이 북한군 동조자를 때리고 있다'라는 설명이 붙은 사진이었습니다. 이때 매 맞은 사람은 처형되었을 가능성이 큽니다. 그러나 어쩌면, 그 사람의 아들은 자기 아버지가 전쟁 중 북한군에게 목숨을 잃은 것으로 기억하고 있을지도 모릅니다. 조선 말 김병연은 홍경래에게 항복한 김익순이 자기 할아버지인 줄 모르고 과거 시험장에서 격렬히 비난했다가 사실을 알고 난 뒤 그 죄책감에 평생 삿갓을 쓰고 살았습니다. 6·25전쟁 뒤 이 땅에도 비슷한 고통을 겪은 사람 많습니다.

6·25전쟁에 대해서는 장교, 사병, 포로, 피란민, 잔류민, 전몰군인 유가족과 민간인 희생자 유가족의 기억이 다 달랐습니다. 어떤 사람은 자기 기억을 과장하고 자랑했고, 어떤 사람은 자기 기억을 억압하고 숨겨야 했습니다. 이제 자기 기억을 억압해야 했던 사람들 마음속의 깊은 상처도 위로해 줄 수 있었으면 합니다. 승자가 먼저 손을 내밀어야 화해의 악수가 됩니다.

미군 범죄

대하는 사람의 태도가 바뀌지 않으면
그 일은 계속됩니다

1946년, 미군 병사들이 열차 안에서 한국인 여성을 총으로 위협한 뒤 집단 강간한 전대미문前代未聞의 사건이 일어났습니다. 분노하는 여론이 비등하자, 미국을 잘 안다는 사람들이 말했습니다. "미국은 무엇보다도 인권을 가장 중시하는 나라이며, 다른 나라에서 미군 범죄를 처벌한 사례를 보더라도 분명 중형을 내릴 것이니 미리 흥분하지 말라."

군정청은 그 미군 병사들을 전역시킨 뒤 본토로 송환하는 것으로 처벌을 마무리했습니다. 미군 강간범들은 중형을 받을 테니 흥분하지 말라던 사람들이 말을 바꿨습니다. "미군은 우리를 위해 멀리까지 와서 수고를 아끼지 않고 있으니, 사소한 일에 흥분하지 말라."

미군 범죄가 드러날 때마다 이른바 '지도층 인사'들은 언제나 '흥분하지 말라'고 훈계했습니다. 그런 태도가 60년 넘게 화석이 되어 변하지 않았습니다. 어떤 일을 대하는 사람의 태도가 바뀌지 않으면, 그 일도 변함없이 반복되기 마련입니다.

쥬고엔 고짓센

말이 원어민이면
꿈도 생각도 원어민이 되기 쉽습니다

1923년 일본 간토대지진 때 일부 일본인들이 자경단을 조직해 조선인을 보이는 대로 학살했습니다. 그들은 조선인으로 보이는 사람을 붙잡아서는 "쥬고엔 고짓센(15원 50전)"이라는 말을 하게 시켰습니다. 아무리 일본어에 능숙한 조선인이라도 이 말은 완벽하게 발음하기 어려웠답니다. 조선인과 일본인이 외모로는 잘 구별되지 않으니 말로 구별하는 수밖에 없었습니다.

일제강점기 일본인들은 조선에서도 같은 잣대를 사용했습니다. 귀족 등 일부 '저명인사'를 빼고는 일본어 능력에 따라 조선인의 등급을 정했지요. 일본인들 기준에서는 원어민 발음의 일본어, 원주민 발음의 일본어, 원주민 토착 언어(조선어) 세 종류의 언어를 사용하는 사람들이 있었습니다. 일제 말 '황국신민화 정책'의 근본 목표는 '조선인들이 꿈도 일본어로 꾸게 하자'는 것이었습니다. 일제는 일본어를 잘하는 조선인은 식민지 원주민의 지위에서 벗어날 수 있다는 '꿈'을 심어주려 했고, 많은 '원주민' 지식인들이 여기에 동조했습니다.

해방 직후 지식인 중에는 일본어는 '원어민' 수준이면서도 한국어는 떠듬떠듬 하는 사람이 적지 않았습니다. 해방이 되지 않았다면, 이들은 계속 자기가 '일본인'이라고 생각했을 것입니다. 말이 '원어민'이면 꿈도 생각도 '원어민'이 되기 쉽습니다.

도산과 하와이

역사가 다른 사람들이
서로 닮는 데에는 한계가 있습니다

　2012년은 한미 수교 130년이 되는 해입니다. 미국은 비非아시아 국가 중에서는 우리나라와 처음으로 공식 국교를 수립한 나라지만, 처음부터 좋게 만나지는 않았습니다. 대동강에서 약탈을 자행했던 제너럴 셔먼 호가 미국 배였고, 1871년 신미양요를 일으킨 것도 미국이었습니다. 그러나 1882년의 통상조약에서 미국은 조선에 큰 선물을 줍니다. 조약 제1조에는 "한 나라가 부당하게 수모를 겪는 일이 있으면 반드시 돕는다."는 내용이 있었습니다. 꼭 그래서는 아니었으나 조선 정부는 근대화 정책을 추진하면서 미국의 도움을 특히 많이 받았습니다.

　미국인 선교사들, 정부 고문들, 학교 교사들은 한국 지식인에게 많은 영향을 주었습니다. 그들의 도움으로 미국에 유학한 사람도 많았습니다. 많은 사람이 미국을 마음 깊이 동경했고 한국을 미국처럼 만들려 애썼습니다. 안창호는 미국으로 가는 배에서 하와이를 보고 감동한 나머지 '도산島山'을 호로 삼습니다. 하와이를 '섬으로 이루어진 산'으로 보았기 때문입니다. 안창호 같은 사람들뿐 아니라 온 국민이, 우리나라를 미국같이 만들면 행복한 나라가 될 것이라고 믿었습니다. 우리 역사상 '미국화' 욕망보다 더 강렬하고 지속적으로 전 국민을 사로잡은 욕망은 없었을 것입니다.

　130년 전 한미 간의 정치적, 경제적, 문화적 거리에 비하면 지금은 사실상 같은 나라가 됐다고 할 수 있을 정도지만, 아직도 미국을 더 닮아야 한다고 생각하는 사람들이 많습니다. 하지만 배우는 것과 닮는 것은 다릅니다. 역사가 다른 사람들이 서로 닮는 데에는 한계가 있습니다.

일어 상용, 그리고 영어 상용

일본어만 사용하게 한 정책은
민족말살정책 항목에서 배웁니다

한국 교육에서 비용에서나 시간에서나 투자 대비 효율이 가장 떨어지는 과목은 아마 영어일 것입니다. 지난 수십 년간 모든 학생이, 아니 전 국민이 영어에 쏟아부은 시간과 돈이 엄청났음에도 불구하고 한국은 여전히 영어가 잘 통하지 않는 나라입니다. 그래서 '한국인은 외국어에 소질이 없다'는 말도 있습니다만, 1930년대 일본인들은 전혀 다르게 생각했습니다.

일본인들은 대륙 침략을 정당화하는 논리로 다섯 민족이 서로 장점을 살려 아시아를 번영시키자는 취지의 '오족협화五族協和'를 내세웠습니다. 그들은 일본인의 책임감, 중국인의 상술商術, 만주인과 몽골인의 순박함을 각각 장점으로 꼽았습니다. 일본인들은 '조선인'은 사대주의 기질 탓에 '교활'하여 '외국어'에 능하다고 주장했습니다. 사실 '만주국'에 살던 조선인 중에는 부득이 조선어, 일본어, 중국어의 3개 국어에 능통한 사람들이 많았습니다. 일본인들은 이들을 주로 통역이나 경찰로 썼습니다.

예전 어느 잡지에서 임권택 감독의 인터뷰 기사를 읽은 적이 있습니다. "국민학교 때 학교에서 조선말 썼다고 모질게 때렸던 교사가 해방 후 여전히 학교에 남아 있는 것을 보고 심한 배신감을 느꼈다."는 대목이 인상적이었습니다. 일제 말기의 '국어 상용' 즉 학교에서 조선어를 폐지하고 일본어만 사용하게 한 정책을 오늘날의 교과서는 '민족말살정책' 항목에서 다루고 있습니다. 일부 학교의 '영어 상용' 방침은 후일 역사 교과서에 어떻게 기록될지 궁금합니다.

집단 광기

광기의 배후에는 집단적 무지와
정부에 대한 맹신이 있습니다

　동일본 쓰나미와 원전 참사에 대처하는 일본인들의 차분한 모습을 보면서 90년 전 간토대지진 때 그들이 조선인들에게 발산했던 '광기'에 대해 생각했습니다. 조선인이 눈에 띄는 대로 죽창과 대검으로 찔러 학살했던 그때의 '광기 어린' 일본인들. 일본인들의 야만적인 광기는 1937년 남경대학살 때에도 유감없이 발휘되었습니다. 이제 일본 사회에서 그런 광기가 사라진 것이 참 인상적이고 한편으로 감동적이었습니다.

　역시 '민족성'이란 허구인 듯합니다. 간토대지진 당시의 '조선인 학살'은 일본 정부가 부추겼다는 이야기도 있습니다. 외부 세력에 대한 '적개심'을 고취하여 민심의 동요를 막으려는 전략이었다는 것이지요. 이 주장이 사실이든 아니든 당시 집단적 광기의 배후에는 집단적 무지와 정부에 대한 맹신이 있었습니다. 무지와 맹신을 물리치는 것은 '민족성'이 아니라 '지성'입니다.

나, 우리 그리고 남

우리는 가족, 직장, 나라, 인류,
우주로 무한히 확대할 수 있습니다

한국어의 두드러진 특징 중 하나가 주어를 '우리'로 표현하는 경우가 많은 점이라고 합니다. 사실 '나'라는 단어는 '우리나라' 사람들이 자주 쓰는 단어가 아니었습니다. 엄밀히 따지면 일부일처제 사회에서는 용납될 수 없는 '우리 마누라'라는 표현을 자연스레 썼던 것이 '우리'의 언어 문화였습니다. '단수형'과 '복수형'을 나눠 써야 한다는 강박 관념이 사람들의 의식 깊은 곳에 자리 잡은 것은 영어 학습이 일반화한 뒤의 일입니다.

아주 먼 옛날부터 사람들은 특정 공간을 울타리로 두르고 그 안에 모여 사는 습성을 길러왔습니다. 방의 벽도, 집의 담도, 도시의 성도 다 울타리입니다. 울타리와 같은 말이 '우리'입니다. 돼지우리의 그 '우리'지요. '나'는 한 우리 안에 모여 있는 집단 속의 개체, 즉 '낱'에서 온 말일 것입니다. 우리 안에 들어오지 못하고 밖에 '남은' 자들이 '남'입니다.

그러니 '남'의 반대말은 '나'가 아니라 '우리'입니다. 나는 6척짜리 몸뚱이를 벗어나지 못하지만 우리는 가족, 직장, 나라, 인류, 우주로 무한히 확대할 수 있습니다. 전 인류와 뭇 중생을 다 담을 큰 우리를 지은 사람이 '성인'이고, 한 나라 사람이 다 들어갈 우리를 짓는 사람이 '군자'이며, 고작 저와 제 식구만 들어갈 우리를 짓는 사람이 '소인'입니다. 저 한 몸 겨우 들어갈 작은 우리를 짓고 그 밖에 남은 사람들을 다 적대시하는 것은, 스스로를 감옥에 가두는 일입니다.

전우용의 역사이야기 300

지은이 전우용

발행일 2012년 10월 20일 초판 1쇄 발행
      2020년 2월 20일 초판 4쇄 인쇄

발행인 신미희

발행처 투비북스
등 록 2010년 7월 22일 제2013-000091
주 소 성남시 분당구 수내로 206
전 화 02-501-4880
팩 스 02-6499-0104
이메일 tobebooks@naver.com

디자인 여백커뮤니케이션
제 작 금강인쇄

© 전우용, 2012
ISBN 978-89-98286-00-2 03900
값 15,000